這樣 去日本排行程！

＞交通＆票券制霸全圖解＜

半日、一日自由規劃組合，
零經驗也能即查即用一路玩到底！

暢銷增訂版

超級旅行貓（梁詠怡）文
超級旅行狗（梁匡民）攝影

國境解封後的日旅注意事項

在台灣放寬對疫情的出入境限制後，很多人出國的第一選擇都是到日本。在疫情之後的觀光旅遊政策都有一些變化。如果你以前已去日本玩過好幾次，而現在仍抱持著一樣「說走就走」的想法直衝日本，那可能會因為「一時大意沒有查」的結果，卡在某些出入關流程、或在日本當地發生一些問題。建議你花 3 分鐘快速看完以下重點，順便檢查一下是否自己都做好準備囉！

※ 出入境手續，可能會有變化。實際最新狀況請隨時到相關網站查詢。

- ## 檢查護照是否已過期、快過期

大部份的國人因為疫情關係，至少有兩年多不曾出國，也許就在這兩年你的護照剛好要過期了，如果有出國計畫，第一步就是打開護照看一下「效期截止日期」，因現在換發護照的人潮眾多，至少提前兩週去辦理比較保險，並且記得順便辦快速通關喔！

外交部
領事事務局

戶政事務所
辦理護照說明

※ 若要換發護照但沒時間排隊，也可找旅行社代辦。

※ 若之前沒有護照，第一次申辦的人，可就近到任一個戶政事務所，現在臨櫃有提供「一站式服務」，新辦護照也可以受理。

- ## 確認最新檢疫入境政策

日本於 2023 年 5 月 8 日起新冠肺炎降級，赴日觀光不需出示疫苗證明，並解除日本室內外口罩令，若有任何變動，請以最新規定為準。

外交部
前往日本須知

- ## 線上填寫 Visit Japan Web（VJW），加快入境日本

以前飛往日本，在機上都會發兩張紙本的單子，一張是入境卡（下飛機第一關檢查護照時要交）、一張是給海關用的（有無攜帶違禁品，拿行李出海關時要交）。現在日本已經採取線上化一起整合成「Visit Japan Web」，請務必提前幾天到此網站申請帳號並登錄完成，過程中需上傳護照，及填寫一些旅程相關資料，加上還要等候審查，如果是到了日本下飛機才填寫會來不及喔！

Visit Japan
Web

VJW 的
常見問題說明

※ 若未線上填寫 VJW，也仍然可以用以前的紙本單子流程（在飛機上跟空服員索取），也可以線上跟紙本都填，入境時看哪個隊伍排隊時間較短就排那邊，擇一即可。

- 出入境都儘早提前過安檢

不管從台灣出發、或從日本回台，建議都早點過安檢關卡，因為現在旅客爆增，機場人力不太足夠，安檢的關卡常大排長龍。如真的隊伍太長，而你已接近登機時間了，航班的空服員會在附近舉牌子（上面寫有班機號碼），只要舉手回應表明是該班機乘客，就可以帶你加速安檢通關。

- 自助結帳、自助點餐

為了減少直接接觸，許多餐廳新增了自助點餐與結帳系統，入座後可以自行操作座位上的平板電腦，或用個人手機直接掃店家提供的 QR code 點餐。一些商店、超市與便利商店也都增加了自助結帳機，通常搭載多國語言，可先在螢幕點選「中文」後自行刷條碼結帳。另外，即使是由店員負責結帳，許多店家也會在刷好商品條碼後，要求顧客自行將信用卡插入刷卡機結帳，或是將現金直接投入結帳機內。

- 日本有些餐廳改成現場登記制（記帳制）

疫情之後，日本很多餐廳吃飯都要預約，倒不一定要事先電話或網路預約，而是到了現場之後，在門口有本子要你登記想用餐的時間，所以有時看起來沒有在排隊，實際上本子裡已經排了滿滿的人。而且假設你登記 19:00，即使 18:30 有空位了也不能提早進去。不過每間餐廳的作法不同，請以現場狀況為準。

- 日本的消費變便宜還是變貴？

其實日本的物價及稅金一直在上升，但因日圓貶值的關係，消費的感覺並沒有變貴，甚至還更便宜。但因日本政府不時提供國旅補助，鼓勵日本人在國內旅遊消費，相對飯店住宿的漲幅就會比較明顯了。

- 在日本上網更方便的 e-SIM 卡

很多人到日本要手機上網，會另外買專用的 SIM 卡，但缺點是要拔卡換卡很麻煩。現在較新的手機都有支援 e-SIM 卡功能，就是一個虛擬的數位 SIM 卡，只供日本上網專用（一樣有分幾天、吃到飽等方案），像遠傳、台哥大都有自己的日本上網 e-SIM 卡；而 Klook、KKday 等網站也有販賣其它品牌，即賣即用，算是很方便的選擇，可自行上網搜尋相關資訊。

※ 使用 e-SIM 卡時，請將手機國內號碼的漫遊功能關閉，以免誤用台灣號碼漫遊連網。

日本最強行程全攻略，
立刻出發！

　　自從完成了上一本書《去日本自助旅行：給超新手的旅遊密技全圖解》後，我就愛上了跟大家分享行程和規劃的心得。規劃行程其實是一門很有趣的學問，當然，有些朋友會更享受隨性的旅行，去到哪裡就隨心所欲就好，但對於我自己，也對於很多朋友而言，先有些規劃，大概排好了景點，出發前對景點資訊和交通方式有所掌握，出發時自然也會信心大增，玩起來更順利。

　　所以，在寫完第一本有關初階密技的日本旅遊書後，我再接再厲，和創意市集合作出版更強大的行程規劃全書：《去日本這樣排行程！交通＆票券制霸全圖解》。這本書的特別之處，在於覆蓋的區域比初階版更多，當中包含很多秘境的旅遊地區。《去日本自助旅行：給超新手的旅遊密技全圖解》會較著重一些初階入門的知識，例如如何坐火車、如何買交通票券等，而《去日本這樣排行程！交通＆票券制霸全圖解》會把重心放在旅程規劃技巧上，適合每個族群的需求，介紹每個分區不同的行程安排。

　　在寫這本書時，不但深深感受到跟志同道合，一樣愛好旅行的朋友分享旅遊心得的樂趣，更在資料搜集的過程中，學習到更多有關日本的資訊，對日本的了解也加深許多，例如有趣的生活文化豆知識，還有各個地方詳細的交通資訊等。在分享的過程裡，自己也獲益良多。跟很多去了日本二、三十次的達人相比，或許我的經驗並不及他們多，但我真的很喜歡日本這個國家，在寫完日本旅遊書後，對自己規劃行程的能力也更有信心，很希望分享的心得能夠幫助到大家，令更多朋友喜歡日本這個地方！

　　你或許會覺得：規劃行程好像很複雜啊！但其實並不用擔心，因為這不是什麼難學的科目，而是一門在實踐中不斷累積經驗，漸漸就能學會的學問，只要多去日本旅行幾次，就會熟能生巧。在此之前，當還沒有足夠的自信，可以拿著這本書，有什麼疑問的話就能立即查到！

　　就讓我們一起規劃一次屬於自己的日本之旅，開心且自信滿滿的出發旅行吧！

超級旅行貓

目　　錄
Contents

❶

日本行程安排密技

如何配合交通票券玩才最聰明？⋯⋯⋯⋯⋯⋯⋯⋯⋯⋯⋯⋯⋯14

如何安排行程，時間才會最充裕好用？⋯⋯⋯⋯⋯⋯⋯⋯⋯17

如何結合當地一日遊及本身自助行程？⋯⋯⋯⋯⋯⋯⋯⋯⋯25

如何前往沒有航班到達的景點？⋯⋯⋯⋯⋯⋯⋯⋯⋯⋯⋯⋯27

如何前往交通不便的景點？安排行程時需要注意什麼？⋯⋯30

如何知道偏遠景點有沒有大眾交通可達？⋯⋯⋯⋯⋯⋯⋯⋯31

新手入門適用
關東・關西・沖繩

❷

關東高CP值路線全規劃

到東京旅行，應該以什麼交通工具為主？⋯⋯⋯⋯⋯⋯⋯⋯36

規劃東京旅行，有什麼事項需要特別注意？⋯⋯⋯⋯⋯⋯⋯42

去東京旅行，應該買交通票券嗎？買哪些交通票券較為划算？⋯⋯45

我該選擇在哪裡住宿？⋯⋯⋯⋯⋯⋯⋯⋯⋯⋯⋯⋯⋯⋯⋯⋯48

我該如何規劃行程？⋯⋯⋯⋯⋯⋯⋯⋯⋯⋯⋯⋯⋯⋯⋯⋯⋯49

關東必去的13大黃金行程

血拚購物之旅⋯⋯⋯⋯⋯⋯⋯⋯⋯⋯⋯⋯⋯⋯⋯⋯⋯⋯⋯⋯55
行程1　吉祥寺 ➔ 原宿、表參道 ➔ 新宿
行程2　自由之丘 ➔ 代官山 ➔ 銀座或巢鴨

市場及文化體驗之旅⋯⋯⋯⋯⋯⋯⋯⋯⋯⋯⋯⋯⋯⋯⋯⋯58
東京鐵塔 ➔ 豐洲市場閒逛及享用午餐 ➔ 淺草寺雷門、試穿和服、坐人力車 ➔ 晴空塔 ➔ 上野阿美橫町及晚餐

溫泉及主題樂園之旅⋯⋯⋯⋯⋯⋯⋯⋯⋯⋯⋯⋯⋯⋯⋯⋯61
行程1　新宿站 ➔ 小田原站 ➔ 箱根湯本
行程2　東京站 ➔ 舞濱站 ➔ 迪士尼樂園

動漫迷樂極忘返之旅⋯⋯⋯⋯⋯⋯⋯⋯⋯⋯⋯⋯⋯⋯⋯⋯63
行程1　三鷹之森吉卜力美術館 ➔ 吉祥寺散步及午餐（SATOU松阪牛）➔ 秋葉原開逛 ➔ 秋葉原女僕咖啡店 ➔ 秋葉原COSPLAY體驗 ➔ 晚餐（鳥つね自然洞親子丼）

行程2　藤子・Ｆ・不二雄博物館 ➡ 午餐（博物館餐廳）➡ 中野逛街血拚➡ 池袋乙女之路 ➡ 晚餐（無敵家拉麵）

書店及文青之旅·······································67
行程1　紀伊國屋（新宿）➡ 淳久堂（池袋）➡ SO BOOKS（澀谷）
行程2　蔦屋書店（代官山）➡ 代官山閒逛 ➡ 旅の本屋のまど（西荻窪）

在東京可以嘗試的特別文化體驗行程·······································69

江之島、鎌倉悠閒小島遊之旅·······································71
鎌倉大佛 ➡《灌籃高手》平交道 ➡ 魩仔魚問屋Tobiccho ➡ 江之島表參道、江島神社、岩屋及龍戀之鐘

輕井澤親親自然之旅·······································74
Day1　舊輕井澤站 ➡ 舊輕井澤銀座逛街 ➡ 午餐：川上庵蕎麥麵或舊三笠飯店咖哩麵包 ➡ 聖保羅教會 ➡ 雲場池 ➡ 白絲瀑布 ➡ 晚餐：Atelier de Fromage Pizzeria
Day2　輕井澤站 ➡ 星野溫泉泡湯及榆樹街小鎮➡ 午餐：榆樹小鎮內餐廳 ➡ 王子飯店購物中心、滑雪場、溫泉及於酒店內晚餐

❸ 關西高CP值路線全規劃

到關西旅行，應該以什麼交通工具為主？·······································78
規劃關西旅行，有什麼事項需要特別注意？·······································85
去關西旅行，應該買交通票券嗎？買哪些交通票券較為划算？·······································86
我該選擇在哪裡住宿？·······································88
我該如何規劃行程？·······································89

關西必去的5大黃金行程

大阪：遊樂園、動漫與購物之旅·······································94
行程1　環球影城站ユニバーサルシティ ➡ 環球影城
行程2　日本橋及COSPLAY體驗 ➡ 黑門市場午餐及購物 ➡ 心齋橋 ➡ 難波（道頓堀）及晚餐

京都：感受古都文化之旅·······································96
清水寺 ➡ 午餐（錦市場）➡ 祇園及花見小路➡ 河原町一帶閒逛 ➡ 金閣寺 ➡ 在河原町一帶餐廳享用晚餐（湯豆腐、京懷石料理）

奈良、宇治、伏見稻荷大社：古蹟及美食之旅·······································99
奈良公園及東大寺 ➡ 午餐（釜飯志津香、大佛布丁、平宗柿葉壽司、中谷堂麻糬）➡ 宇治平等院 ➡ 伏見稻荷大社 ➡ 晚餐：京都站餐廳（拉麵小路）

神戶：親子之旅 ··· 103
神戶動物王國 ➡ 午餐（STEAK LAND）➡ 麵包超人兒童博物館 ➡ 鐵人28及新長田商
店街 ➡ 晚餐（WASARA）

在京都旅行，有什麼特別文化體驗？ ···························· 105
如何以優惠方式訂到各種門票或特別體驗？ ···················· 106

❹
沖繩高CP值路線全規劃

到沖繩旅行，應該以什麼交通工具為主？ ······················· 108
如何按照區域分佈規劃沖繩旅行 ······························· 112
規劃沖繩旅行，有什麼事項需要特別注意？ ···················· 114
去沖繩旅行，應該買交通票券嗎？買哪些交通票券較為划算？ ······· 115
我該選擇在哪裡住宿？ ··· 116
我該如何規劃行程？ ··· 117

沖繩必去的5大黃金行程

那霸、首里：DIY傳統體驗之旅 ······························· 122
國際通琉裝體驗 ➡ 体験工房美ら風、國際通工藝品製作 ➡ 午餐（第一牧志公設市
場）➡ 首里琉染 ➡ 首里城 ➡ 晚餐（琉球茶房）

恩納、讀谷：琉球文化、親親小魚之旅 ························· 125
恩納青之洞窟浮潛 ➡ 午餐（MAEDA BREEZE）➡ 琉球體驗王國 ➡ 御菓子御殿紅芋
塔DIY ➡ 晚餐（元祖海葡萄丼）

名護：親子同樂之旅 ··· 128
行程1　OKINAWA水果樂園 ➡ 名護鳳梨公園 ➡ 午餐（名護鳳梨園內餐廳）➡ 本
　　　　部元氣村（親近海豚，坐水中觀光船）➡ 晚餐（STEAK HOUSE 88）
行程2　美麗海水族館及海洋博公園 ➡ 午餐（美麗海水族館餐廳）➡ 琉球窯 ➡ 名
　　　　護動植物公園 ➡ 晚餐（燒肉乃我那霸）

沖繩主題樂園之旅 ··· 132
沖繩世界（文化王國及玉泉洞）➡ 沖繩世界園內沖繩料理自助餐 ➡ 琉球體驗王國 ➡
BIOS之丘 ➡ 晚餐（燒肉琉球之牛）

沖繩有什麼是日本本島沒有的獨特文化？ ······················· 134
沖繩有什麼特色水上活動？ ····································· 135

大自然樂遊
九州、四國、北海道

九州高CP值路線全規劃

到九州旅行，應該以什麼交通工具為主？ …………………… 138
規劃九州旅行，有什麼事項需要特別注意？ ………………… 139
去九州旅行，應該買交通票券嗎？買哪些交通票券較為划算？ … 141
我該選擇在哪裡住宿？ ………………………………………… 143
我該如何規劃行程？ …………………………………………… 145

九州必去的7大黃金行程

福岡、門司港：特色博物館之旅 …………………………… 153
門司港閒逛 ➜ 九州鐵道紀念館 ➜ 午餐（BEAR FRUITS 起司咖哩）➜ 天神地下街 ➜
博多運河城 ➜ 晚餐（中洲屋台）

長崎：外國風情之旅 ………………………………………… 156
哥拉巴園 ➜ 東山手洋風住宅群 ➜ 午餐（四海樓長崎麵）➜ 豪斯登堡 ➜ 晚餐（豪斯登
堡內）

阿蘇農莊：體驗之旅 ………………………………………… 158
行程1　ASO FARM LAND ➜ 午餐（ASO FARM LAND內餐廳）➜ 猿猴劇場 ➜
　　　　木之內農園 ➜ 晚餐（JR阿蘇站附近餐廳）
行程2　阿蘇牛乳牧場 ➜ 米塚及草千里（景觀餐廳新草千里午餐）➜ 阿蘇山岳火山
　　　　口 ➜ 黑川溫泉 ➜ 晚餐（黑川溫泉街餐廳，晚餐後入住溫泉飯店及泡湯）

熊本部長熊本熊追蹤之旅 …………………………………… 162
熊本車站 ➜ 熊本城及櫻之馬場城彩苑 ➜ 熊本縣物產館 ➜ 午餐（桂花拉麵）➜ 熊本
熊廣場 ➜ 鶴屋百貨 ➜ 熊本車站 ➜ 晚餐（熊本站附近餐廳）

別府：由布院泡湯之旅 ……………………………………… 165
別府八獄 ➜ 午餐（地獄蒸工房鐵輪）➜ 金鱗湖 ➜ 湯之坪街道（由布院貓屋敷、犬
家敷、史努比茶屋、宮崎駿專門店等）➜ 泡湯（溫泉飯店）➜ 晚餐（溫泉飯店內
晚餐）

宮崎、鹿兒島：南國風情之旅 ……………………………… 169
鬼之洗濯板及青島神社 ➜ SUN MESSE日南及午餐 ➜ 天文館通及晚餐

為什麼九州特別適合鐵道旅行？ …………………………… 171

四國高CP值路線全規劃

到四國旅行，應該以什麼交通工具為主？……………………………174

規劃四國旅行，有什麼事項需要特別注意？………………………176

去四國旅行，應該買交通票券嗎？買哪些交通票券較為划算？……178

我該選擇在哪裡住宿？………………………………………………180

我該如何規劃行程？…………………………………………………181

四國必去的7大黃金行程

高松、琴平：星級景點暢遊之旅……………………………………186
栗林公園 ➡ 高松城 ➡ 午餐（德島ラーメン麵王高松站前）➡ 中野烏龍麵學校 ➡ 金
刀比羅宮 ➡ 晚餐（川福本店）

鳴門、德島、大步危及小步危：自然奇觀之旅………………………189
行程1　鳴門漩渦（觀光船及渦之道）➡ 午餐（潮風鯛魚飯）➡ 阿波舞會館 ➡ 阿
　　　　波木偶人形會館 ➡ 晚餐（鳥巢亭阿波尾雞）
行程2　平家屋敷 ➡ 藤蔓橋 ➡ 小便小僧 ➡ 道之站大步危 ➡ 大步危觀光船 ➡ 晚餐
　　　　（阿波牛串燒きひなた）

尋訪《神隱少女》和《少爺》的故事世界………………………………192
松山城 ➡ 午餐（宇和島鯛めし丸水道後店）➡ 道後溫泉少爺鐘及溫泉街 ➡ 道後溫泉
➡ 大街道商店街散步及晚飯（五志喜）

樂遊麵包超人博物館、四萬十川……………………………………195
行程1　高知西島園藝團地及午餐 ➡ 麵包超人博物館 ➡ 晚餐（鍋燒拉麵千秋）
行程2　四萬十川之旅觀光行程 ➡ 四萬十川物產館 ➡ 晚餐（き鰹たたき明神丸ひ
　　　　ろめ市場店）

小豆島：希臘風情之旅…………………………………………………199
從高松港坐渡輪往小豆島 ➡ 到小豆島土庄港前觀光中心集合 ➡ 小豆島定期觀光巴士 ➡
回到土庄港

北海道高CP值路線全規劃

到北海道旅行，應該以什麼交通工具為主？…………………………202

規劃北海道旅行，有什麼事項需要特別注意？………………………205

去北海道旅行，應該買交通票券嗎？買哪些交通票券較為划算？……207

我該選擇在哪裡住宿？………………………………………………210

我該如何規劃行程？…………………………………………………213

北海道必去的5大黃金行程

札幌、小樽：散步之旅 ⋯⋯⋯⋯⋯⋯⋯⋯⋯⋯⋯⋯⋯⋯⋯⋯⋯⋯ 221
北海道大學、時計台及舊道廳 ➜ 白之戀人公園 ➜ 午餐（二条市場）➜ 小樽運河散步
➜ 狸小路 ➜ 晚餐（GARAKU湯咖哩）

富良野、美瑛、旭川、層雲峽：賞花海、享泡湯 ⋯⋯⋯⋯⋯⋯⋯⋯⋯ 225
行程1　吉田農園 ➜ 富田農場 ➜ 四季彩之丘及羊駝牧場 ➜ 騎自行車遊覽拼布之路
　　　及超廣角之路（可在美瑛站租車）➜ 晚餐（洋食とcafeじゅんぺ）
行程2　旭山動物園 ➜ 午餐（旭山動物園內餐廳）➜ 層雲峽溫泉街散步及泡湯 ➜
　　　晚餐（Beer Grill Canyon）

道東：投入自然懷抱之旅 ⋯⋯⋯⋯⋯⋯⋯⋯⋯⋯⋯⋯⋯⋯⋯⋯⋯ 230
行程1　網走監獄博物館 ➜ 天都山流冰館 ➜ 午餐（網走站一帶餐廳）➜ 知床半島
　　　➜ 晚餐（知床斜里站一帶餐廳）
行程2　道東三湖（利用阿寒觀光巴士）8:00在釧路站前出發（行程為釧路濕原展
　　　望台、摩周湖、琉磺山、屈斜路湖、釧路空港）➜ 晚餐（和商市場）

玩家帶路：特色主題列車 ⋯⋯⋯⋯⋯⋯⋯⋯⋯⋯⋯⋯⋯⋯⋯⋯⋯ 234

如何編排北海道祭典之旅？ ⋯⋯⋯⋯⋯⋯⋯⋯⋯⋯⋯⋯⋯⋯⋯⋯⋯ 235

秘境絕景探訪
中部北陸、山陰山陽、東北

8
中部北陸高CP值路線全規劃

到中部北陸旅行，應該以什麼交通工具為主？ ⋯⋯⋯⋯⋯⋯⋯⋯⋯⋯ 240
規劃中部北陸旅行，有什麼事項需要特別注意？ ⋯⋯⋯⋯⋯⋯⋯⋯⋯ 243
去中部北陸旅行，應該買交通票券嗎？買哪些交通票券較為划算？ ⋯⋯⋯ 244
我該選擇在哪裡住宿？ ⋯⋯⋯⋯⋯⋯⋯⋯⋯⋯⋯⋯⋯⋯⋯⋯⋯⋯ 248
我該如何規劃行程？ ⋯⋯⋯⋯⋯⋯⋯⋯⋯⋯⋯⋯⋯⋯⋯⋯⋯⋯⋯ 250

中部北陸必去的7大黃金行程

名古屋：名城、記念館、樂園、鐵道館之旅 ⋯⋯⋯⋯⋯⋯⋯⋯⋯⋯⋯ 254
行程1　名古屋城 ➜ 大須商店街 ➜ 午餐（商店街內餐廳）➜ TOYOTA產業技術記
　　　念館 ➜ 名古屋站閒逛 ➜ 晚餐（矢場豬排）
行程2　LEGOLAND及園區內午餐 ➜ リニア・鉄道館 ➜ 晚餐（まるや本店鰻魚三吃）

犬山：犬山城、野外民族博物館、菓子城堡之旅⋯⋯⋯⋯⋯⋯⋯259
國寶犬山城 ➡ 野外民族博物館小小世界及園區內午餐 ➡ 菓子城堡及晚餐

長久手、常滑：名車、萌貓之旅⋯⋯⋯⋯⋯⋯⋯⋯⋯⋯⋯⋯⋯261
吉卜力樂園 ➡ 豐田汽車博物館及館內餐廳午餐 ➡ 常滑招財貓步道及陶瓷步道 ➡
晚餐（山本屋總本家味噌烏龍麵）

高山：古風美食之旅⋯⋯⋯⋯⋯⋯⋯⋯⋯⋯⋯⋯⋯⋯⋯⋯264
行程1　宮川朝市及早餐 ➡ 高山城下町及小吃 ➡ 午餐（飛驒牛或高山拉麵）➡ 高
　　　　山陣屋 ➡ 高山屋台祭會館及櫻之日光館 ➡ 晚餐（丸明燒肉）
行程2　回憶體驗館猴寶寶DIY體驗 ➡ 午餐（回憶體驗館附近餐廳）➡ 高山泰迪熊
　　　　環保村 ➡ 下呂溫泉

金澤：金光閃閃之旅⋯⋯⋯⋯⋯⋯⋯⋯⋯⋯⋯⋯⋯⋯⋯⋯269
兼六園 ➡ 石川物產館和菓子體驗 ➡ 近江町市場午餐 ➡ 箔巧館金箔工藝體驗及東茶屋
街 ➡ 晚餐（もりもり寿し金沢駅前店）

在地趣聞⋯⋯⋯⋯⋯⋯⋯⋯⋯⋯⋯⋯⋯⋯⋯⋯⋯⋯⋯⋯⋯272

9

山陰山陽高CP值路線全規劃

到山陰山陽旅行，應該以什麼交通工具為主？⋯⋯⋯⋯⋯⋯⋯274
規劃山陰山陽旅行，有什麼事項需要特別注意？⋯⋯⋯⋯⋯⋯278
去山陰山陽旅行，應該買交通票券嗎？買哪些交通票券較為划算？⋯281
我該選擇在哪裡住宿？⋯⋯⋯⋯⋯⋯⋯⋯⋯⋯⋯⋯⋯⋯⋯⋯283
我該如何規劃行程？⋯⋯⋯⋯⋯⋯⋯⋯⋯⋯⋯⋯⋯⋯⋯⋯⋯284

山陰山陽必去的7大黃金行程

廣島、宮島：雙「島」之旅⋯⋯⋯⋯⋯⋯⋯⋯⋯⋯⋯⋯⋯⋯288
宮島（表參道、 嚴島神社、海中大鳥居）➡ 午餐（牡蠣屋）➡ 廣島平和公園及原爆
紀念館 ➡ 本通閒逛購物 ➡ 晚餐（廣島燒屋台村）

鳥取、岡山：採果之旅⋯⋯⋯⋯⋯⋯⋯⋯⋯⋯⋯⋯⋯⋯⋯291
吉井農園摘桃 ➡ 午餐（大平門鳥取和牛燒肉）➡ 20世紀梨紀念館 ➡ 波關園摘梨 ➡
晚餐（たくみ割烹店）

境港、倉吉：妖怪、偵探之旅⋯⋯⋯⋯⋯⋯⋯⋯⋯⋯⋯⋯⋯293
水木茂之路 ➡ 水木茂紀念館 ➡ 妖怪樂園 ➡ 午餐（梅崎水產）➡ 青山剛昌故鄉館 ➡
柯南的家（米花商店街）➡ 晚餐（炭火燒き福ふく）

本書所列相關資訊以2023年3月為基準，資訊因時因地會調動，
出發前請利用書中的網址再次確認。

鳥取、岡山、倉敷：古樸風情之旅⋯⋯⋯⋯⋯⋯⋯⋯⋯⋯⋯⋯⋯⋯297

行程1　岡山城及岡山後樂園 ➜ 招財貓美術館 ➜ 午餐（吾妻壽司）➜ 倉敷水鄉及
　　　　特色博物館（桃太郎機關博物館、貯金箱博物館、日本鄉土玩具博物館）
　　　　➜ 晚餐（味司野村豬排丼）

行程2　吉井農園摘桃 ➜ 午餐（海鮮料理鯛喜）➜ 砂之美術館及鳥取砂丘 ➜ 晚餐（炭
　　　　火燒のジュジュアン）

鳥取、島根：神話之旅⋯⋯⋯⋯⋯⋯⋯⋯⋯⋯⋯⋯⋯⋯⋯⋯⋯⋯⋯302

白兔神社 ➜ 午餐（かねや蕎麥麵）➜ 出雲大社 ➜ 松江花鳥園 ➜ 晚餐（こいちゃん家）

岡山、鳥取、出雲與日本神話有什麼淵源？⋯⋯⋯⋯⋯⋯⋯⋯⋯⋯305

⑩

東北CP值路線全規劃

到東北旅行，應該以什麼交通工具為主？⋯⋯⋯⋯⋯⋯⋯⋯⋯⋯⋯308

規劃東北地區旅行，有什麼事項需要特別注意？⋯⋯⋯⋯⋯⋯⋯⋯310

去東北遊玩，需要購買JR PASS嗎？⋯⋯⋯⋯⋯⋯⋯⋯⋯⋯⋯⋯⋯311

我該選擇在哪裡住宿？⋯⋯⋯⋯⋯⋯⋯⋯⋯⋯⋯⋯⋯⋯⋯⋯⋯⋯312

我該如何規劃行程？⋯⋯⋯⋯⋯⋯⋯⋯⋯⋯⋯⋯⋯⋯⋯⋯⋯⋯⋯313

東北必去的8大黃金行程

山形冬季樹冰之旅或夏季祭典之旅⋯⋯⋯⋯⋯⋯⋯⋯⋯⋯⋯⋯⋯⋯318

行程1：冬季樹冰之旅：山形站 ➜ 藏王雪冰 ➜ 午餐：溫泉旅館餐廳 ➜ 日歸溫泉 ➜
　　　　晚餐：米澤牛案山子

行程2：夏季祭典之旅：山形站 ➜ 銀山溫泉街散步 ➜ 午餐：溫泉旅館餐廳 ➜ 日歸
　　　　溫泉 ➜ 參觀山形花笠祭 ➜ 晚餐：米澤牛案山子

青森找尋蘋果、睡魔、美景之旅⋯⋯⋯⋯⋯⋯⋯⋯⋯⋯⋯⋯⋯⋯⋯321

行程1：青森站 ➜ 奧入瀨溪流及自備輕食午餐 ➜ 十和田湖 ➜ 青森站

行程2：青森站 ➜ A FACTORY ➜ 睡魔之家 ➜ 味之札幌大西 ➜ Viennese sweets
　　　　Strauss總店下午茶 ➜ 回飯店休息及於附近晚飯 ➜ 睡魔祭

秋田角館小京都，親親秋田犬及傳統祭典之旅⋯⋯⋯⋯⋯⋯⋯⋯⋯324

行程1：秋田站 ➜ 角館及角館武士家屋敷 ➜ 午餐：茶碗屋米棒火鍋 ➜ 秋田民俗藝
　　　　能傳承館

行程2：秋田站 ➜ 大館站秋田犬之里及秋田犬會館，並於附近餐廳午飯 ➜ 晚餐：
　　　　秋田比內地雞秋田站本店 ➜ 燈竿祭

松島美景、動漫貓咪之旅⋯⋯⋯⋯⋯⋯⋯⋯⋯⋯⋯⋯⋯⋯⋯⋯⋯328

行程1：仙台站 ➜ 松島遊逛 ➜ 午餐：南部屋 ➜ 松島遊船 ➜ 飯店休息，並在附近
　　　　用餐 ➜ 仙台七夕祭

行程2：仙台站 ➜ 田代島遊逛及自備輕食午餐 ➜ 石之森萬畫館 ➜ 晚餐：利久仙台
　　　　站店

東北溫泉巡禮⋯⋯⋯⋯⋯⋯⋯⋯⋯⋯⋯⋯⋯⋯⋯⋯⋯⋯⋯⋯⋯⋯331

來一次東北美食之旅吧！⋯⋯⋯⋯⋯⋯⋯⋯⋯⋯⋯⋯⋯⋯⋯⋯⋯⋯332

1 日本行程安排密技

很多人因為不懂日語，又對地理環境不太熟悉，而對去日本自助遊卻步，其實只要做一些功課和準備，去日本旅行並不是一件難事！這篇介紹各種籌備和規劃行程的技巧，例如如何選擇住宿地點、利用訂房網站預訂住宿、安排交通或租車等，還有如何連接各大景點，結合一日團和自助遊讓行程更完美……，一起做好各種準備，展開精彩的日本之旅吧！LET'S GO！

如何配合交通票券玩才最聰明？

　　如果要買交通票券的話，到底要如何買才最聰明？以下以中部行程和四國行程為例子，介紹一些省錢和把票券物盡其用的小撇步！

選擇適合天數的交通票券

　　有些人會有一個誤解，以為要去多少天旅行，就需要買多少天的交通票券，可是這並不正確！天數越多，交通票券會越貴，很多時候4天以上的交通票券都貴得驚人，所以交通票券還是買越少天數越好。其實只要安排得宜，這是絕對可以做到的！以下介紹如何能節省交通票券的天數！

舉例：四國行程

Day 1　出發到四國

Day 2　小豆島（天使之路、小豆島橄欖公園、二十四之瞳映畫村、寒霞溪、銚子溪猿子國）

Day 3　男木島（貓島）、女木島（桃太郎妖怪島），前往德島市

Day 4　鳴門、德島市內（德島阿波舞、傳統產業會館）、日和佐

Day 5　祖谷（藤蔓橋、大步危、小便小僧、落合集落、單軌電車遊森林、大步危觀光船）

Day 6　高松（高松城、栗林公園）、琴平（金刀比羅宮、中野烏龍麵學校）

Day 7　回國

四國ＪＲ ＰＡＳＳ ３日券

以上的四國之行雖然共有7天，但買四國的JR PASS就只有3天而已，為什麼呢？細看一下，由於3天的住宿地點都在高松，因此買3日券的3天，都是坐最長途車程的，在第4天會從高松來往德島（共5340日圓），而在第5天會從高松來往大步危（共6060日圓），第6天則可坐JR從高松來往琴平（1740日圓），6段火車合起來共13140日圓，但3天券只要9000日圓而已，那絕對是賺到啦！至於其他天數，因為坐火車不多，或者多數是短程，根本用不到JR PASS。所以，在安排行程時，只要把來往高松德島，來往高松大步危及來往高松和琴平放在連續3天，再買一張JR四國3天票券就可以節省很多了！

四國JR PASS的分類及價格

票種	海外銷售版	日本國內銷售版
3日型	9,000 日圓(兒童 4,500 日圓)	9,500日圓（兒童4,750日圓）
4日型	10,000 日圓(兒童 5,000 日圓)	10,500日圓（兒童5,250日圓）
5日型	11,000 日圓(兒童 5,500 日圓)	11,500日圓（兒童5,750日圓）
7日型	13,000 日圓(兒童 6,500 日圓)	13,500日圓（兒童6,750日圓）

巧妙安排行程，把周遊券物盡其用！

舉例：中部行程

Day 1	到達名古屋，從名古屋前往高山
Day 2	高山市內景點
Day 3	金澤市內
Day 4	白川鄉、五箇山
Day 5	下呂溫泉、回名古屋、犬山市內

高山、北陸地區周遊券

Day 6	前往常滑午飯
Day 7	名古屋市內
Day 8	LEGOLAND
Day 9	回國

金澤市
五箇山
白川鄉
高山市
下呂溫泉
犬山市
名古屋市
LEGOLAND
常滑市

北陸、高山的JR周遊券只有5天的版本，票價14260日圓，可以坐所有JR和來往高山與白川鄉、五箇山、金澤的巴士。再看看以上的行程，共有9天，但真正用到周遊券只有5天。行程有5天是在高山，用到票券的機會很多，最後4天是在名古屋，因為車程較短，票券沒有什麼作用。所以在排行程時，必須要把所有最長程JR和最常用到巴士的行程放在5天內，以下是這5天要用到的車費：

Day 1 名古屋至高山JR特急：5610日圓

Day 2 高山市內徒步：0日圓

Day 3 高山往金澤巴士（來回）：6400日圓

Day 4 高山往金澤巴士（來回）：高山往白川鄉（巴士）5200日圓

Day 5 高山前往下呂（JR）〔來回〕：1980日圓，高山前往名古屋5610日圓

5天總計是24800日圓，而JR PASS是14260日圓（自日本國外的旅行代理店購買），如果安排得宜，就可以省下10540日圓！

由此可見，只要購買的天數適合，行程安排得當，把票券發揮最大的作用，就是交通票券最聰明的用法了，但要謹記，切勿因為買了票券而不必要地時常坐火車，這樣反而只變成了火車旅行，會失去旅行的真正意義。

另外要留意的是，日本JR PASS都是採取連續幾天使用的制度，因此如果要節省金錢，把JR PASS物盡其用，在安排行程時，建議把長途車程的行程安排在連續幾天。

如何安排行程，時間才會最充裕好用？

「時間就是金錢」，這句話很適合用在旅行者身上，旅行的天數有限，但又想充份利用，不想浪費時間，到底如何安排行程，時間才會最充裕好用呢？

機票購買：A市入，B市出，不走回頭路

對於短程旅行的遊人而言，這個並不太適用，因為天數的限制，比較不會進行大範圍的移動，但對於中長途旅程來說，這個方法就非常常用了。例如，進行一次北海道旅行，會從札幌玩到函館，那麼在購買機票時，可以盡量選擇同時會飛札幌和函館的航空公司，那麼就能選擇札幌入，函館出（或相反），因為從札幌到函館需要三個多小時的車程，這樣安排的話，一來玩各景點的時間會較充裕，二來也可以節省不少交通費，而且更舒適方便呢！

善用各種交通工具

日本交通工具發達，單單是國鐵JR線，就覆蓋了全日本大多數地區。如果要來往不同大區的城市，如東京和大阪、福岡和廣島等，可以利用便捷但相對昂貴的新幹線。如來往同一大區的城市，則可以利用普通、快速、新快速或急行及特急列車。較長途的行程多會利用特急列車，一來停站較少，節省不少時間，二來轉車次數也少，免卻轉車和等車的麻煩。如來往距離較近的熱門城市，可以利用快速或新快速，不會像普通車那樣每站都停，也不需要像特急一樣額外付費。如果要來往一些較小的城鎮，因為特急、新快速和快速不會每站都停，那就需要利用普通車了。

除了JR以外，日本還有不少私人公司經營的電車，通常稱為「私鐵」，例如南海電鐵、近畿日本鐵道、京阪電車、阪神電車、名古屋電鐵等，另外還有來往各主要城市的高速巴士，費用比JR便宜，但交通時間較長。

至於市內交通，則可以利用市電、地鐵、巴士等，非常方便。只要好好利用各種交通工具，便能又省錢又省時，暢快的玩遍整個日本了！

1 日本的JR覆蓋各地，四通八達 2 來往高山和白川鄉、金澤的濃飛巴士

選擇合適的住宿點

在選擇住宿點時，需要注意以下兩點：

1. 選擇鄰近火車站和巴士站的地點，可以節省很多步行時間。
2. 選擇可以通往各地的交通樞紐附近，能夠採用放射式玩法，節省很多時間。推薦地點請見下方圖表：

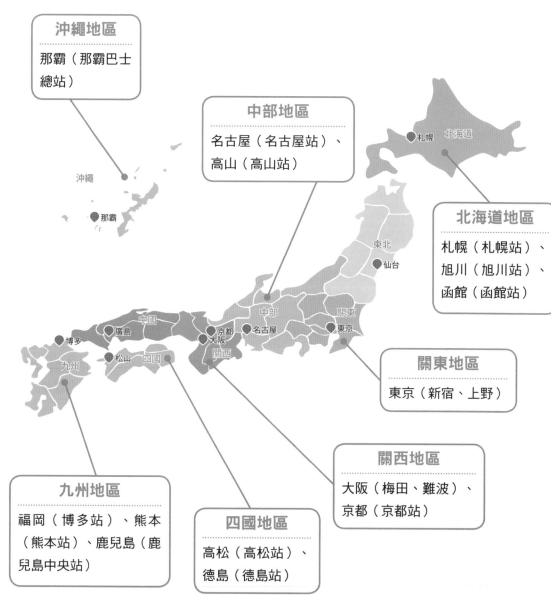

沖繩地區
那霸（那霸巴士總站）

中部地區
名古屋（名古屋站）、高山（高山站）

北海道地區
札幌（札幌站）、旭川（旭川站）、函館（函館站）

關東地區
東京（新宿、上野）

關西地區
大阪（梅田、難波）、京都（京都站）

九州地區
福岡（博多站）、熊本（熊本站）、鹿兒島（鹿兒島中央站）

四國地區
高松（高松站）、德島（德島站）

日本住宿網站

JALAN、樂天是專門預訂日本住宿的網站,選擇比其他國際住宿網站更多。

住宿網站

JALAN　　　　樂天

🌐 JALAN租房

可用地圖輕鬆選擇　　直接輸入要找的住宿名字

地區及城市選擇

❶入住時間
❷入住日期未定
❸入住多少晚

❶房間數
❷大人數
❸兒童數

輸入必須資料後按檢索

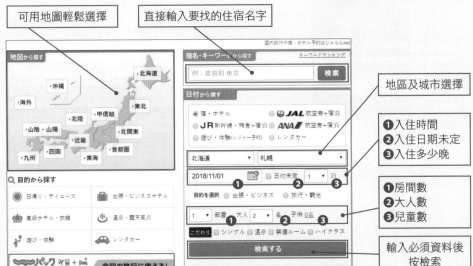

入住日期　　入住日期未定　　住多少晚　　房間數　　大人數

兒童數

按地區檢索飯店

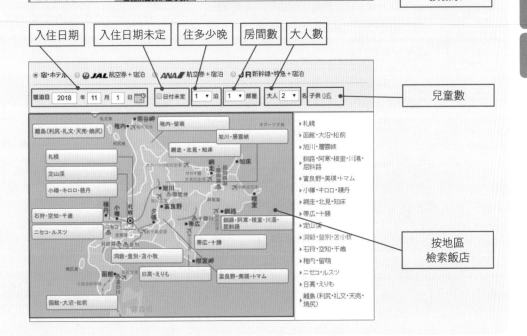

19

前往飯店的
交通方式

是否包含
用餐

地圖

一人的價錢

二人合計的
價錢，稅拔
即未含稅

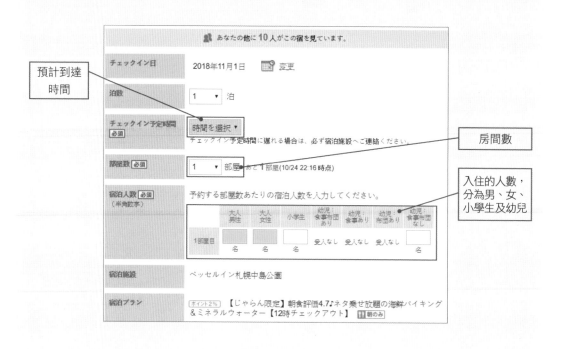

預計到達
時間

房間數

入住的人數，
分為男、女、
小學生及幼兒

住宿代表者姓名
（漢字或英文）

住宿代表者的日文
片假名姓名（可利用
GOOGLE TRANSLATE
找出自己名字的日文、
然後在此輸入）

在日本的住所，如
在日本沒有住所、
可填寫第一晚入住
飯店的地址

聯絡電話

是否需要支付訂金

取消房間條款，圖
為入住當日有聯絡
取消，收取房價
80%，無聯絡取消
收取100%

進入下一步驟

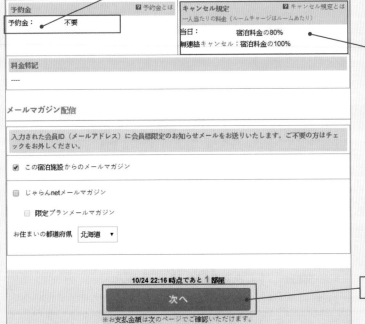

21

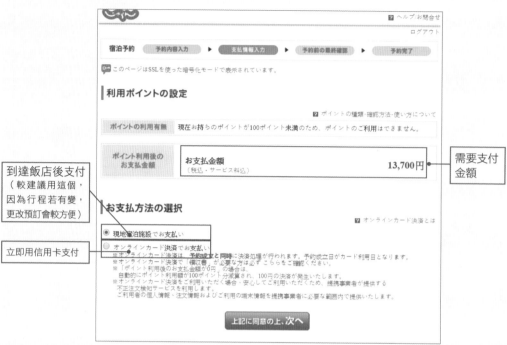

到達飯店後支付
（較建議用這個，
因為行程若有變，
更改預訂會較方便）

立即用信用卡支付

需要支付
金額

⊕ 樂天訂房

直接輸入想查詢的飯店名字

從地圖中選擇地點

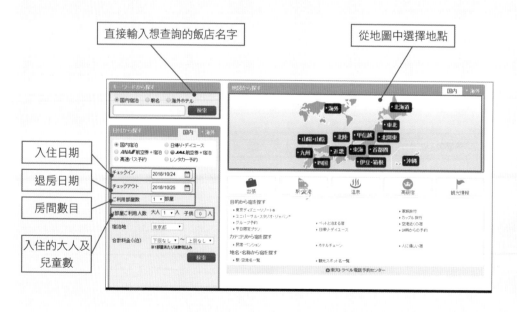

入住日期

退房日期

房間數目

入住的大人及
兒童數

從最便宜開始顯示

從最貴開始顯示

有沒有停車場，可停多少台車，是否
需要收費，無料即免費，有料即收費

總房價，稅
拔即未含稅

是否包含用餐

禁煙房
還是吸煙房

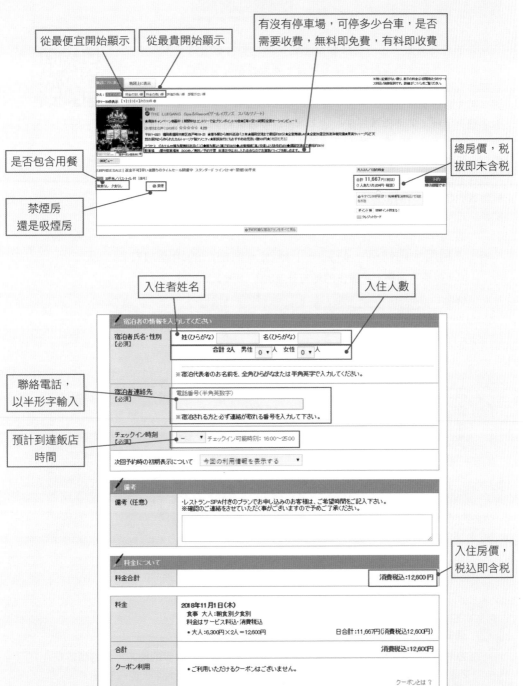

入住者姓名

入住人數

聯絡電話，
以半形字輸入

預計到達飯店
時間

入住房價，
稅込即含稅

把景點按順序排列好

　　旅遊的時間有限，每分每秒都是金錢，而且若行程安排得不夠順暢，搬行李和搭交通工具都會非常辛苦。要把景點排得順路，必須要好好研究地圖，先研究要去的區域地圖，例如，想去京阪神奈四個地方，那先要研究好京都、大阪、神戶和奈良這四個城市的位置，是該從哪個開始玩？哪個作為最後一站？然後就要研究每個城市的分區地圖，例如大阪的梅田區、難波區、環球影城、港灣區等，最後是研究每個分區內的地圖，例如梅田區地圖，找出將會去的地方。

GOOGLE MAP

　　現在要使用地圖十分容易，只要利用GOOGLE MAP功能，就能很輕鬆找到各個地方的位置和計算交通時間！在研究好地圖後，就可以開始把行程循序漸進的排出來了！

1 先利用大區排列，研究一下地圖，把相鄰的地區放在同一天

以下以東京為例，把要去的地方分為3組（3天）

例如： 上野、秋葉原、淺草 　原宿、新宿 　箱根

2 再把每個大區裡想去的景點逐一在地圖找出並排列路線

可以按照景點的不同排列方法，採用以下幾種行程安排：

A.從最近玩到最遠

先去最近的景點，再慢慢延伸，以最遠的景點作終點，然後坐交通工具一口氣回到住宿點。

B.從最遠玩到最近

先坐交通工具前往最遠的地方，再逐步玩到最近住宿點的景點，然後回去住宿點。

C.繞圈式玩法

用逆時針或順時針的方向，從住宿點開始，以住宿點作終點。

3 為每個景點製定適合的停留時間

如果只是一些拍照點，15～30分鐘就可以了；若是要散步的地方，大約預留1～2個小時；博物館約2小時、樂園大半天至一整天、小島大半天至一整天。

如何結合當地一日遊及本身自助行程？

　　跟團的好處是可以輕易到達一些難去的地方，不用為張羅交通工具而煩惱，但相對的自由度較少，去的景點未必是自己喜歡的；自助旅行可以自由自在，把自己喜歡的地方安排進行程裡，但卻經常為交通工具的安排頭疼，尤其是一些偏遠難去，沒有大眾交通工具可達，又或是有大眾交通，但班次極少的地方，到底要如何才能結合兩者的好處呢？現在的自助旅行流行一種新的玩法，就是結合當地的一日遊和本身的自助行程！以下以四國行程為例，介紹如何結合兩者，安排一個又可以獨立自主，又可以把難去的地方一網打盡的完美行程！

STEP 1　找出想去景點的交通

把想去的所有景點的大眾交通找出來，例如目的地是高松、德島、鳴門、琴平、小豆島，經過資料搜集後，發現每個地方的JR都很方便，只是小豆島船班較少，而且島上的巴士班次也少，島上景點又多，如果使用巴士自助旅行的話，一定玩不完所有景點。

STEP 2　去旅遊網站搜尋有沒有當地的一日行程

既然小豆島的交通不太理想，就可以考慮跟團了，可以搜尋旅遊網站看看，在網上有很多提供一日遊的網站，例如KKDAY、KLOOK等等，可以利用這些網站提供的一日行程，去一些大眾交通較不方便或較難去的地方。先選好適合自己的一日團，看看出發日期和集合地點跟自己的行程是否配合，然後先在網上預約好，再列印出訂單，在出發當日到指定集合地點，向導遊出示訂單即可。

KKDAY　　　　KLOOK

在這2個網站裡，可以分區找出各地的一日遊，看看是不是有比較喜歡的小豆島行程！

STEP 3 在行程上巧妙安排，配合一日遊的出團時間

因為旅行社未必會天天開團，有些只有一星期幾天，所以在訂一日遊時需要留意，自己在出團的幾天是否能安排成行，同時也可以好好調配自助旅行的行程部份，以配合一日遊的行程。

STEP 4 如有需要，可以結合多個一日遊

如果想去好幾個難去的地方，可以多報幾個一日遊行程，剩下的時間則可以規劃自己的自助行程。

只要按照以上的步驟，自助遊和跟團的好處，就可以魚與熊掌都能兼得了！

　　網上提供日本一日遊或是多日遊的網站很多，行程也會有所不同，在訂購時可以比價，找出集合地點和時間都配合自己路線的行程，並留意行程是否已包用餐。如行程中沒有安排用餐時間，則建議在出發前先購買一些輕食，如三明治、飯糰之類，可以解決用餐問題，又能節省時間。

如何前往沒有航班到達的景點？

要飛東京、大阪、札幌等熱門城市當然不是問題，但一些二線旅遊點，如名古屋、福岡、廣島，或是觀光客更少的岡山、高松、德島，就未必有密集的航班可達了，不過不用擔心，要玩這些城市，其實一點也不難喔！

日本航空公司

JAL　　　　ANA

● 利用日本國內航班

如果預算較充裕，又或是想較方便快捷的話，坐國內航班是不錯的選擇，日本的兩大航空公司：JAL及ANA都提供大量國內航線，當中包括多個冷門航點，台灣和港澳的旅客可以先買前往一些熱門城市的機票，如東京、大阪等，然後再坐國內線航班前往目的地。

● 利用新幹線

新幹線的好處是比國內航班便宜，而且因為不用提早到機場CHECK IN，上車也不像搭飛機手續繁複，十分方便好用。例如想去岡山，但苦無直航飛機，那麼就可以先坐飛機到大阪，利用山陽新幹線前往岡山；同樣道理，若想去輕井澤，那就可以先飛到東京，再利用北陸新幹線前往輕井澤。

● 利用長途巴士

巴士的好處是價錢較便宜，但車程較長，也較辛苦，同時巴士路線有所限制，未必能到達想去的地方。但在一些地區，巴士卻比JR更方便。例如想從名古屋前往白川鄉，就可利用高速巴士；從大阪前往德島和高松，也可利用從關西空港前往這兩個地方的巴士。

日本的長途巴士，圖中為來往白川鄉和高山的濃飛巴士

● 自駕

這是個較節省，但相對也較辛苦的方法，先坐飛機到一些熱門城市，再在當地租車前往目的地，例如前往和歌山，可以先坐飛機到大阪，再自駕到白濱、勝浦一帶；在福岡取車，可以自駕到熊本、宮崎，甚至是最南的鹿兒島。

樂天租車

可到樂天租車網站進行比價及預訂租車方案，這個網站提供很多早鳥優惠，有時會比在租車公司官網的方案還要便宜呢！

樂天

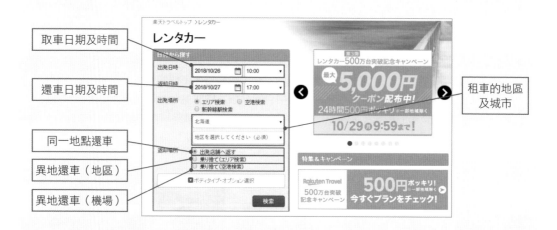

- 取車日期及時間
- 還車日期及時間
- 同一地點還車
- 異地還車（地區）
- 異地還車（機場）
- 租車的地區及城市

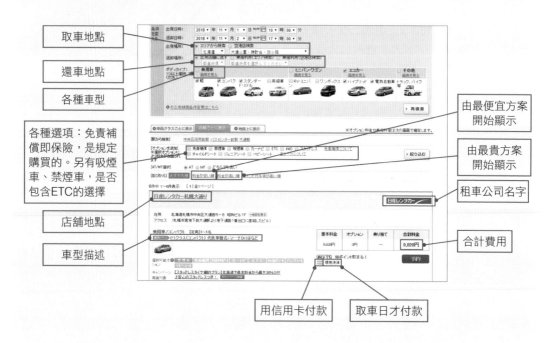

- 取車地點
- 還車地點
- 各種車型
- 各種選項：免責補償即保險，是規定購買的。另有吸煙車、禁煙車，是否包含ETC的選擇
- 店舖地點
- 車型描述
- 由最便宜方案開始顯示
- 由最貴方案開始顯示
- 租車公司名字
- 合計費用
- 用信用卡付款
- 取車日才付款

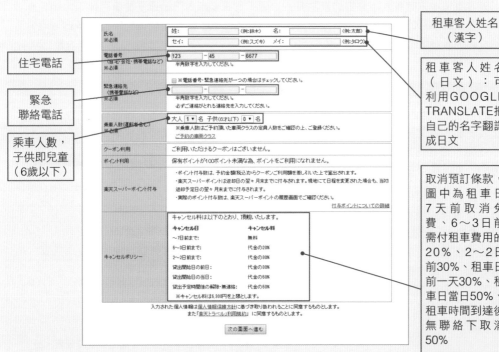

如何前往交通不便的景點？
安排行程時需要注意什麼？

想向高難度挑戰，去一些較少遊人會去的偏遠景點嗎？那並非不可能，但因為這些景點的旅遊支援較少，去偏遠的景點旅行，時常會遇到很多問題，如前往的交通車班太少，缺乏住宿、沒有便利商店補給物資等等，所以安排行程時有幾點須要多注意！

● 以交通較發達的城市為中心，再到偏遠的景點作日歸旅行

要解決缺乏住宿地點的問題很簡單，可以一個交通較發達的地方為中心，例如，想安排一次中部旅行，計畫去白川鄉、妻籠宿、五箇山等地方，但這些地方的住宿選擇較少，那麼就可以高山為中心點，然後以即日來回的方式前往這些地方，這樣既能解決住宿的問題，同時因為高山的旅遊設施較多，機能也較好，物資可以在高山先買好，然後才去偏遠的地方旅行，自然玩得更安心了！

● 利用GOOGLE MAP，查詢偏遠景點的設施

利用GOOGLE MAP的功能，可以看到這些地方有沒有便利店、餐廳、住宿點等，也可以先看看這地方有多大，要逛的景點有多少個，是要坐市內巴士還是徒步可達等，預先計算好在該處停留的時間，就能掌握到要坐哪一班車回去了。在出發前先掌握更多這個地方的資訊，去遊玩時自然更順利、更有自信！

● 留意交通時刻表

因前往偏遠景點的車較少，在出發前一定要在網上先查好時刻表，例如有些巴士只有一小時一班，如果要前往小島就問題更大，因為一天可能只有一至兩班的船，所以必須掌握好時間，尤其是留意末班車／船的時間，否則要回去就會很困難！

即使在出發前已掌握了時刻表，但在抵達目的地後，也不要急著遊玩，先在車站或碼頭再檢視一下時刻表，因為巴士車班和船班有時會有變動，在出發遊玩時先計畫好坐哪班回程的車或船，預留足夠時間回到車站或碼頭，才能保證坐到要坐的班次。

在規劃行程時，可在日本的巴士官網先看看時刻表，分配在每個景點停留的時間(來源：濃飛巴士官網)

如何知道偏遠景點有沒有大眾交通可達？

　　其實每個地點都一定有交通可達，否則當地的居民如何活動呢？但對於旅人來說，如果交通太不方便，要轉車的次數太多，或是要花的交通費或時間太多，計算下來不划算的話，這個景點未必會適合列入行程之內！以下介紹如何查詢到想去景點的交通方法。

● 利用GOOGLE MAP，找出JR站

　　GOOGLE MAP對於旅人來說，是十分好用的工具。如果要去一個不太熱門的地方時，可先利用GOOGLE MAP查詢，看看附近是否有JR站，因為日本的JR站是互相連接，而且路線可以在官網輕易查詢到。

　　例如，計畫要去位於四國南阿波的海龜博物館，可先在GOOGLE MAP鍵入「海龜博物館四國」，從地圖中能看到在景點附近有JR日和佐站，距離目的地約徒步20分鐘，是可以走路的距離，所以初步這個景點就沒問題。

　　去海龜博物館前的上個行程在德島，於是接著利用JR官網，查詢從德島往日和佐的時間和車費，網站顯示，時間需要約90分鐘，車費約1110日圓，也是一個可以接受的範圍。最後再看看車班，約1個多小時才有一班車，所以如果要去這個景點，就需要特別留意坐車的時間了。

● 利用GOOGLE MAP，找出巴士站

如果沒有JR到達的話，第二步就是找出有沒有巴士站，如果有的話，要看看那是什麼巴士，例如計畫從高山去白川鄉，但白川鄉沒有JR站，那麼就要從巴士站著手了。從地圖上清楚可見，白川鄉是有巴士站（BT，即濃飛巴士）的。

然後再進去濃飛巴士的官網，看看巴士的時刻表，需要多少行車時間，掌握了來往高山和白川鄉之間的車班和車程（約50分鐘），要前往也十分方便，那就可以排在行程之中了。

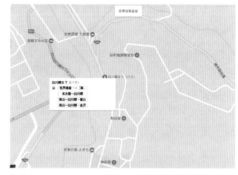

● 利用GOOGLE找尋小島船班

因為來往小島的船班通常都很少，一定要在出發前做好功課，否則錯過一班船就麻煩了。例如要前往大久野島（兔子島），可以利用GOOGLE，輸入關鍵字「大久野島」及「船」，就會出現船公司的官網，進去即可查到時刻表、航程、票價等資料了。

時刻·運賃

○ 時刻表(平成28年4月29日から)

便	盛発	大久野発	忠海着	便	忠海発	大久野発	盛着
1	07:00	→	07:25	1	07:30	→	07:55
2	08:00	→	08:20	2	08:30	08:45	09:00
3	09:05	09:20	09:35	3	09:40	09:55	10:10
4	10:15	10:30	10:45	4	10:50	11:05	11:20
5	11:25	11:40	11:55	5	12:00	12:15	12:30
6	13:35	13:48	14:00	6	14:05	14:19	14:35
7	14:40	14:56	15:10	7	15:15	15:29	15:45
8	15:50	16:06	16:20	8	16:25	16:39	16:55
9	17:00	※17:16	17:30	9	17:35	→	18:00
10	18:40	→	19:05	10	19:10	→	19:30

【※盛発17:00便は、2月～10月の間のみ大久野島へ寄港します。11月～1月の間は寄港しません。】

可以在官網找到渡輪的船班表(來源：大三島船公司官網)

準備好一切就出發吧！

只要準備充足，去到當地旅遊就會順暢得多了，以下提供各準備工作的參考，只要照著步驟，就能計畫出屬於自己與眾不同的行程。

STEP 1 決定要去的區域及旅行天數

STEP 2 準備好旅遊證件，訂機票及飯店

STEP 3 搜集景點資料

STEP 4 把鄰近的景點排好，搜集連接交通的方法

STEP 5 搜尋哪些交通票券適合自己，並在網上預訂

STEP 6 搜尋哪些一日遊可配合自己的行程

STEP 7 查詢電話及 MAPCODE

STEP 8 找出景點附近有哪些評價較高的餐廳，以及安排自己想吃的美食

STEP 9 計算每天的預算，換好日幣

STEP 10 收拾行李

編寫行程表範例

日期	景點	交通連接方法	用餐及住宿	預算
DAY 1	抵達，到飯店安頓	HARUKA 電車	午餐：XX 晚餐：XX 住宿：XX（京都）	住宿：XX日圓 用餐：XX日圓 交通：XX日圓
DAY 2	1.清水寺 2.祇園 3.河原町 4.金閣寺	・住宿點往清水寺：巴士 ・清水寺至祇園：步行 ・祇園至河原町：步行 ・河原町往金閣寺：巴士 ・金閣寺往住宿點：巴士	早餐：XX 午餐：XX 晚餐：XX 住宿：XX（京都）	住宿：XX日圓 用餐：XX日圓 交通：XX日圓 門票：XX日圓
DAY 3	1.奈良（奈良公園及東大寺） 2.伏見稻荷大社	・住宿點往奈良：JR或近鐵 ・奈良往伏見稻荷大社：JR ・伏見稻荷大社往晚餐地點：JR	早餐：XX 午餐：XX 晚餐：XX 住宿：XX（京都）	住宿：XX日圓 用餐：XX日圓 交通：XX日圓 門票：XX日圓
DAY 4	1.環球影城 2.心齋橋及道頓堀	・從住宿處往環球影城：JR ・從環球影城往心齋橋及道頓堀：JR及地鐵	早餐：XX 午餐：XX 晚餐：XX 住宿：XX（大阪）	住宿：XX日圓 用餐：XX日圓 交通：XX日圓 門票：XX日圓
DAY 5	回國	住宿處往關西空港：JR關空快速	早餐：XX 午餐：XX	用餐：XX日圓 交通：XX日圓

行程密技

關東

關西

沖繩

九州

四國

北海道

中部北陸

山陰山陽

東北

新手入門適用

關東‧關西‧沖繩

如果是第一次到日本旅遊，或是想選擇最熱鬧、最容易遊玩的地區旅行的話，關東（東京及周邊）、關西（大阪、京都、神戶、奈良）及沖繩（本島及外島）一定是最佳的選擇！關東、關西公共交通便利；而沖繩道路簡單寬敞，停車位置又多，是自駕遊客的最佳入門選擇。這三個地方的旅遊元素都非常豐富，集合古蹟、美食、購物、親子、主題樂園及特色體驗於一身，是日本最受歡迎的區域。

關東

高CP值路線全規劃

到東京旅行，應該以什麼交通工具為主？

　　東京的交通非常方便，十分適合初次到日本自助遊的朋友，交通工具以JR和地鐵為主，只要好好利用這兩種交通工具，就可以遊遍東京了。

JR系統

　　JR可說是最常用的交通工具，當中最好用的當數山手線，這是一條環狀線，分為內回和外回，因為是循環線，即使上錯了車也可以到達目的地。因為所停的站點很多都是東京熱門的旅遊地方，例如新宿、池袋、原宿、上野、東京站、秋葉原、品川等等，是很多遊人都會選用的路線。東京JR的設計主要是以環狀線為中心，再從一些熱門站點，以其他交通工具延伸過去，例如交通樞紐新宿，它是山手線上的站點，而從新宿為出發點的其他交通工具也有很多，例如JR的另一條主要線路：中央・總武線、私鐵小田急線等，只要先坐山手線去到這些交通樞紐，然後再轉乘其他交通工具，便可以到達目的地了。

官網

地鐵系統

　　JR未必能覆蓋所有地方，例如想去淺草、台場等，並沒有JR直達，這時便要利用地鐵線路，分別是東京地鐵（東京metro）和都營地鐵，多數的JR交通樞紐大站都同時設有地鐵站，可以結合地鐵和JR安排交通。例如前往淺草，可以先坐JR山手線前往上野，再坐地鐵銀座線去淺草。

　　基本上，去東京遊玩，就是JR及地鐵的搭配，特別是JR山手線，絕對是遊人的好幫手，大家去東京前一定要好好研究一下這條線路喔！

東京metro官網

都營地鐵官網

MAP 山手線沿線主要車站

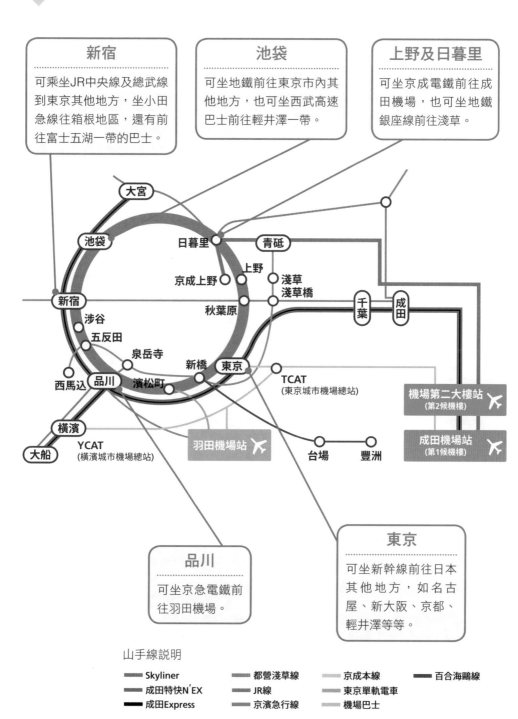

新宿

可乘坐JR中央線及總武線到東京其他地方，坐小田急線往箱根地區，還有前往富士五湖一帶的巴士。

池袋

可坐地鐵前往東京市內其他地方，也可坐西武高速巴士前往輕井澤一帶。

上野及日暮里

可坐京成電鐵前往成田機場，也可坐地鐵銀座線前往淺草。

品川

可坐京急電鐵前往羽田機場。

東京

可坐新幹線前往日本其他地方，如名古屋、新大阪、京都、輕井澤等等。

山手線説明

━━ Skyliner　　　━━ 都營淺草線　　　━━ 京成本線　　　━━ 百合海鷗線
━━ 成田特快N'EX　　━━ JR線　　　　　━━ 東京單軌電車
━━ 成田Express　　━━ 京濱急行線　　　━━ 機場巴士

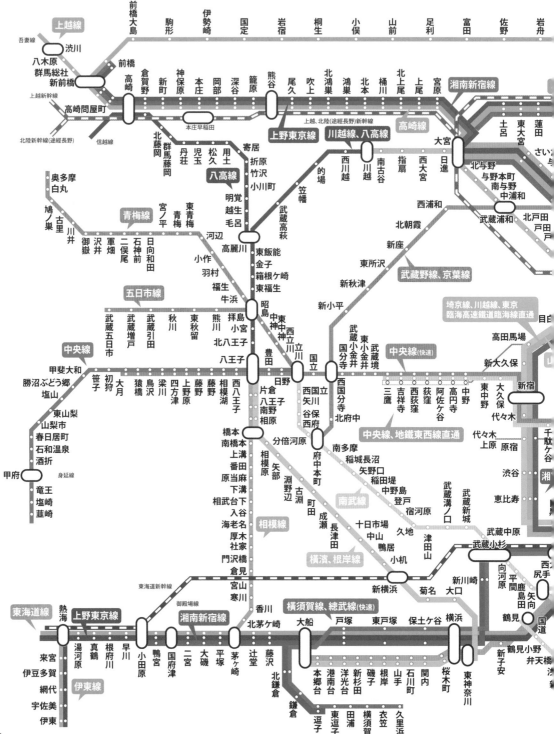

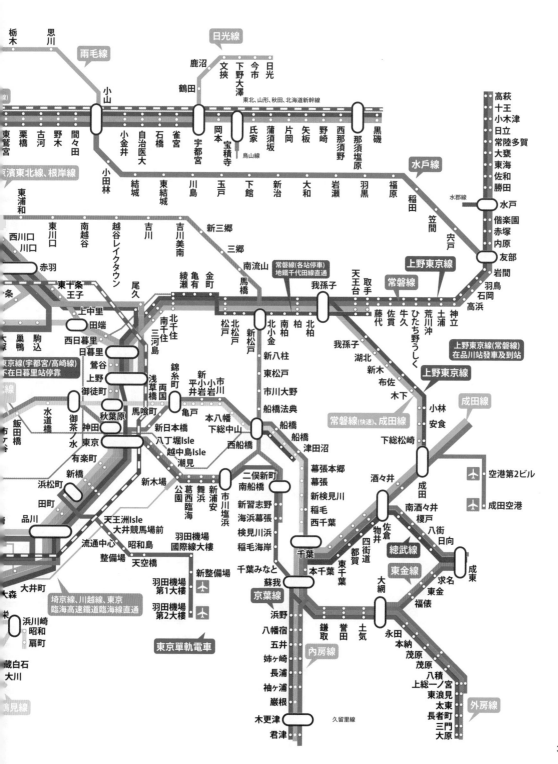

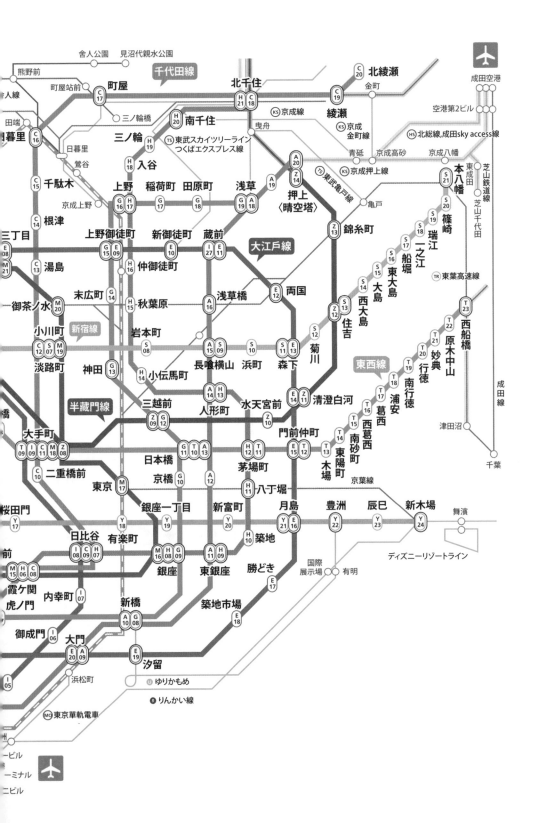

規劃東京旅行，有什麼事項需要特別注意？

在規劃東京的行程時，以下幾個方面需要考慮：

覆蓋的景點範圍

東京都共分為23區，也是交通最方便、最容易去的日本都市。如果你的行程天數較少，或是不想有太長途的交通移動，最適合以東京都中心區域為目的地，著名的景點有：新宿、涉谷、原宿、池袋、上野、代代木、台場、銀座等。

如果天數較多，除了玩東京以外，更可以延伸到近郊的地區，如迪士尼樂園，又或者到箱根、橫濱等進行一日遊；如果時間更充裕，覆蓋面可達至關東其他地區，如神奈川縣、靜岡、輕井澤、伊豆等。初次到東京的朋友適合以市中心地區為行程範圍，已有多次去東京經驗的朋友，則可以試試向中高難度挑戰！

注意交通工具的連接

遊東京的交通工具主要是地鐵和JR，要轉車十分方便，因為地鐵站和JR站多數是相通的，但到底哪些地方要用JR？哪些地方要用地鐵呢？可以使用YAHOO乘換案內網站查詢。

YAHOO乘換案內

出發地點

乘車日期及時間

各種交通工具選擇❶航空❷新幹線❸特急列車（需加錢）❹高速巴士❺一般巴士❻渡輪

目的地

輸入必須資料後按檢索

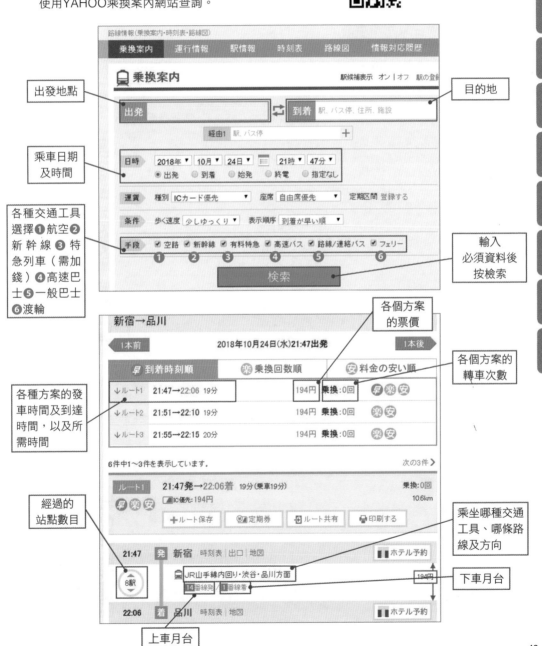

各種方案的發車時間及到達時間，以及所需時間

各個方案的票價

各個方案的轉車次數

經過的站點數目

乘坐哪種交通工具、哪條路線及方向

下車月台

上車月台

行程密技

關東

關西

沖繩

九州

四國

北海道

中部北陸

山陰山陽

東北

選擇適合的機場

　　東京有羽田及成田兩個機場，羽田較接近市區，從機場到品川只需20分鐘左右，然後可以從品川前往其他地方。成田則較遠離市區，從機場到日暮里和上野大約需要40～50分鐘。可以按照自己行程的需要，購買前往不同機場的航班。當中以羽田較佳，因為交通真的很方便，距離市中心較近，交通費用也很便宜。（Map P37）

從成田機場前往東京市中心

　　從成田機場前往東京市中心有多種方法，目的地、價錢和所需時間都各有不同，可按自己的喜好及需要選擇：

目的地	交通方式	票價	所需時間	
東京、品川、新宿、池袋等	成田特快	4070日圓	約50分鐘	
日暮里及京成上野	ACCESS特快	2300日圓（折扣後價格）	約47分鐘	
各區大型飯店及主要車站	利木津巴士	2800日圓	約75～110分鐘	

從羽田機場前往東京市中心

　　羽田機場距離市中心較近，所以如果跟成田機場相比，絕對是較方便的，坐車往市中心約30分鐘就能抵達。

目的地	交通方式	票價	所需時間	
品川，可在品川轉乘JR前往其他地方	京急電鐵	292日圓（前往品川站）	約20分鐘	
各區大型飯店及主要車站	利木津巴士	900日圓（T-CAT～羽田機場利木津巴士票價）	約30分鐘	

去東京旅行，應該買交通票券嗎？
買哪些交通票券較為划算？

前往的景點集中在東京23區內

去東京遊玩，因為很多景點都在市中心，而且都有地鐵可達，車程也很短，買JR PASS並不划算，但坐地鐵的機會卻很多，所以比較推薦買東京Metro・都營地下鐵通用通票。另外，SUICA卡在東京也很常用，它是一種儲值卡，相當於台灣的悠遊卡。

24小時	48小時	72小時	官網
成人 800日圓	成人 1200日圓	成人 1500日圓	
兒童 400日圓	兒童 600日圓	兒童 750日圓	

東京地鐵通票

適用旅客　在東京市內時常使用地鐵的遊客。

購買地點　在成田（第一航廈及第二航廈）及羽田機場（二樓的國際觀光情報中心）可以購買。

使用方法　使用自動改札口，將票券放進剪票機即可。

注意事項　此票券只能乘坐地鐵，JR及其他鐵路並不適用，使用範圍為東京市內，神奈川、埼玉、千葉等地區已超出此範圍，並不適用。

優點　　　以時間計算，可以任意選擇開始使用的日期。

缺點　　　因為以連續使用時間計算，只能選擇開始使用日期。

使用技巧　由於票券是連續使用，可以將乘坐地鐵最多趟的行程安排在幾天之內，例如購買48小時券，便將所有乘坐地鐵最多趟的行程安排在48小時內。

（圖片來源：東京地鐵官網）

SUICA卡

特色　　　又稱為「西瓜卡」，不僅可以使用於乘車，還能用於購物，可說是非常方便！分為定期券、記名式及不記名式三種，在自動售票機購買到的是不記名式。

使用範圍　　　　　　　　　　　　　　　　　　　　　　官網
1.基本範圍包括JR東日本鐵道及其相關公司經營的交通公司，詳見官網。
2.延伸範圍包括另一種儲值卡PASMO的路線，詳見官網。

價格　　　1000、2000、3000、4000、5000、10000日圓
　　　　　（其中500日圓為押金）

儲值地方　各大便利店、地鐵站增值機、JR站內增值機等均可儲值。

購買地點　關東地區JR站售票機、JR綠色窗口（售票處）均可。

退卡地點　JR綠色窗口，退卡時在紙條上寫「払いもどし（即退還之意）」，再拿給職員看即可。

此外，還有一種適合在羽田機場抵達及會經常使用地鐵的遊人的交通票券，就是京急羽田／地下鐵共通優惠券。

京急羽田／地下鐵 共通優惠券	成人 1200日圓　兒童 600日圓
	如果你是飛抵羽田機場，則可以購買「京急羽田／地下鐵共通優惠券」，可以在一天內乘坐從羽田機場前往品川的京急線，及所有地鐵線。

官網

前往的景點在近郊或東京周邊

如果想前往日光、伊豆、輕井澤等地方，因為車票本身十分昂貴，買東京廣域JR PASS會較節省方便，票券使用限期為3天（成人10180日圓、兒童5090日圓）。

東京廣域鐵路周遊券

連續3天　成人 10180日圓　兒童 5090日圓（12歲以下）

覆蓋範圍　東京都內（東京站、品川站、池袋站、新宿站、代代木站）、橫濱站、熱海站、伊東站、輕井澤站、日光站、櫪木站。

適用遊客　在東京及東京周邊地區遊玩的遊客（如果只在東京都內遊玩並不划算）。

注意事項　1.此票券需要連續3天使用。
　　　　　2.此票券不包括東海道新幹線。

官網

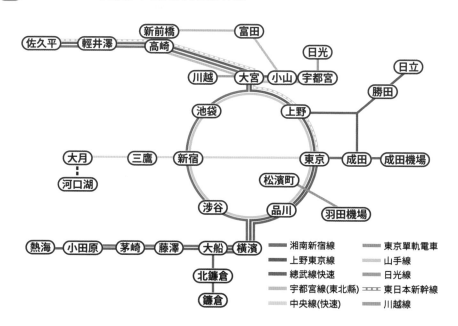

若前往箱根，很推薦大家購買箱根周遊券，可以用來乘坐從新宿開往小田原的來回列車，還有在箱根範圍內的所有交通工具：箱根登山鐵路、箱根登山纜車、東海巴士、箱根海賊觀光船、箱根空中纜車、箱根登山巴士、小田急箱根高速巴士、觀光景點巡遊巴士，分為2日券（6100日圓）及3日券（6500日圓）。

行程
密技

關東

關西

沖繩

九州

四國

北海道

中部
北陸

山陰
山陽

東北

箱根周遊券

2日券
從新宿出發

成人 6100日圓

兒童 1100日圓

3日券
從新宿出發

成人 6500日圓

兒童 1350日圓

官網

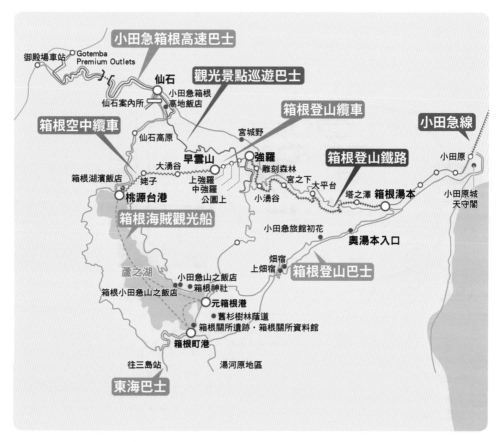

我該選擇在哪裡住宿？

在哪裡住宿，很關係到你要去什麼地方？以下為大家介紹幾個熱門住宿點的特色、優點和缺點。

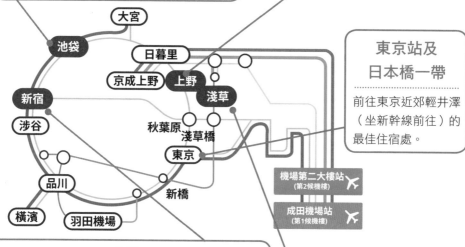

池袋

特 商舖林立，十分熱鬧，而且也是重要的交通樞紐。

優 房價比新宿便宜，房間較大，交通也方便。

缺 有些景點可能需要去新宿轉車。

前往東京近郊輕井澤（坐高速巴士前往）、橫濱（坐地鐵前往）、川越（坐JR前往）的最佳住宿處。

上野

特 感覺不像池袋和新宿那麼擁擠，上野站附近有阿美橫丁，有很多東西可買。

優 如果是在羽田機場抵達，可以坐京成電鐵直達上野，不用轉車，十分方便，從上野往淺草在步行範圍內。

缺 房價一般較貴，房間也不大。

東京站及日本橋一帶

前往東京近郊輕井澤（坐新幹線前往）的最佳住宿處。

機場第二大樓站 ✈
（第2候機樓）

成田機場站 ✈
（第1候機樓）

大宮
池袋
日暮里
京成上野　上野
新宿　　　　　　淺草
涉谷　　秋葉原　淺草橋
　　　　　　　　東京
品川
新橋
橫濱　羽田機場

新宿

特 東京最大的交通樞紐之一，可以坐JR、私鐵和地鐵前往各個地方。

優 交通方便，各種交通工具齊集，又位於山手線上，是最熱門的住宿地點之一。

缺 人流較多，較為嘈雜，而且新宿的房價不便宜，房間也很小。

前往東京近郊富士五湖一帶（坐巴士前往）、箱根（坐小田急電車前往）、橫濱（坐JR前往）、鎌倉（坐JR前往）的最佳住宿處。

淺草

特 充滿古典風情，而且鄰近淺草寺雷門，十分熱鬧。

優 相對於充滿現代感的池袋和新宿，淺草給人較古雅的感覺，在此區住宿很有風情。

缺 沒有JR可達，需要轉乘地鐵前往。

我該如何規劃行程？

以下以大眾交通、自駕、天數較短、天數較長四種類型的行程作為例子，提供規劃行程的參考：

大眾交通行程

東京的交通發達，大多數地方都可以坐JR及地鐵到達，所以一般而言，若不是前往富士山地區或東京周邊地區，選用大眾交通工具是最理想的。

若使用交通工具，不妨以山手線為中心，把鄰近的景點放在同一天，同時亦可以從部份JR大站延伸到其他地方。我們先研究一下山手線的路線圖，會發現多個著名景點可以分為以下區域：「新宿、池袋、原宿、代代木」；「涉谷、惠比壽、目黑」；「秋葉原、上野」，那麼在安排行程時，可把同一區的景點安排在同一天。然後再看看以下從山手線各站可以延伸到的地方：

 新宿 → 箱根

 池袋 → 橫濱

 上野 → 淺草

 新橋 → 台場

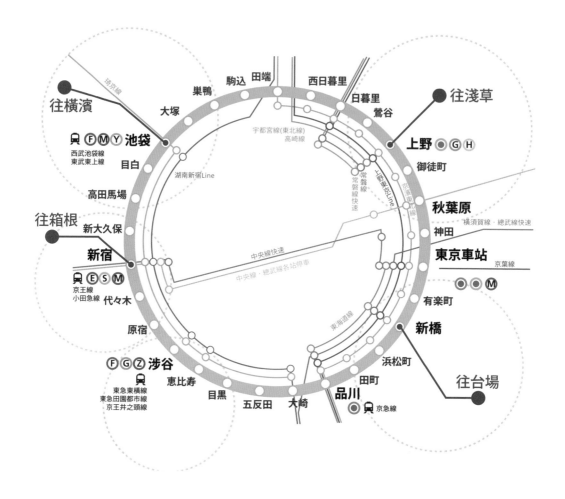

所以在安排行程時，也可以把這些延伸出去的地方排進去：

Day 1　新宿，宿新宿（步行）

Day 2　箱根，宿新宿（小田原電車）

Day 3　池袋及橫濱，宿新宿（JR）

Day 4　上野、淺草、秋葉原，宿新宿
　　　　（JR及地鐵）

Day 5　回國

只要按著各景點的分區，各車站可延
伸的景點安排，便可以利用大眾交通工
具，很方便的玩遍整個東京了！

自駕行程

如果只在東京市內遊玩，實在是不適合自駕，因為很難找地方停車，停車的費用也很貴，更要命的是經常塞車，既然市中心的大眾交通工具已這麼方便，為什麼還需要自駕呢？但若是去東京周邊的地方，例如鎌倉、富士山、輕井澤、伊豆等，因為交通費用不便宜，為了能自由自在的遊玩，自駕也是不錯的選擇！

如果決定了自駕遊東京周邊，首先要了解有什麼好玩的景點。在東京的周圍，有幾個縣都是值得玩的，例如長野縣的輕井澤，自然風光優美，氣氛悠閒，很適合度假；山梨縣當然少不了各大果園、河口湖和富士山了；還有可以去鎌倉看大佛，也能去江之島散步。這些地方都較偏遠，雖然某些地方也有JR到達，但是車費並不便宜，那麼用自駕遊就最適合了！

決定了要去的景點後，接著就要看看它們的分布位置，再決定自駕的路線。較推薦從遠至近的玩法，先出發去最遠的地區，再一個一個分站玩，最後回到東京。從GOOGLE MAP可得知，這幾個景點中，長野縣距離東京最遠，在東京的西北方，那麼可以選擇以輕井澤為第一站，然後駕車回到位於長野縣南方的山梨，再繼續向南推進前往山梨附近的伊豆，然後向鎌倉和江之島推進，最後回到東京。需要注意的是，為免旅程途中受到耽擱而導致趕不上回程的飛機，建議預留最後兩天在東京市內遊玩。

租車網站

樂天租車

天數較短的行程

如果假期有限，只能在東京數天，那就適合留在東京都內，最多也只能去箱根或橫濱走走。雖然時間不長，但東京也有很多好玩的元素，可以按自己的喜好加進行程裡。

安排行程時可以偏重於某個元素，例如喜歡血拚，那麼便以血拚的景點為主，其他景點為輔；若希望行程多元化一點，就每個元素都挑選一至兩個有興趣的景點，例如我有5天會留在東京，想編排一個既有血拚、又有美食、觀光、樂園的行程，可以這樣編排：

Day 1 ▶ 到達

Day 2 ▶ 淺草雷門、晴空塔、豐洲市場、新宿、原宿

Day 3 ▶ 全天在箱根遊玩

Day 4 ▶ 全天在迪士尼樂園遊玩

Day 5 ▶ 回國

雖然時間很短，但是旅遊元素多樣，十分多姿多彩，在主要遊市內景點的第二天可以多安排景點，在去箱根和迪士尼等較偏遠的地方，則各預留了一天的時間，這樣就可以有充裕時間，玩遍各大景點了。

天數較長的行程

　　如果留在東京的時間較多，就不用只局限在東京都裡玩了，把行程切割成兩個主要部份，較大的部份可以去較遠的地方，如輕井澤、伊豆、山梨縣、神奈川縣等，然後回到東京市中心，作一次深度的市中心之旅，不管是用大眾交通工具或是自駕，只要安排得宜，都可以玩得非常精彩。現在介紹一個關東中長途行程供參考。

Day 1　到達　　Day 2　坐JR前往輕井澤，在輕井澤遊玩　　Day 3　整天在輕井澤遊玩

Day 4　坐JR到山梨縣，去果園摘水果，去河口湖和富士山看風景　　Day 5　坐JR前往伊豆半島，在伊豆半島遊玩　　Day 6　在伊豆半島遊玩，坐車到鎌倉及江之島

Day 7　整天在鎌倉及江之島，然後回東京都　　Day 8　東京市內：淺草雷門、晴空塔、秋葉原　　Day 9　東京市內：三鷹之森吉卜力美術館、吉祥寺、池袋、新宿、原宿

Day10　前往橫濱，整天在橫濱遊玩　　Day11　迪士尼樂園　　Day12　回國

　　這個行程是先向最遠的輕井澤出發，如果自駕的話，較建議先在東京住一晚，等養好精神後，在第二天才開始自駕。若是坐大眾交通工具的話，時間許可也可以在第一天就坐車前往輕井澤。接著一站一站玩回東京，回到東京後，分4天在市內遊玩，以市內的景點為主的那一天，可以多排一些景點；若景點較偏遠，或可玩可逛的東西很多，則可再多預留一天的時間。若旅程不夠12天，也可以抽取最喜歡的地方，把這個行程縮短來玩！

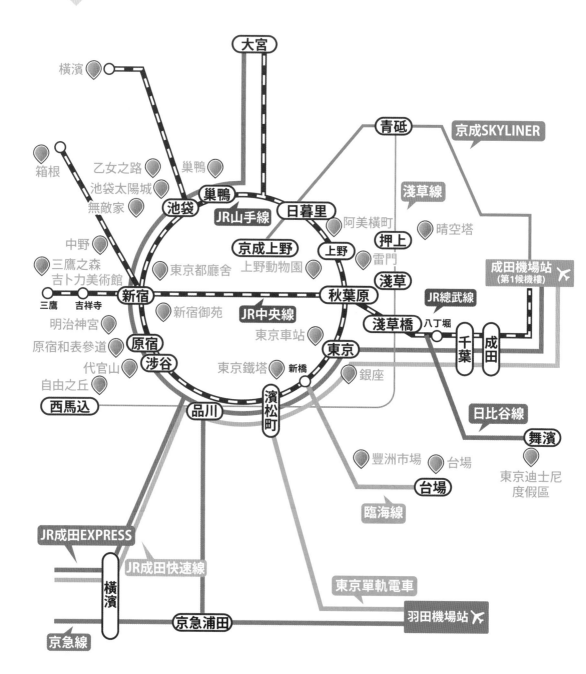

MAP 行程景點的位置圖

血拚購物之旅

東京擁有多個特色購物點，可以按照自己的喜好，挑選幾個成為一條路線，拚出一整天的購物之旅！

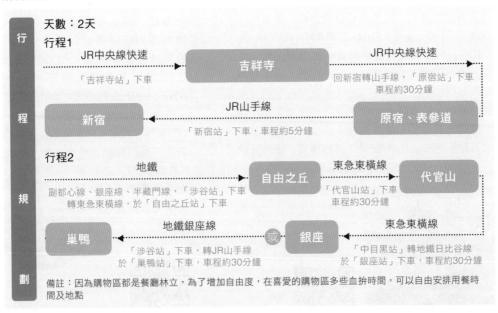

行程規劃

天數：2天

行程1

JR中央線快速 → 吉祥寺
「吉祥寺站」下車

吉祥寺 → JR中央線快速 → 原宿、表參道
回新宿轉山手線，「原宿站」下車
車程約30分鐘

原宿、表參道 → JR山手線 → 新宿
「新宿站」下車，車程約5分鐘

行程2

地鐵 → 自由之丘
副都心線、銀座線、半藏門線，「涉谷站」下車
轉東急東橫線，於「自由之丘站」下車

自由之丘 → 東急東橫線 → 代官山
「代官山站」下車
車程約30分鐘

巢鴨 ← 地鐵銀座線 ← 銀座 (或) 代官山 → 東急東橫線
「涉谷站」下車，轉JR山手線　　　　　　「中目黑站」轉地鐵日比谷線
於「巢鴨站」下車，車程約30分鐘　　　於「銀座站」下車，車程約30分鐘

備註：因為購物區都是餐廳林立，為了增加自由度，在喜愛的購物區多些血拚時間，可以自由安排用餐時間及地點

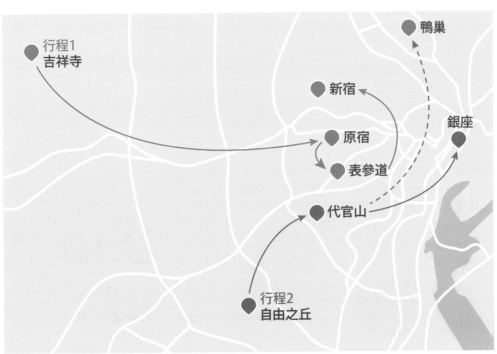

新宿

日本的百貨公司五花百門，生活雜貨、衣飾鞋襪、電器用品、玩具兒童用品，無論你想買什麼，都可在這裡找到。如想集中逛百貨公司，新宿會是一個很好的選擇。這裡是多間百貨公司的集中地：想找生活用品，必到FRANCFRANC和TOKYU HANDS；想買便宜零食和雜貨，當然要去驚安之殿堂（唐吉訶德）；想買高品質的衣飾，絕不能錯過走高級路線的LUMINE；想找價錢親民一些，走少女路線的，也有LUMINE EST可供選擇；當然也會照顧男士的需要，想找到最多類型的電器用品，又怎可以不逛BIC CAMERA？其他還有小田急、伊勢丹、0101。總之，新宿的百貨公司各有特色！

🚌 JR山手線、中央線（快速）、中央‧總武線「新宿站」下車，或地鐵丸之內線「新宿站」下車

地圖

原宿和表參道 原宿と表参道

原宿的目標顧客以青年人為主，販售的較多是潮流精品，當中以價錢便宜，潮流入時的竹下通最受歡迎。除了多間精品小店外，較大型的店舖還有以年輕人喜愛的時尚百貨為主的LAFORET、生活雜貨多得令人目不暇給的AWESOME STORE、走時尚和品味路線的HILLS、以設計產品為主的GYRE等，當然，想買較高級路線的貨品，也可以到表參道一帶，還有Forever21、各大名牌齊聚，是時尚潮人的最佳選擇！

🚌 JR山手線「原宿站」下車

地圖

吉祥寺

藥妝店在日本很多地方都有，但不少朋友都反映，吉祥寺的藥妝店較為便宜，也較為好逛，其中以能夠退稅的松本清和SUNDRUG最受歡迎。除了藥妝店外，吉祥寺也是集合多間特色小店和生活雜貨的商店街，而且因為在三鷹之森和井之頭恩賜公園附近，很受遊人歡迎。

🚌 JR中央線或中央（快速）‧總武線「吉祥寺站」下車

地圖

銀座

銀座向來是個消費較高的地區，百貨公司和商店也以奢華時尚為主。喜歡藝術品牌的，絕對不能錯過前衛路線，處處都充滿藝術氣息的GINZA SIX；文具控一定會逛的文具小物天堂：伊東屋；共有11層樓高的日本服裝著名品牌UNIQLO旗艦店，讓你買也買不完；當然也少不了去GUCCI購物和全世界只有兩間的GUCCI CAFÉ享受貴婦生活！

🚌 地鐵銀座線、丸之內線或日比谷線「銀座站」下車

地圖

代官山

代官山的店舖以精緻小店為主，充滿設計和文創氣息，還有不少咖啡店，逛逛文創小店，喝杯香濃咖啡，踏著悠閒的步伐，享受一下富有情調的生活也很不錯！喜歡歐洲古董百貨的朋友，推薦到DOMINO ANTIK逛逛！這裡以販售精緻的小飾品為主，全都令人愛不釋手！想買歐洲精品古著，就一定要去CARBOOTS尋寶了！連日本的時尚雜誌也時常介紹他們的商品屋！若想集中購買多個設計師品牌，可以來到LA FUENTE；對運動用品有興趣的，STYLES絕對是非逛不可！

🚇 東急東橫線「代官山站」下車

1 除了逛街購物，還可以到特色小店尋寶
2 日本的商店街之多，讓你逛也逛不完

地圖

自由之丘 自由が丘

自由之丘是個充滿悠閒氣息，十分好逛的地方，以精品小店為主，販賣日式雜貨和服飾。想找到可愛的生活雜貨，不妨來J.FERRY逛逛，雖然價格較貴，但貨品的精緻度也較高！想一次逛遍多間特色小店，可以到美麗優雅的小商場：LA VITA，充滿歐洲風情的外觀，是個絕佳的拍照位置！由於處處都是可愛精緻的小建築，除了購物之外，來拍照也很不錯呢！還有向喜歡鄉村風的文青大力推薦的TODAY'S SPECIAL，不單集合了各種生活雜貨、文具、廚房用品、食品、盆栽等，更附設咖啡廳，購物之餘還可以享用美食！

🚇 東急東橫線「自由之丘站」下車

地圖

巢鴨 巢鴨

購物並不是年輕人的專利，如果帶著長輩旅行，有什麼購物地點適合他們呢？相信日本人一定會推薦：巢鴨！這裡的對象以媽媽們為主，貨品都是最適合媽媽們的口味！衣飾鞋襪、懷舊小物、特色小吃，全都是物美價廉喔！這裡被日本人稱為「老人的原宿」，和菓子店舖特別多，還有一間店是專門販售紅色幸運內褲的，十分有特色，不妨帶長輩們來一起尋寶吧！

🚇 JR山手線「巢鴨站」下車

地圖

在很多地方都能買到可愛的和菓子

市場及文化體驗之旅

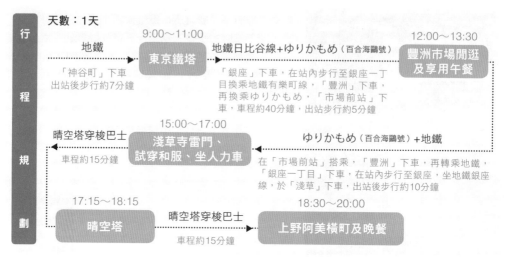

天數：1天

行程規劃	

地鐵
「神谷町」下車
出站後步行約7分鐘

9:00～11:00
東京鐵塔

地鐵日比谷線+ゆりかもめ（百合海鷗號）
「銀座」下車，在站內步行至銀座一丁目換乘地鐵有樂町線，「豐洲」下車，再換乘ゆりかもめ，「市場前站」下車，車程約40分鐘，出站步行約5分鐘

12:00～13:30
豐洲市場閒逛及享用午餐

晴空塔穿梭巴士
車程約15分鐘

15:00～17:00
淺草寺雷門、試穿和服、坐人力車

ゆりかもめ（百合海鷗號）+地鐵
在「市場前站」搭乘，「豐洲」下車，再轉乘地鐵，「銀座一丁目」下車，在站內步行至銀座，坐地鐵銀座線，於「淺草」下車，出站後步行約10分鐘

17:15～18:15
晴空塔

晴空塔穿梭巴士
車程約15分鐘

18:30～20:00
上野阿美横町及晚餐

東京鐵塔 東京タワー

　　東京鐵塔是東京著名的地標，雖然晴空塔建成後，很多遊人都轉戰前往晴空塔，但仍不改東京鐵塔的重要地位。它是1958年啟用的綜合電視塔，擁有高達250公尺的瞭望台，可以登上眺望整個東京市的景色，尤其是在晚上到來時，那五光十色的夜景更是璀璨美麗！鐵塔的FOOT TOWN更設有水族館、咖啡廳、餐廳等，是一座包羅萬象的娛樂中心。

📍 港區芝公園4-2-8 🕐 MAIN DECK9:00～22:30（最後入場時間22:00）；TOP DECK TOUR 9:00～22:15（最後入場時間21:30～21:45）💴 成人1200日圓、高中生1000日圓、中小學生700日圓、4歲以上兒童500日圓 🚇 搭乘東京地鐵日比谷線，於「神谷町站」下車，從1號出口步行約7分鐘

官網

地圖

感受傳統市場文化及午餐：豐洲市場

豐洲市場

　　日本的魚市場向來十分出名，其中又以全日本最大的魚類批發市場：東京的築地市場名氣最高。2018年築地市場已遷往豐洲，地方更大，逛得也更舒服。這裡每天早上都會舉行魚獲拍賣，不過只有少數遊客能進場參觀。而其他的遊客，多數是為了飽餐一頓豐富的海鮮大餐而來。想吃海鮮，有什麼地方比漁市場更好呢？豐洲市場的魚獲都是新鮮捕獲，即時運到各間餐廳烹調的，肉質鮮美，價錢也合理，吸引了大量旅客來此覓食，多間名店更是大排長龍，想品嚐海鮮大餐，要有排隊的心理準備。

📍 東京都江東區豐洲6-6-1 🕐 5:00～15:00，星期三、日休 🚌 東京臨海新交通臨海線「市場前站」

官網　　　　地圖

不到這裡等同沒去過東京：淺草寺及和服、人力車體驗 淺草寺

　　淺草寺雷門是遊東京必去的景點，寺廟前的仲見世商店街、雷門燈籠、寺內的特色五重塔等，全都是非常受遊人歡迎的景點，尤其是寫著「雷門」的燈籠，更是打卡的拍照位置！

　　除了逛古蹟外，這裡也是很適合穿和服散步的地方，附近有多間和服店，只要在google裡輸入「淺草 和服」就有很多選擇出現。和服的租用費用大約在3000～5000日圓左右，租用時間為一天，隔天歸還需

要另外加錢。和服店會在冬天提供和服和羽織（即外套），在夏天提供浴衣。只要先在網上預約好時間，在當日準時到達，就能開始變裝。除了服裝外，還可以追加小道具和髮型設計。穿著和服在古色古香的淺草街道上穿梭，真的是別具風情呢！再坐上停在寺廟附近的人力車，由年輕親切的小伙子帶領著你遊覽淺草，感受濃厚的日本風情！

📍 東京都台東區淺草2丁目3-1 🕐 4月～9月6:00～17:00、10月～3月6:30～17:00 🚌 從地鐵「淺草站」步行至淺草寺雷門一帶，沿路上有多間和服店

官網　　　　地圖

「雷門」大燈籠是淺草寺的標誌

東京最新地標：晴空塔

東京スカイツリー

　　晴空塔是東京的最新地標，這裡擁有多間店舖，包括伴手禮店、服裝店、餐廳等，即使不上塔頂，也可以開開心心的閒逛。另一件一定要做的事，當然要在塔前留影了，但要注意的是，若是走得太近，會拍不到整座塔。其中一個可以拍到晴空塔的位置是淺草寺附近，在前往晴空塔的途中，也可以觀察一下哪個位置能拍出較佳的效果。

📍 東京都墨田區押上1-1-2 🕐 10:00～21:00（最晚入場時間20:00）💴 票價依票券不同，詳見官網 🚃 乘車至東武晴空塔線「東京晴空塔站」或半藏門線「押上（晴空塔前）站」下車，另有晴空塔穿梭巴士，巡迴上野、淺草各地

| 官網 | 地圖 | 穿梭巴士 |

晴空塔已成了東京最新的代表

水果、雜貨滿載而歸：阿美橫町及晚餐　アメヤ横丁

　　阿美橫町是想買水果的遊人必到的地方，這裡的水果優質又便宜，選擇也多，還有很多海鮮、衣服、精品、藥妝店等，價錢比很多商店街都便宜親民，不逛實在可惜！另外，此處也有很多道地的居酒屋，不少遊人都喜歡跟日本人一起，一邊喝酒用餐，一邊談天說地，不妨選擇其中一間熱鬧的店家享用晚餐吧！

🕐 店家多數在10:00後才開始營業
🚃 從JR「上野站」步行約5分鐘

| 上野地圖 | 阿美橫町地圖 |

溫泉及主題樂園之旅

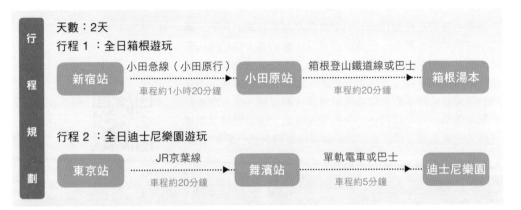

行程規劃

天數：2天

行程 1：全日箱根遊玩

| 新宿站 | 小田急線（小田原行）
車程約1小時20分鐘 | 小田原站 | 箱根登山鐵道線或巴士
車程約20分鐘 | 箱根湯本 |

行程 2：全日迪士尼樂園遊玩

| 東京站 | JR京葉線
車程約20分鐘 | 舞濱站 | 單軌電車或巴士
車程約5分鐘 | 迪士尼樂園 |

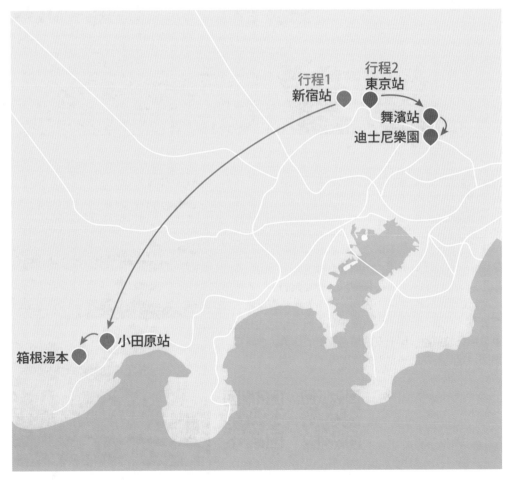

行程1
新宿站

行程2
東京站

舞濱站

迪士尼樂園

小田原站

箱根湯本

行程 1
|||||||||||| 泡溫泉、賞富士山：箱根遊

　　造訪箱根通常有兩個目的，一個當然是想看日本的代表：富士山，在箱根的大涌谷，好運的話可以欣賞到富士山的廬山真面目！而另一個目的，當然是來泡溫泉了！從東京去箱根十分方便，這裡的風景美，溫泉也很優質，理所當然成為東京遊客必訪的溫泉鄉！除了有多間溫泉旅館供大家選擇，如果想泡特別一點的溫泉，更可以去小涌谷的溫泉樂園，那裡提供了咖啡浴、綠茶、紅酒等主題溫泉，絕對能滿足對溫泉瘋狂的朋友！

📍 神奈川縣足柄下郡箱根町 🚌 從新宿搭乘小田急線，在「小田原站」下車，再轉乘箱根登山線或巴士

地圖

1 大涌谷煙霧瀰漫 2 可以乘坐海盜船遊覽蘆之湖

行程 2
|||||||||||| 必玩的夢幻樂園：東京迪士尼度假區
東京ディズニーランド

　　來到東京，又怎麼可以不去迪士尼樂園玩呢？東京的迪士尼度假區，共有兩個樂園：一直以來大受歡迎的「迪士尼樂園」，以及全世界唯一一間的「迪士尼海洋」，兩間都以不同主題設計。迪士尼樂園以一些經典的卡通人物為主，必玩的項目有怪獸電力公司、巴斯光年星際歷險、幽靈公館等，而迪士尼海洋則以海洋為主題，必玩的有玩具總動員瘋狂遊戲屋、印第安納瓊斯冒險旅程等，要玩遍一個樂園，足足要花上一整天的時間呢！

1

📍 千葉縣浦安市舞濱1-1 📞 045-330-5211 🕐 迪士尼樂園、迪士尼海洋9:00～21:00 ￥ 票價依票種不同，詳見官網 🚌 從「東京站」坐京葉線至「舞濱站」下車

官網

地圖

1 迪士尼海洋港灣的美麗景色 2 一起去小小世界裡探險

動漫迷樂極忘返之旅

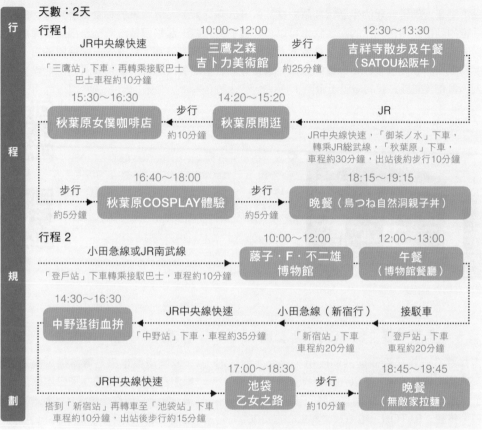

行 程 規 劃

天數：2天

行程1

JR中央線快速
「三鷹站」下車，再轉乘接駁巴士
巴士車程約10分鐘

10:00～12:00
三鷹之森
吉卜力美術館

步行
約25分鐘

12:30～13:30
吉祥寺散步及午餐
（SATOU松阪牛）

15:30～16:30
秋葉原女僕咖啡店

步行
約10分鐘

14:20～15:20
秋葉原閒逛

JR
JR中央線快速，「御茶ノ水」下車，
轉乘JR総武線，「秋葉原」下車，
車程約30分鐘，出站後約步行10分鐘

步行
約5分鐘

16:40～18:00
秋葉原COSPLAY體驗

步行
約5分鐘

18:15～19:15
晚餐（鳥つね自然洞親子丼）

行程2

小田急線或JR南武線
「登戶站」下車轉乘接駁巴士，車程約10分鐘

10:00～12:00
藤子・F・不二雄
博物館

12:00～13:00
午餐
（博物館餐廳）

14:30～16:30
中野逛街血拚

JR中央線快速
「中野站」下車，車程約35分鐘

小田急線（新宿行）
「新宿站」下車
車程約20分鐘

接駁車
「登戶站」下車
車程約20分鐘

JR中央線快速
搭到「新宿站」再轉車至「池袋站」下車
車程約10分鐘，出站後步行約15分鐘

17:00～18:30
池袋
乙女之路

步行
約10分鐘

18:45～19:45
晚餐
（無敵家拉麵）

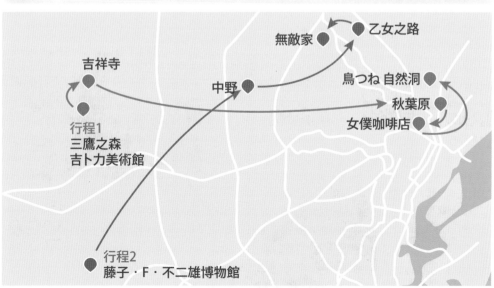

吉祥寺

行程1
三鷹之森
吉卜力美術館

中野

無敵家

乙女之路

鳥つね自然洞

秋葉原

女僕咖啡店

行程2
藤子・F・不二雄博物館

行程 **1** 進入宮崎駿的世界：三鷹之森吉卜力美術館
三鷹の森ジブリ美術館

日本動畫大師宮崎駿的作品《神隱少女》、《天空之城》、《哈爾的移動城堡》等，這些家喻戶曉的動畫是如何製作的呢？我也可以和動畫裡的人物一起拍照留念嗎？一部動畫電影的畫稿到底是什麼樣子的？在三鷹之森吉卜力美術館，就可找到答案。這裡是由宮崎駿的吉卜力工作室設立，詳細展示了許多動畫的原稿，還會介紹動畫的製作過程，更可和《天空之城》的機械人，還有《龍貓》裡的貓巴士合照！

注意事項
1. 採取預約制，並分為幾個時段入場，在出發前記得先買好票，免得到時撲空。
2. 館內禁止拍照，但天台的花園可以隨意拍照留念。

📍 東京都三鷹市下連雀1丁目1-83 📞 0570-05-5777 🕐 平日10:00～17:00，星期六日和假日10:00～19:00，夏季特別時段10:00～18:00。星期二休 ¥ 成人1000日圓、中學生700日圓、小學生400日圓、4歲以上100日圓、4歲以下免費 🚌 在「JR三鷹站」下車，再坐接駁巴士前往

官網

地圖

龍貓就在門外迎接大家喔！

吉祥寺散步及午餐：SATOU和牛餐廳

吉祥寺有一條很受歡迎的商店街，集合了服裝、精品、餐廳等等，可以在此散步血拚，買到累了，還能享用午餐。這裡有一間CP值高又好吃的和牛餐廳：SATOU，中午只需要2000～3000日圓，就能吃到非常美味的松板牛！千萬不要錯過，但因為這裡人氣實在太高了，時常大排長龍，記得在非尖峰時段來光顧！

吉祥寺地圖　　SATOU官網　　SATOU地圖

📍 東京都武藏野市吉祥寺本町1-1-8 📞 0422-22-3130 🕐 10:00～19:00 🚌「吉祥寺站」北口起徒步約3分鐘

動漫迷的天堂：秋葉原

秋葉原原本只是電器街，後來因為動漫店的進駐，成為了日本聞名的動漫天堂，只要你是動漫迷，就一定會來這裡朝聖！集合了多間COSPLAY店、模型店、玩具店、HOBBY店，如果要把所有的店逛完，一天也不夠呢！

🚌 JR「秋葉原站」出站即是

地圖

來當一天主人：女僕咖啡店

在秋葉原有多間女僕咖啡店，來到這個動漫天堂，當然不能錯過這特別的文化了。其中較受歡迎的有：CURE MAID CAFE、MAID CAFE PINAFORE、@home cafe 等，大家一起投入萌文化的有趣世界吧！

@home cafe

📍 千代田區外神田1丁目11-4 3F～7F ミツワビル 📞 050-3135-2091 🕐 11:00～22:00 🚌 JR秋葉原站步行約4分鐘

官網

地圖

COSPLAY體驗：Studio CROWN

很多動漫迷都想化身為自己喜歡的人物，但卻苦無服裝和道具、假髮等，不過不用失望，只要來到位於動漫天堂秋葉原的Studio CROWN，這裡的服裝、道具和假髮全都一應俱全，即使沒有任何準備，也能化身成為你喜歡的人物！快來變身成心儀的動漫人物吧！

📍 東京都千代田區外神田2丁目4-6 📞 0355-77-5995 🕐 10:00～22:00 🚌 從JR「秋葉原站」步行約5分鐘

官網

地圖

鳥つね自然洞親子丼

親子丼是一種很常見的日本料理，相信很多朋友都試過，為什麼要特別來這間餐廳呢？因為這是一間親子丼非常著名的店，只提供一種菜式：親子丼。他們的親子丼，蛋特別滑，雞肉也很嫩，很多朋友試過後都大力推薦！

📍 東京都轄代田區外神田5-5-2 📞 0358-18-3566 🕐 11:30～14:00、17:30～22:00 🚌 從JR山手線「秋葉原站」（電氣街口）步行約10分鐘

官網

地圖

行程 2

哆啦A夢來啦！藤子・F・不二雄博物館 藤子・F・不二雄ミュージアム

藤子・F・不二雄博物館很受歡迎，雖然地點偏遠，但仍吸引了許多粉絲遠渡而來。這裡以介紹《哆啦A夢》的作者：藤子・F・不二雄的作品和生平為主題，除了有很多珍貴的漫畫原稿外，更有許多真實場景，可以在大雄時常去的空地玩耍，去和小超人拍照，更可以和從牆裡鑽出來的Q太郎SAY HELLO呢！逛完後在博物館的餐廳享用《哆啦A夢》主題餐點，為博物館之旅劃上完美的句號。

注意事項
1. 採取預約制，分為幾個時段入場，出發前記得先買好票，免得到時撲空。
2. 館內禁止拍照，但花園部份可以隨意拍照留念。

📍 神奈川縣川崎市多摩區長尾2丁目8-1 📞 0570-05-5-245 🕐 10:00～18:00。星期二、12/30～1/3休 💴 成人1000日圓、中學生700日圓、4歲以上500日圓、3歲以下免費 🚌 搭小田原線或JR南武線，在「登戶站」下車，轉乘巴士

官網

地圖

動漫周邊這裡買：中野BROADWAY 中野ブロードウェイ

秋葉原的玩具店雖然多，但一般來說價錢都較貴，所以動漫達人都喜歡來到中野挖寶。這裡有一間名為BROADWAY的商場，裡面集合了多間動漫玩具店，選擇雖然不及秋葉原多，規模也不及秋葉原大，但價錢卻便宜不少。雖然只是一座商場，也足夠在裡面逛一兩個小時，想買便宜模型玩具的朋友，不妨來這裡看看！

官網　　　　　　　地圖

中野區中野5-52-15 🕐 多數店鋪在11:00後才開始營業 🚌 從JR「中野站」步行約5分鐘

同人的天下：池袋及乙女之路

如果你是個喜歡動漫的女孩子，就一定不可錯過池袋的乙女之路了！「乙女」在日文即是少女之意，這條乙女之路是一條動漫店雲集的街道，其中最引人注目的當然是這條路的老大哥：KBOOKS了，在這路上可以找到多間分店，每間分店都專注於不同的主題，有的賣COSPLAY服裝、有的賣同人商品（有最新的和中古的）、也有賣VCD、遊戲等店舖。跟秋葉原不同，這裡的對象以女性為主，如果說秋葉原是男性動漫迷的天堂，那池袋的乙女之路則是屬於女動漫迷的聖地了！

📍 池袋SUNSHINE CITY附近 🕐 店鋪多數在11:00後才會營業 🚌 從JR「池袋站」步行約15分鐘

池袋地圖　　　　　KBOOKS地圖

無敵家

池袋是拉麵店的戰區，這裡著名的拉麵店雲集，來到池袋又怎能不試試？當中這間無敵家可說是名店中的名店，每逢用餐時間都大排長龍，甚至可能要等上一小時才有座位呢！無敵家的拉麵份量大，湯底風味濃厚，麵條口感極好，而且價錢合理，所以吸引了不少遊人特來一試。若不知挑選哪款拉麵，選菜單裡重點推薦的就沒錯了！

📍 東京都豐島區南池袋 1-17-1 📞 0339-82-7656 🕐 10:30～凌晨4:00 🚌 從JR山手線「池袋站」（東口）步行約5分鐘

官網　　　　　　　地圖

書店及文青之旅

　　東京也有不少充滿文藝氣息的書店，有的氛圍文雅恬靜，有的以特定主題的書籍為主，有的更設了咖啡座讓客人休息。以下介紹幾間不容錯過，別具特色的書店：

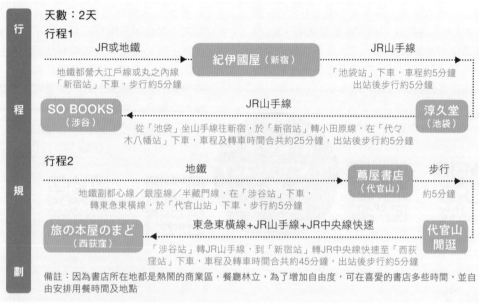

行程規劃

天數：2天

行程1

JR或地鐵 → **紀伊國屋（新宿）** → JR山手線

地鐵都營大江戶線或丸之內線「新宿站」下車，步行約5分鐘

「池袋站」下車，車程約5分鐘出站後步行約5分鐘

SO BOOKS（涉谷） ← JR山手線 ← **淳久堂（池袋）**

從「池袋」坐山手線往新宿，於「新宿站」轉小田原線，在「代々木八幡站」下車，車程及轉車時間合共約25分鐘，出站後步行約5分鐘

行程2

地鐵 → **蔦屋書店（代官山）** → 步行 約5分鐘

地鐵副都心線／銀座線／半藏門線，在「涉谷站」下車，轉東急東橫線，於「代官山站」下車，步行約5分鐘

旅の本屋のまど（西荻窪） ← 東急東橫線+JR山手線+JR中央線快速 ← **代官山閒逛**

「涉谷站」轉JR山手線，到「新宿站」轉JR中央線快速至「西荻窪站」下車，車程及轉車時間合共約45分鐘，出站後步行約5分鐘

備註：因為書店所在地都是熱鬧的商業區，餐廳林立，為了增加自由度，可在喜愛的書店多些時間，並自由安排用餐時間及地點

行程 **1** 紀伊國屋

　　紀伊國屋擁有90多年的歷史，又是日本的老字號連鎖書店，在很多地方都能看到它的身影。其中新宿店是人氣最旺的一間，本館共9層樓，別館共兩層樓，書籍、文具、雜誌等，種類五花八門，更有旅遊書專區，最適合對世界各地都充滿好奇心的遊人！每個書櫃前都擠滿了人，看得累了還可以在書店附設的紀伊茶屋喝杯飲品。除了在東京外，大阪梅田、北海道札幌站附近都有分店，想避開人流，可挑選地點較冷門的分店。

📍 新宿區新宿3-17-7 🕐 10:30～20:30 🚃 從JR「新宿站」步行約3分鐘

官網

地圖

淳久堂書店 ジュンク堂書店

　　無論想找什麼類型的書籍，這間十層樓高，總面積2000坪，種類齊全的書店必能滿足你！從JR池袋站走路只需要幾分鐘就到，地理位置很好，而且種類十分齊全，走的也是親民路線。2樓是生活雜貨，3至7樓是書籍區，9樓是藝廊和舉辦講座的地方，是一座多功能的大型書店。除了在池袋外，在很多主要車站附近都有，非常方便！

📍 東京都豐島區南池袋2-15-5
🕐 10:00〜22:00 🚌 從「池袋站」南口步行約3分鐘

官網

地圖

SO BOOKS

　　喜歡藝術設計類書籍的人，一定不能錯過這間規模雖小，但藏量豐富的書店了！攝影、藝術、設計、建築的書籍一應俱全，更可以找到一些絕版的書刊呢！書店十分重視品質，為了給讀者更高品質的閱讀，老闆會利用網上平台發表文章和介紹，讓讀者藉此對每一本書有更深入的認識，將一本看似平凡的書，以獨特的形象展現！

📍 東京都渋谷區上原1-47-5 🕐 14:00〜19:00。星期日、一休 🚌 從「代代木上原站」步行約10分鐘

官網

地圖

行程 2　蔦屋書店 TSUTAYA BOOKSTORE

　　若説到日本最美的書店，一定不能不提蔦屋書店！日本的書店很多，但能入選全球最美20大書店的就只有它了！它的外型十分特別，外牆是以純白色T字砌成的，再配上大片的落地玻璃，給人明亮的感覺！藏書共有超過15萬冊，全部書都以主題及興趣分類，還可以用Ipad協助查找，讀者很容易找到心儀的讀物！跟很多書店不同，蔦屋歡迎讀者坐下慢慢看書，還特意設立咖啡廳，可悠閒的享用咖啡和閱讀！

📍 東京都渋谷區猿樂町17-5
🕐 7:00〜21:00 🚌 從「代官山站」步行約5分鐘

官網

地圖

旅の本屋 のまど

　　遊人最關心，最愛看的就是旅遊資訊和旅遊書，這間書店絕對是遊人的天堂！各種類的旅遊書、雜誌、旅遊日誌，甚至連留學和移民的書都可找到！最讚的是，一些在其他書店找不到的書，也能在這裡找到！而且還有不少和旅行有關的音樂、料理、小説、歷史等書籍。

🕐 東京都杉並區西荻北3-12-10司大樓1樓 🕐 12:00〜22:00。星期三休 🚌 在JR「西荻窪站」下車，步行約5分鐘

官網

地圖

在東京可以嘗試的特別文化體驗行程

很多人以為去東京就只有玩樂園和血拚，其實在這裡還有很多特別的文化體驗行程喔！去一個地方旅行，其中一個目的就是了解當地的文化，透過這些文化體驗活動，可以加深對日本傳統文化的認識，令行程更加多元化和豐富充實！

List1 和服體驗

在淺草一帶有很多和服店，可以讓大家租用和服，變身為日本人。和服店多數集中在淺草寺附近，變裝完畢後，就可以去雷門與仲見世通等充滿古代風情的地方，拍攝一套美美的和服照了。和服店會在夏季提供浴衣，在冬季提供和服，和服租用的價錢大約一天3000～4000日圓不等，通常3000日圓或是3000日圓以下的就是便宜的選擇。至於髮型和髮飾則要另外加錢。通常開始租用和服的時間為10:00左右，下午6:00前歸還和服。

CP值較高和服店選擇：

淺草愛和服

有多種方案，如團體方案、情侶方案等可以選擇，5人以上的團體租用和服只需要3300日圓／人！如同行的朋友較多，這個絕對是CP值很高的選擇。

官網　　　　1號店地圖　　　2號店地圖

WARGO

最便宜的方案只需要3300日圓，包含髮簪、腰帶、肌著、包包、分趾襪等。

官網　　　　地圖

古都

最便宜的特價一人方案只需要1980日圓（需要預約），不包髮飾及髮型設計，包髮飾的方案優惠價每人2420日圓（需要預約）。

官網　　　　地圖

List2　人力車

在淺草一帶有很多人力車，拉車的都是年輕俊朗的小伙子，他們會一邊拉車，一邊介紹淺草一帶的景點。在古意盎然的淺草，穿著和服，坐上人力車穿梭漫遊，真是一種風情十足的遊玩方法呢！

可以一邊坐人力車，一邊遊覽淺草

List3　藝伎餐會

由東京的藝伎演出，藝伎會奏出傳統樂器，和客人玩傳統遊戲，客人更可品嚐豪華海鮮料理，更可以和藝伎合照，實在是一個了解日本傳統藝伎文化的好機會！

藝伎晚餐

List4　日本傳統摺紙

適合大人小孩，是很有趣的親子活動，大家一起跟著老師的示範，把一張平凡無奇的紙張變成精緻的藝術品，可以玩樂之餘又能認識傳統文化，十分有趣。

傳統摺紙

List5　茶道體驗

可以體驗日本的茶道藝術精髓，先由老師示範，然後自行製作抹茶，還能品嚐甜點。

茶道體驗

List6　日本舞蹈學堂

導師以英語授課，教授傳統日本舞蹈的技巧，講解每種舞蹈背後的故事，可以了解舞步和配樂所蘊含的意思。

傳統舞蹈

List7　香袋製作

香道是日本的傳統藝術，在這個課程裡，導師會介紹並指導學員如何製作平安時代的天然薰香，除了可以了解傳統文化以外，也可以享受香道帶來的輕鬆時間和空間。

香袋製作

江之島、鎌倉悠閒小島遊之旅

江之島和鎌倉位於神奈川縣，從東京前往只需要一個多小時車程，是不少東京人週末的首選旅遊地。江之島風景怡人，鎌倉大佛歷史悠久，兩地位置相近，很適合安排在一天裡同遊。只要購買一張江之島電鐵一日券，就可以在兩地自由暢玩了。

江之島電鐵一日券

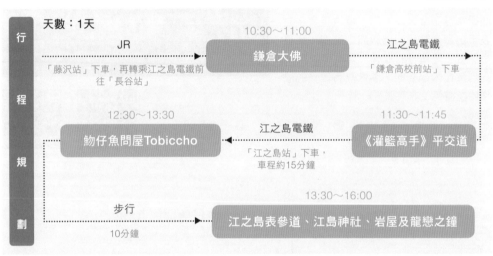

天數：1天

行程規劃

JR
「藤沢站」下車，再轉乘江之島電鐵前往「長谷站」

10:30～11:00
鎌倉大佛

江之島電鐵
「鎌倉高校前站」下車

12:30～13:30
魩仔魚問屋Tobiccho

江之島電鐵
「江之島站」下車，車程約15分鐘

11:30～11:45
《灌籃高手》平交道

步行
10分鐘

13:30～16:00
江之島表參道、江島神社、岩屋及龍戀之鐘

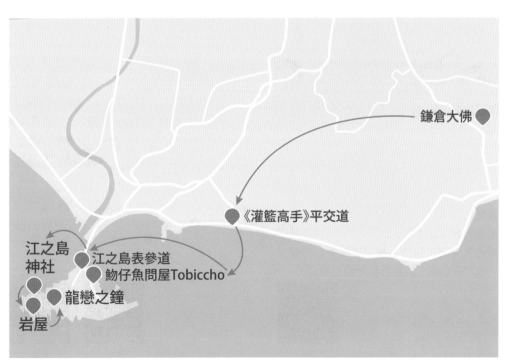

鎌倉大佛

《灌籃高手》平交道

江之島神社
江之島表參道
魩仔魚問屋Tobiccho
龍戀之鐘
岩屋

鎌倉大佛 鎌倉大仏殿高德院

　　鎌倉大佛位於一間佛教淨土宗，名叫高德院的寺院之內，是一座位於大異山的巨型釋迦牟尼佛像，淨高11.3公尺，重約121噸，其體積在全日本僅次於位在奈良市東大寺的另一尊大佛像。佛像被視為日本的國寶，也是鎌倉的代表物，所有到鎌倉的遊客都必會到訪。除了體積巨大，它也表現出鎌倉時代的佛教雕刻藝術，而且完全保留了建造時的風貌。大家可以花50日圓到佛像內部參觀。佛像具有珍貴的歷史和藝術價值，非常值得一看。

官網　　地圖

📍 神奈川縣鎌倉市長谷4-2-28　📞 0467-22-0703　🕐 4～9月8:00～17:30、10～3月8:00～17:00　💴 成人300日圓、小學生150日圓　🚌 坐江之島電鐵「長谷站」下車，步行約10分鐘

《灌籃高手》平交道

　　相信看過《灌籃高手》的朋友都對這個地方相當熟悉，沒錯，它就是在主題曲播放時櫻木遇見晴子的那個平交道。這平交道的藍本就位於鎌倉高校前，每天都吸引眾多《灌籃高手》粉絲來朝聖和打卡。不過拍照時千萬要注意安全，請勿站在平交道中心影響交通，也不要喧嘩，以免影響附近的居民。

📍 江之島電鐵「鎌倉高校前站」下車，步行約5分鐘

地圖

魩仔魚問屋Tobiccho
しらす問屋とびっちょ

　　來到江之島，當然要嘗試這裡的名物：魩仔魚丼，一碗約1000日圓，味道非常鮮美，用料豐富，飯上舖滿了魩仔魚，吃得非常滿足，還能選擇其他魩仔魚加上海鮮的套餐，價錢也很合理。

📍 神奈川縣藤沢市江の島1-6-7　📞 0466-23-0041　🕐 平日11:00～21:00、星期六日及假日11:00～21:30　📍 從江之島電鐵「江之島站」步行約20分鐘

官網　　地圖

江之島表參道、江島神社、岩屋及龍戀之鐘

　　在江之島電鐵江之島站下車後，只要經過一條長橋，就能到達江之島的表參道。表參道兩旁都是販售特產和小吃的店舖，非常繁華熱鬧。走完表參道後，可以到祈求戀愛運的江島神社參拜，它是日本的三大弁天神社（供奉弁才天女神）之一。傳說中，只要單身男女在「結緣樹」上綁上心型結緣繪馬，就可以達成戀愛的願望；情侶一起敲響龍戀之鐘，愛情便能直到永遠。最後，大家也可以散步到江之島的盡頭：稚兒之淵，感受海濤拍岸，微風輕拂的悠閒寫意風情，以及到江之島岩屋參觀。

1 江之島表參道 **2** 江島神社 **3** 龍戀之鐘 **4** 稚兒之淵 **5** 江之島岩屋

江島神社
📍 神奈川縣籐澤市江之島2-3-8　📞 0466-22-4020　🕐 奉安殿8:30～17:00　💴 奉安殿成人200日圓、中學生100日圓、兒童50日圓

官網　　　　地圖

江之島岩屋
📍 藤沢市江の島2　📞 0466-22-4141　🕐 9:00～17:00　💴 成人500日圓、小學生200日圓

官網　　　　地圖

輕井澤親親自然之旅

行程規劃

天數：2天

DAY 1

町內循環巴士 ⟶ **舊輕井澤銀座逛街** （10:00～11:30） ⟶ **午餐：川上庵蕎麥麵或舊三笠飯店咖哩麵包** （11:30～12:30）

「舊輕井澤站」下車

公車 ⟵ **雲場池** （14:00～14:30） ⟵ 步行 約20分鐘 ⟵ **聖保羅教會** （13:00～13:30） ⟵ 步行 約6分鐘

步行約20分鐘，到「輕井澤站」坐前往草津溫泉的公車，「白糸の滝下車」，車程約20分鐘

白絲瀑布 （15:45～16:45） ⟶ 公車 ⟶ **晚餐Atelier de Fromage Pizzeria** （18:15～19:15）

坐公車回「輕井澤站」，步行約7分鐘

DAY 2

信濃鐵道 ⟶ 接駁車 ⟶ **星野溫泉泡湯及榆樹街小鎮** （10:15～11:45） ⟶ **午餐：榆樹小鎮內餐廳** （11:45～12:45）

輕井澤站出發，中輕井澤站下車，車程約5分鐘　　中輕井澤車站南口搭乘星野集團的接駁車

王子飯店購物中心、滑雪場、溫泉及於酒店內晚餐 （14:00～19:00） ⟵ 接駁車

回「輕井澤站」，坐王子飯店的免費接駁車

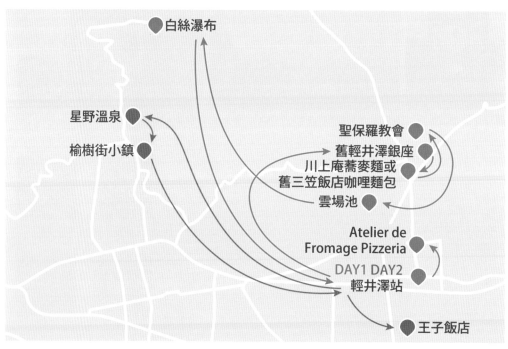

舊輕井澤銀座通

這是輕井澤的購物中心，擁有多間具特色的特產店及精品店，可以在這裡悠閒購物和享受美食，到舊三笠飯店購買咖哩麵包，到川上庵品嚐招牌信州蕎麥麵和鴨肉湯麵，到SAWAYA 澤屋購買著名的天然果醬等，展開一次小吃和購物之旅。

舊輕井澤銀座通
地圖

舊三笠飯店咖哩麵包
軽井沢キッチンロータリー店

📍 長野縣北佐久郡輕井澤町輕井澤12-20 📞 0267-32-6914 🕐 10:00～18:00

川上庵蕎麥麵

📍 長野縣北佐久郡輕井澤町輕井澤6-10 📞 0267-42-0009 🕐 11:00～22:00（最後點餐21:00）

沢屋Sawaya Jam

📍 長野縣北佐久郡輕井澤町輕井澤746-1 📞 0267-42-8411 🕐 9:00～18:00（夏季延長）

聖保羅天主教會
軽井沢聖パウロカトリック教会

在輕井澤一帶有一些建築優美的教堂，聖保羅天主教會知名度最高，位於舊輕井澤銀座通附近，可以兩地一起同遊。教會於1935年由英國的神會創立，由一位曾獲美國建築學會獎的建築師Antonin Raymond設計，最大的特色是其三角形屋頂和尖塔，是輕井澤一帶很受遊客歡迎的景點。

📍 長野縣北佐久郡輕井澤町輕井澤179 📞 0267-42-2429 🕐 7:00～18:00（主日禮拜或結婚典禮等謝絕參觀）🚌 從輕井澤坐町內循環巴士，於「舊輕井澤站」下車，步行約2分鐘

地圖

雲場池 くもばいけ

雲場池是到輕井澤的遊人必會到訪的景點，這個狹長型的人工湖泊風景優美怡人，四季有不同的景緻，秋天還可以看到紅葉美景。

🚌 從「輕井澤站」坐町內循環巴士，於「六本辻站」下車，步行約3分鐘

地圖

白絲瀑布 白糸の滝

　白絲瀑布就如其名，涓涓的流水就像一縷縷柔軟的白絲，非常優美！景點位於山區之中，除了可以欣賞白絲瀑布的美態外，還能遠離塵囂，享受一下森林的芬多精。

📍 長野縣北佐久郡輕井澤町長倉小瀨　🚌 到「輕井澤站」坐前往草津溫泉的公車，於「白糸の滝」下車，車程約20分鐘

官網

地圖

Atelier de Fromage Pizzeria

　到輕井澤旅行，又怎麼能錯過這間店裡美味的起司披薩和瑞士起司火鍋？這間披薩店採用的是屢獲殊榮的起司，口味濃厚，令人想一試再試。起司四重奏披薩（Quattro Pizza Formaggi）使用4種不同的起司，口味配合得很好。此外，還可以試試日式風味小魚披薩，口味獨特，也很值得推薦。

📍 長野縣北佐久郡輕井澤町輕井澤東22-1 📞 0267-42-0601 🕐 11:30～15:45（最後點餐15:00）、17:00～21:00（最後點餐20:00）
🚌 從「輕井澤站」步行約10分鐘

官網　　地圖

星野溫泉及榆樹街小鎮

星野溫泉及ハルニレテラス

　星野溫泉是一個百分百的天然溫泉，設有大浴場及露天溫泉，不住宿的遊人也可以享用，順道還能到毗鄰的榆樹街小鎮逛逛，這裡栽種了100株巨大春榆樹，是一條設有咖啡店、商店和餐廳，很有風情的散步道。

📍 位於輕井澤星野度假區內 🕐 溫泉10:00～22:00
🚌 從「中輕井澤站」坐星野集團免費接駁巴士

星野度假區官網

星野溫泉地圖

榆樹街小鎮地圖

輕井澤王子酒店

　王子酒店是輕井澤著名的渡假酒店，擁有多元化的渡假設施，如購物中心、溫泉、滑雪場等，客人還可以參加不同的自然體驗活動。

📍 長野縣北佐久郡輕井澤町輕井澤1016-87 📞 0267-42-1111 🚌 從「輕井澤站」南口坐免費接駁巴士

地圖

③

關西

高CP值路線全規劃

到關西旅行，應該以什麼交通工具為主？

　　關西的交通非常方便發達，除了有JR外，還有很多私鐵來往一些主要城市，可以利用以下這些交通工具。

	大阪	京都	神戶	奈良	和歌山
大阪	-------------	JR 京阪電車	阪神電車 阪急電車 JR	JR 近鐵	JR
京都	JR 京阪電車	-------------	JR 阪急電車	JR 近鐵	JR
奈良	近鐵 JR	近鐵 JR	近鐵電車轉阪神電車	-------------	JR
神戶	阪神電車 阪急電車 JR	JR 阪急電車	-------------	近鐵電車轉阪神電車	JR
和歌山	JR	JR	JR	JR	-------------

市內交通

大阪	京都	神戶	奈良	和歌山
地鐵	巴士 地鐵	巴士 地鐵	巴士	巴士

JR West

大阪地鐵

阪急電車

阪神電車

京阪電車

京都地鐵及巴士

和歌山巴士

奈良巴士

近鐵

神戶地鐵及巴士

機場到市區的交通

從關西空港可以JR、私鐵、高速船及巴士等方式前往大阪市中心、京都、神戶等各地。如在深夜抵達機場，還可以利用機場的深夜巴士前往目的地。

JR(關空快速)
JR特急列車(HARUKA)
南海電鐵
四橋線
千日前線

大阪
西梅田
野田玉川
阿波座
本町
心齋橋
谷町九丁目
難波　日本橋
JR難波　難波
鶴橋
今宮
天王寺
關西空港

目的地	交通方式	票價	所需時間	
天王寺、新大阪、京都	HARUKA特急	來回價錢，持有ICOCA卡優惠價格：京都3600日圓、新大阪3200日圓、天王寺2400日圓	天王寺35分鐘新大阪50分鐘京都80分鐘	
天王寺、大阪（梅田）	關空快速	1080日圓（天王寺），1210日圓（大阪）	天王寺50分鐘大阪70分鐘	
泉佐野、難波	南海電鐵	1100日圓（單程，優惠乘車券價錢）	泉佐野8分鐘難波34～39分鐘	
神戶	高速船	單程1880日圓（兒童940日圓）往返3060日圓（兒童1530日圓）	30分鐘	
大阪市區、大阪府內、兵庫、奈良、京都、和歌山等地	巴士	各地收費不同，詳情請參閱官網	各目的地時間不同，詳情請參閱官網	
泉佐野、臨空城、難波、京都、奈良、神戶	深夜巴士	各地收費不同，詳情請參閱官網	各目的地時間不同，詳情請參閱官網	

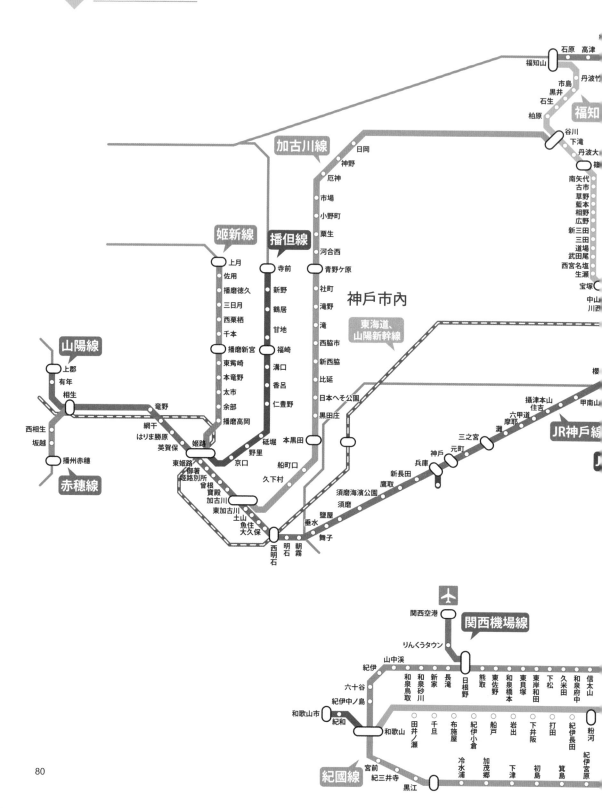

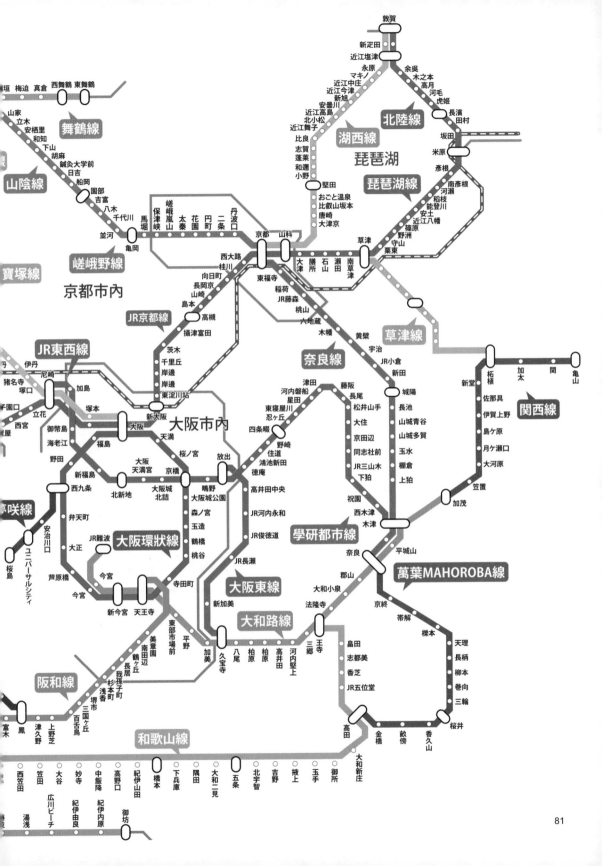

敦賀
新疋田
近江塩津
永原　余呉
マキノ　木之本
近江中庄　高月
近江今津　河毛
近江舞子　虎姫
安曇川　長濱
近江高島　田村
北小松
近江舞子　坂田
比良　米原
志賀　彦根
蓬莱　南彦根
和邇　河瀬
小野　稲枝
　　能登川
堅田　安土
おごと温泉　近江八幡
比叡山坂本　篠原
唐崎　野洲
大津京　守山
　　栗東

北陸線
湖西線
琵琶湖
琵琶湖線

舞鶴線
西舞鶴　東舞鶴
垣　梅迫　真倉
山家
立木
安栖里
和知
下山
胡麻
鍼灸大学前
日吉
船岡
園部
吉富
八木
千代川
並河
亀岡

山陰線
嵯峨野線

寶塚線
京都市內

嵯峨嵐山　丹波口
保津峡　二条
太秦　円町
花園

馬堀

京都　山科
西大路　大津　膳所
桂川　　石山
向日町　　瀬田
長岡京　　南草津
山崎　東福寺
島本　稲荷
高槻　JR藤森
攝津富田　桃山
茨木　六地蔵
千里丘　木幡
岸邊　黄檗
岸邊　宇治
東淀川站　JR小倉
　　新田
　　城陽

JR京都線
奈良線
草津線
関西線

JR東西線
伊丹
尼崎　加島
猪名寺　塚口
塚口　塚本
立花　新大阪
　　大阪　天満
西宮　福島　桜ノ宮
海老江　大阪　放出
野田　天満宮　京橋
新福島　鳴野
西九条　北新地　大阪城
弁天町　　北詰　大阪城公園
　　大阪　森ノ宮
大正　　城東　玉造
JR難波　鶴橋
今宮　桃谷
芦原橋　JR長瀬
今宮　寺田町
新今宮　天王寺

柘植　加太　関　亀山
新堂
佐那具
伊賀上野
島ヶ原
月ヶ瀬口
大河原
笠置
加茂

関西線

新大阪
大阪市內
大阪環状線
大阪東線
大阪東線

津田
河内磐船
星田
東寝屋川　藤阪
忍ヶ丘　長尾
四条畷　松井山手
野崎　大住
住道　京田辺
鴻池新田　同志社前
徳庵　JR三山木
高井田中央　下狛
JR河内永和　祝園
JR俊徳道　西木津
新加美　木津
　　平城山
奈良
郡山
大和小泉
法隆寺
京終　平城山

學研都市線
萬葉MAHOROBA線

咲線
安治川口
ユニバーサルシティ
桜島

大和路線
東部市場前
美章園
南田辺
鶴ヶ丘
長居
我孫子町
杉本町
浅香
堺市
三国ヶ丘
百舌鳥

平野
加美
久宝寺
八尾
柏原　高井田
柏原　河内堅上
三郷
王寺
畠田
志都美
香芝
JR五位堂
高田
金橋
御所　大和新庄

帯解
櫟本
天理
長柄
柳本
巻向
三輪
桜井
香久山
畝傍

阪和線

和歌山線

西笠田　橋本
笠田　下兵庫　五条
大谷　隅田　北宇智
妙寺　　吉野
中飯降　大和二見　掖上
高野口　　玉手
紀伊山田　　御所
橋本

富木
鳳
津久野
上野芝
津久野

紀伊山田
高野口
中飯降
妙寺
大谷
笠田
西笠田
広川ビーチ
紀伊田良
紀伊内原
湯浅
御坊

81

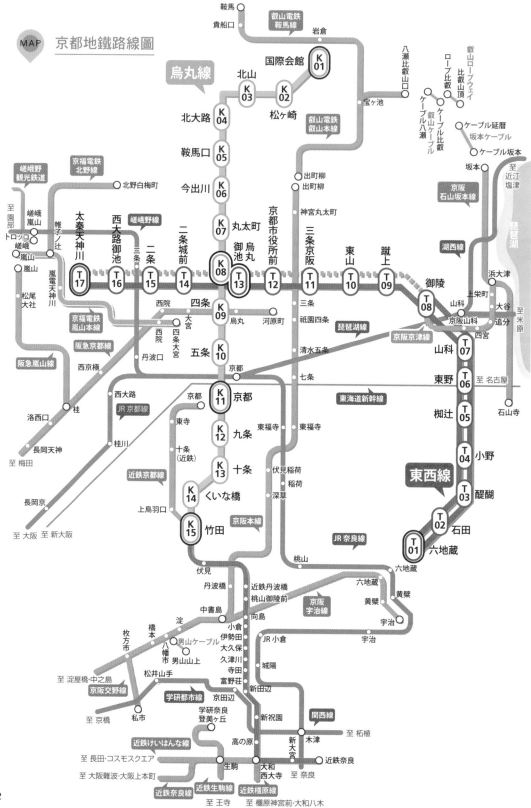

MAP 京都地鐵路線圖

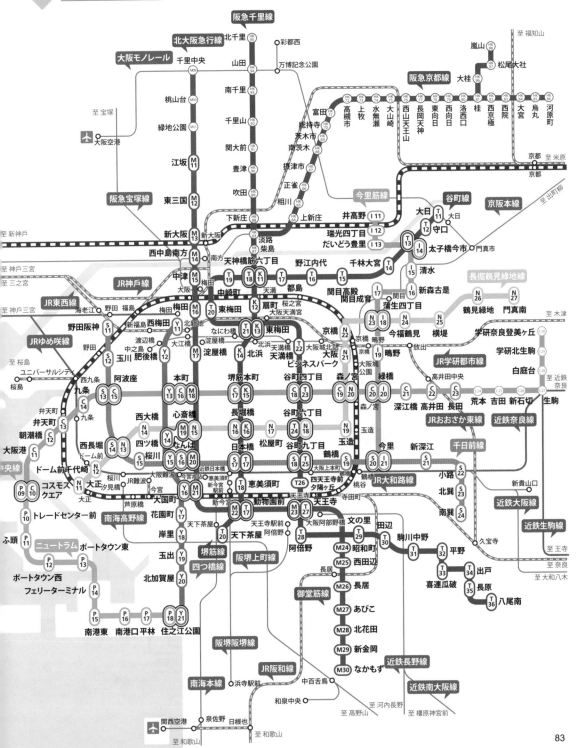

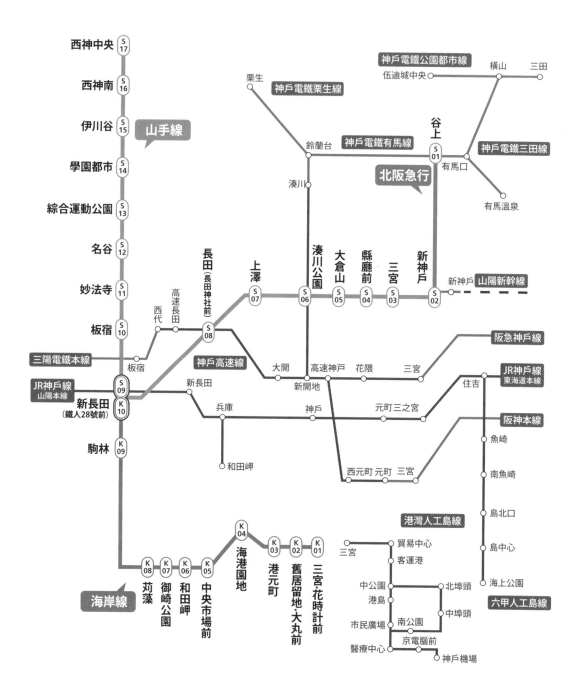

規劃關西旅行，有什麼事項需要特別注意？

如果不去近郊的地方，避免自駕

　　關西地區的交通很繁忙，找停車位也不容易，就算找到了也很貴，而且因為公共交通四通八達，如果在大城市之間移動，並沒有自駕的必要。大阪、京都、奈良、神戶之間可以用大眾交通工具移動，如需前往京都近郊或和歌山一帶，則可以使用自駕的方式。

配合各種交通工具

　　因為關西地區的交通工具眾多，規劃行程時可以配合使用，同時因為使用私鐵機會較多，JR PASS未必需要購買，反而ICOCA儲值卡會較方便好用。

ICOCA儲值卡

ICOCA是關西區的儲值卡，相當於台灣的悠遊卡、香港的八達通、澳門的澳門通，不僅能在關西地區可以使用，在日本其他地方也通用。使用ICOCA最大的好處是不用準備零錢，也不用每次都排隊購票，而且乘坐某些交通工具時還有優惠。而持有ICOCA的遊人，也可以優惠價錢購買從關西空港前往京都的HARUKA車票，非常划算。

官網

(圖片來源：ICOCA官網)

| 風神 | HELLO KITTY | 大阪城 |

有成人版及兒童版

可乘坐JR、地鐵、私鐵（南海電鐵、近鐵、阪急、京阪、阪神、嵐電等）、巴士（大阪市巴士、京都市巴士、京都巴士、JR巴士）、購物（各大便利店、松屋、AEON百貨等）及停車場

票價 2000日圓（內含押金500日圓）

售票地點：各JR站自動售票機
加值地點：各大便利店及JR站自動加值機
退款：可在JR站綠色窗口JR服務中心辦理退款，會收取220日圓手續費

去關西旅行，應該買交通票券嗎？
買哪些交通票券較為划算？

很多人去日本旅行都以為要買張JR PASS才划算，但如果坐JR的機會較少，並不需要購買JR PASS，例如在關西地區，因為使用私鐵、地鐵、巴士的機會較多，所以買這些交通工具票券會比買JR PASS更好，以下介紹一些在關西地方常用到的票券：

大阪周遊卡

一日券　2800日圓　**兩日券　3600日圓**

可搭乘所有地鐵線、私鐵（包括阪急、阪神、京阪、南海、近鐵，不過私鐵僅能使用一日券），還可免費遊玩多個景點，其中包括原價600日圓的大阪今昔館、原價600日圓的大阪城天守閣、原價800日圓的天保山摩天輪、原價2800日圓的LEGO DISCOVERY CENTRE等。

官網

什麼情況下買最划算？

如果會去一些較貴的景點，例如LEGO DISCOVERYCENTRE，單單這個景點的入場費已是2800日圓，而包含多個景點的一日券只要2800日圓，再加上其他景點的入場費及交通費，一定可以節省不少錢。

(圖片來源：大阪周遊卡官網)

京都巴士一日券

成人　　　兒童

成人 700日圓　**兒童 350日圓**

可乘坐京都市巴士、京都巴士（需在均一區間範圍）

什麼情況下買最划算？

因為搭一次巴士要230日圓，如果一天搭四次或以上的巴士，購買一日券就很划算了。

官網

（圖片來源：京都市交通局官網）

阪神一日乘車券

一日券 500日圓

可以在一天內任意乘坐阪神電車

什麼情況下買最划算？

從梅田到三宮的來回車票為640日圓，如果來回這兩個地方，再加上在神戶市內坐一次阪神電車，那麼就值得了。

官網

（圖片來源：阪神電車官網）

ICOCA & HARUKA

關西空港至天王寺

單程1200日圓、來回2400日圓

關西空港至新大阪

單程1600日圓、來回3200日圓

關西空港至京都

單程1800日圓、來回3600日圓

持有ICOCA者，可以用優惠價買到HARUKA票券。

可以乘坐HARUKA前往天王寺、新大阪、京都等地區。來回票從啟用日起，回程14天有效。

什麼情況下買最划算？

因為從關西空港前往大阪，可以坐較便宜的關空快速列車，不需要坐HARUKA，所以使用HARUKA來往關西空港和京都會較划算。

（圖片來源：ICOCA & HARUKA官網）

官網

我該選擇在哪裡住宿？

　　若在關西一帶旅遊，較建議以京都和大阪作為住宿點，其他地方可以採用一日來回的方式遊玩。

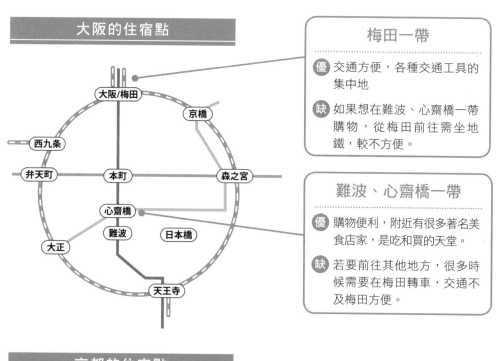

大阪的住宿點

梅田一帶

優　交通方便，各種交通工具的集中地

缺　如果想在難波、心齋橋一帶購物，從梅田前往需坐地鐵，較不方便。

難波、心齋橋一帶

優　購物便利，附近有很多著名美食店家，是吃和買的天堂。

缺　若要前往其他地方，很多時候需要在梅田轉車，交通不及梅田方便。

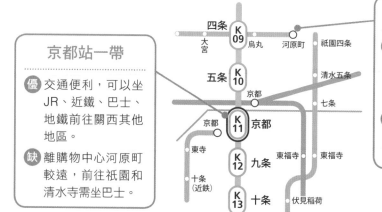

京都的住宿點

河原町一帶

優　附近有很多商店和餐廳，是京都主要的購物區。也可徒步去祇園、清水寺等景點。

缺　前往關西其他地區需要在京都站轉車，交通不及京都站方便。

京都站一帶

優　交通便利，可以坐JR、近鐵、巴士、地鐵前往關西其他地區。

缺　離購物中心河原町較遠，前往祇園和清水寺需坐巴士。

我該如何規劃行程？

以下以大眾交通、自駕、天數較短、天數較長四種類型的行程作為例子，提供規劃行程的參考：

大眾交通行程

若以大眾運輸為主要交通工具，在規劃行程時可以選取京都和大阪作為中心點，再延伸至其他景點，進行放射式的玩法：

大阪

市內景點

1. 梅田一帶購物及空中庭園
2. 心齋橋一帶購物
3. 難波一帶購物
4. 大阪城公園
5. 大阪今昔館
6. LEGO DISCOVERY CENTRE
7. 環球影城
8. 天保山
9. 黑門市場
10. 日本橋電器街及動漫街
11. 大阪造幣局
12. 大阪海遊館

延伸景點

● 奈良
1. 東大寺
2. 春日大社
3. 奈良公園

● 和歌山
1. 白良濱海灘
2. 崎之湯溫泉
3. 南紀白濱市場
4. 千疊敷
5. 三段壁
6. 勝浦地區
7. 熊野古道
8. 那智瀑布

● 神戶
1. 鐵人28
2. 甲子園棒球場
3. 有馬溫泉
4. 六甲山夜景
5. 北野異人館
6. 三宮一帶
7. 六甲山牧場
8. 麵包超人館
9. 神戶動物王國

京都

市內景點

1. 京都車站
2. 京都鐵道博物館
3. 東、西本願寺
4. 三十三間堂
5. 清水寺
6. 二年坂及三年坂
7. 祇園及花見小路
8. 八坂神社
9. 河原町及新京極
10. 錦市場
11. 金閣寺
12. 銀閣寺
13. 哲學之道
14. 知恩院
15. 二条城

延伸景點

● 伏見地區
伏見稻荷大社

● 宇治地區
平等院

● 嵐山
1. 嵯峨野觀光鐵道
2. 嵯峨野竹林、野宮神社
3. 渡月橋
4. 嵐山公園
5. 天龍寺
6. 嵐電足湯
7. 保津川遊船

以下是以大眾交通為主的行程參考：

Day 1	到達大阪，前往京都，宿京都
Day 2	整天在京都市內遊玩，宿京都
Day 3	上午在伏見遊玩，下午到宇治及奈良，黃昏前往大阪，宿大阪
Day 4	整天在大阪市內遊玩，宿大阪
Day 5	整天在環球影城遊玩，宿大阪
Day 6	前往神戶，在神戶遊玩，宿大阪
Day 7	回國

這個行程以京都和大阪為住宿點，先玩較遠的京都，然後回到大阪，京都會延伸至奈良、宇治、伏見；大阪延伸至神戶，全部地點可以輕鬆使用大眾交通工具來往。

自駕行程

如果是自駕的話，可以到和歌山一帶遊玩，然後回大阪還車後，在大阪市內遊玩。

Day 1	到達大阪，住宿關西空港附近飯店
Day 2	在關西空港取車，前往和歌山。到達和歌山後，在白濱、三段壁、千疊敷、白良濱海灘一帶遊玩，宿和歌山
Day 3	早上勝浦一帶，下午那智及熊野大社，黃昏回關西空港還車，然後坐關空快速前往大阪市區，宿大阪
Day 4	整天在大阪市內遊玩，宿大阪
Day 5	整天在環球影城遊玩，宿大阪
Day 6	前往神戶，在神戶遊玩，宿大阪
Day 7	回國

這個行程結合了自駕和大眾交通工具，利用自駕玩較偏遠，大眾交通較不方便的和歌山地區，再以大眾交通工具前往較方便的地區，充分利用了自駕和大眾交通的優點。

天數較短的行程

如果行程天數較少，可以集中只在京都或大阪一帶遊玩，又或者只玩京都和大阪，以下提供4個行程供大家參考：

京都及京都周邊

Day 1　到達京都，宿京都

Day 2　整天在京都遊玩（清水寺、二年坂、三年坂、八坂神社、祇園、花見小路、河原町、錦市場、新京極、金閣寺等），宿京都

Day 3　早上在伏見、宇治遊玩，下午到奈良，黃昏回到京都車站，宿京都

Day 4　嵐山（小火車、嵐山公園、渡月橋、竹林、天龍寺、嵐電足湯等），宿京都

Day 5　回國

　　這個行程以京都和其周邊為主，遊玩的地方包括京都市內精華景點，也有奈良、宇治、伏見、嵐山等景點。

大阪及大阪周邊

Day 1　到達大阪，宿大阪

Day 2　整天環球影城，宿大阪

Day 3　整天在神戶遊玩（三宮、北野異人館、麵包超人館、神戶動物王國等），宿大阪

Day 4　整天在大阪市內遊玩（梅田、心齋橋、難波、大阪城、大阪今昔館、LEGO DISCOVERY CENTRE等），宿大阪

Day 5　回國

　　這個行程以大阪及其周邊為中心，遊玩了大阪的主要景點，也包含了神戶。

大阪及京都

Day 1 到達大阪，前往京都，宿京都

Day 2 整天在京都遊玩（清水寺、二年坂、三年坂、八坂神社、祇園、花見小路、河原町、錦市場、新京極、金閣寺等），宿京都

Day 3 前往大阪，整天在大阪市內遊玩（梅田、心齋橋、難波、大阪城、大阪今昔館、LEGO DISCOVERY CENTRE等），宿大阪

Day 4 整天環球影城，宿大阪

Day 5 回國

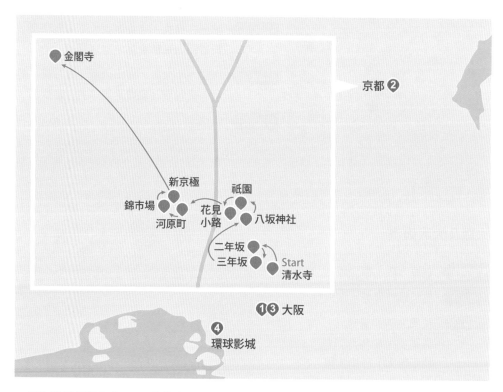

　　因為這個行程只有5天，為節省交通時間，以大阪及京都市內為主。第2天會用一天的時間遊遍京都的精華景點，如清水寺、祇園、河原町、錦市場、金閣寺等。第3天則以大阪市內為主，暢遊大阪最著名的景點，如大阪今昔館、大阪城、LEGO DISCOVERY CENTRE，當然少不了必去的血拚天堂：難波和心齋橋！第4天全天遊玩環球影城。短短5天的行程，已遊遍了大阪和京都，旅遊元素包括古蹟、購物、美食、親子、主題樂園等，非常豐富！

大阪、和歌山、奈良、神戶及京都

Day 1　到達大阪，宿關西空港附近飯店

Day 2　前往和歌山。到達和歌山後，在白濱、三段壁、千疊敷、白良濱海灘一帶遊玩，宿和歌山

Day 3　早上勝浦一帶，下午那智及熊野大社，黃昏回關西空港還車，然後坐HARUKA前往京都市區，宿京都

Day 4　整天在京都遊玩（清水寺、二年坂、三年坂、八坂神社、祇園、花見小路、河原町、錦市場、新京極、金閣寺等），宿京都

Day 5　早上在伏見、宇治遊玩，下午到奈良遊玩，黃昏回到京都車站，宿京都

Day 6　嵐山（小火車、嵐山公園、渡月橋、竹林、天龍寺、嵐電足湯等），宿京都

Day 7　前往大阪，整天在大阪市內遊玩（梅田、心齋橋、難波、大阪城、大阪今昔館、LEGO DISCOVERY CENTRE等），宿大阪

Day 8　整天環球影城，宿大阪

Day 9　前往神戶，在神戶遊玩，宿大阪

Day 10　回國

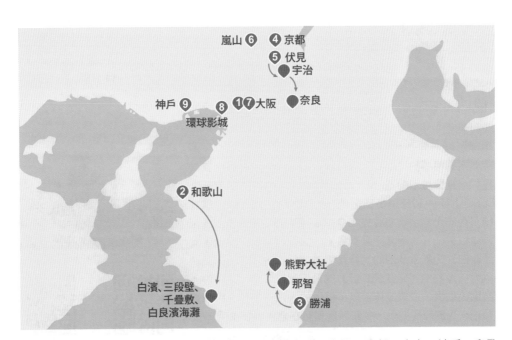

　　這個行程非常豐富充實，包含了關西最好玩的幾大區：大阪、京都、奈良、神戶、和歌山，既有古蹟、美景、美食，也有主題樂園、特色博物館，可說是多姿多彩。

📍 大阪：遊樂園、動漫與購物之旅

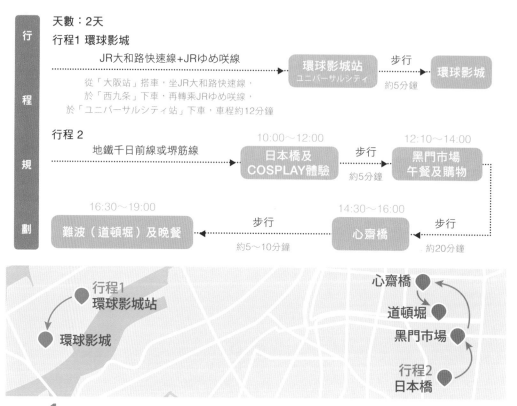

行程規劃

天數：2天

行程1 環球影城

JR大和路快速線+JRゆめ咲線 ┈┈┈➤ 環球影城站 ユニバーサルシティ ─步行─➤ 環球影城
約5分鐘

從「大阪站」搭車，坐JR大和路快速線，於「西九条」下車，再轉乘JRゆめ咲線，於「ユニバーサルシティ站」下車，車程約12分鐘

行程2

地鐵千日前線或堺筋線 ┈┈┈➤ 10:00～12:00 日本橋及COSPLAY體驗 ─步行─➤ 12:10～14:00 黑門市場 午餐及購物
約5分鐘

16:30～19:00 難波（道頓堀）及晚餐 ◄─步行─ 14:30～16:00 心齋橋 ◄─步行─
約5～10分鐘　　　　　　　　　　約20分鐘

行程1 環球影城站
環球影城

心齋橋
道頓堀
黑門市場
行程2 日本橋

行程 1 和電影人物嬉戲：大阪環球影城 Universal Studios Japan

　　環球影城一向是大阪極受歡迎的景點，這裡不但有一些與經典電影相關的遊樂設施，例如繽紛有趣的《超級任天堂世界》、神秘魔幻的《哈利波特魔法世界》，設有史努比、HELLO KITTY和芝麻街三個園區的《環球奇境》等，還有各種有趣的可乘坐娛樂設施，像逗趣可愛的《小黃人調皮鬧劇乘車遊》、《冰凍激光乘車遊》、驚險萬分的《蜘蛛俠驚險歷險記》、刺激夢幻的《好萊塢美夢乘車遊》、驚心動魄的《大白鯊》、《侏儸紀公園》的飛天翼龍和乘船遊等等。因為園區很大，遊樂設施很多，排隊的人龍也很長，所以適合預留一天的時間遊玩。午餐和晚餐可在園內餐廳享用。

來到環球影城，當然要欣賞花車巡遊

📍 大阪市此花區櫻島2-1-33 📞 0570-200-606 🕐 每天不同，請見官網 ¥ 不同日期票價有所不同，詳情請參閱官網 🚃 JR「環球影城站」下車

官網

地圖

行程 2

大阪的秋葉原：日本橋（逛動漫店及COSPLAY體驗）

如果說秋葉原是東京的動漫天堂，那麼日本橋便是大阪的動漫集中地！這兒的規模雖然不及秋葉原，但貨品的種類也十分吸引人。而且，在秋葉原可以參加的COSPLAY攝影，在大阪一樣也能體驗，同樣是什麼都不用帶，只要在約定的時間來到COSPLAY店，工作人員會給你相簿，從中選出想要COS的角色，然後再準備衣服，到不同的場景拍照。最便宜的套餐只需要2000日圓，很適合初次體驗COSPLAY的遊人。

🚌 搭地鐵千日前線或堺筋線，至「日本橋站」下車，10號出口

地圖

大阪的廚房：黑門市場　黑門市場

黑門市場是大阪的廚房，雖然近年來遊客多了，物價也上升不少，但因為品種繁多，交通方便，仍是來大阪遊客必到的掃貨和用餐地點。推薦的餐廳有：

黑門三平：有多款美味海鮮、燒烤、刺身、壽司等等都有，價錢合理，很受遊人歡迎。

丸善精肉店：想嘗試神戶牛，但又預算有限？這間肉店的價位比很多餐廳便宜，工作人員還會代客燒烤，雖然份量不多，但對想淺嚐神戶牛美味的朋友最適合不過。

高橋食品：關東煮便宜又美味，花幾百日圓就能吃得津津有味。

浜藤：著名的河豚料理店，河豚都經過小心處理，夠膽量的饕客一定要來挑戰！

📍 大阪府大阪市中央區日本橋2-4-1 🕐 9:00～18:00 🚌 搭地鐵千日前線或堺筋線，至「日本橋站」下車，10號出口

官網　　　地圖

一袋袋滿載而歸：心齋橋、道頓堀　心齋橋、道頓堀

來到大阪，如果想血拚逛街，一定不可錯過道頓堀及心齋橋，這裡是大阪最熱鬧的區域，店舖和餐廳雲集，吃的、買的、玩的，什麼都有，更是多間藥妝店的戰場，無論任何時間街道上都是摩肩接踵，人山人海。在這裡還可以品嚐章魚燒、拉麵、大阪燒等美食！

🚌 搭地鐵御堂筋線或長堀鶴見綠地線，在「心齋橋站」下車，或是搭地鐵御堂筋線、四之橋線、千日前線至「なんば站」下車；阪神電車、近鐵的「大阪難波站」下車

地圖

道頓堀街道總是這麼熱鬧

京都：感受古都文化之旅

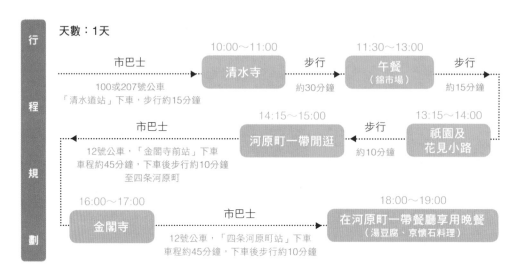

天數：1天

| 市巴士 | 10:00～11:00 清水寺 | 步行 約30分鐘 | 11:30～13:00 午餐（錦市場） | 步行 約15分鐘 |

100或207號公車「清水道站」下車，步行約15分鐘

14:15～15:00 河原町一帶閒逛 ← 步行 約10分鐘 ← 13:15～14:00 祇園及花見小路

市巴士 12號公車，「金閣寺前站」下車 車程約45分鐘，下車後步行約10分鐘 至四条河原町

16:00～17:00 金閣寺 市巴士 18:00～19:00 在河原町一帶餐廳享用晚餐（湯豆腐、京懷石料理）

12號公車，「四条河原町站」下車 車程約45分鐘，下車後步行約10分鐘

金閣寺

錦市場

河原町　祇園

花見小路

Start 清水寺

必去景點：清水寺、產寧坂、二年坂、寧寧之道（ねねの道）、円山公園及八坂神社

　京都有數不盡的寺廟，很多間是珍貴的國寶，甚至是世界文化遺產，其中以清水寺為當中的佼佼者，也是遊人去京都絕對不能錯過的地方。如果去京都旅遊，只能去一個地方遊玩，我也一定會説：去清水寺！

　這間寺廟以朱紅色為主，造型典雅美麗，是拍照的好地方，而且位於上坡路頂，居高臨下，可看到非常美麗的景色。寺廟最著名的部份有三個：清水舞台、地主神社和音羽之瀧。

京都市東山區清水1-294 ☎ 0755-51-1234 ⏰ 6:00～18:00（花季6:30～21:30）¥ 日間300日圓、夜間400日圓 🚌 搭乘市巴士100或207號，「清水道站」下車，沿上坡路走約15分鐘

官網

地圖

清水舞台

是賞櫻和賞紅葉的名所，整個大大的舞台，搭建全不用一根釘子，實在令人嘖嘖稱奇！

地主神社

是戀人必到之地，在此祈求幸福姻緣，也是每個參拜的人必做的事。

音羽之瀧

是寺內最受歡迎的地方，遊人都爭相飲用這裡的水並許願，希望願望成真。

遊完清水寺，順著下坡路走的完美路線

首先會到達產寧坂，這裡原名是三年坂，因為和「產寧」同音，又名產寧坂，相傳若在這裡跌倒會在三年內死去，需要在這兒的葫蘆店買一個葫蘆才能消災解難。

經過公園後不久就會到達八坂神社，這兒是每年祇園祭的起點，也是一間很美的神社，不少人都愛到這裡祈福，遊人也必會到此一遊。

◀

之後會到達円山公園，這兒是賞夜櫻的勝地，也是當地居民休憩的地方。

◀

然後順著走，是二年坂和寧寧之道，這兒兩邊都是充滿古樸的建築，在此散步有如進入時光隧道一樣。

京都美食集中地：天滿宮及錦市場

にしき いちば

　　如果說黑門市場是大阪的廚房，那麼錦市場自然是京都的廚房了。這裡地方不大，以一條主街道貫穿，十分好逛，好吃的美食有玉子燒、刺身串、年輪蛋糕、章魚燒、飯糰等，位於河原町附近，逛完街後正好可以去吃飯！在錦市場的盡頭是天滿宮，這兒是祈求學業順利的神社，莘莘學子們都愛到此參拜。

📍 京都府京都市中京區東魚屋町富小路通四条上る西大文字町609番地
🕐 10:00～18:00　🚍 在地鐵烏丸線「四条站」或阪急京都線「烏丸站」下車，步行約3分鐘

官網　　　地圖

錦市場的熱鬧程度不比黑門市場遜色

行程密技

關東

關西

沖繩

九州

四國

北海道

中部北陸

山陰山陽

東北

97

尋找藝伎足跡：祇園、花見小路、茶寮都路里及祇園小石

祇園和花見小路可說是京都最具風情的步道，這裡是傳統的花街，兩旁都是一間接一間的高級料亭，在黃昏時候，幸運的話可以看到藝伎踏著碎步，前往料亭進行表演的情景。

這裡還有兩間可以品嚐到傳統京都甜點的知名餐廳：提供抹茶聖代的茶寮都路里，及黑糖聖代的祇園小石，兩間都人氣超高，是京都最具代表性的甜點店。

🚃 ❶ 從京阪電車「祇園四条站」步行約5分鐘 ❷ 從市公車「祇園站」步行約2分鐘 ❸ 從阪急電車「河原町站」步行約10分鐘

花見小路地圖

❶ 祇園的八坂神社，是每年祇園祭的主要場地 ❷ 在祇園一帶閒逛，真的像走進了古代世界一樣呢！ ❸ 常常在祇園一帶會見到這標誌，提醒遊人不要騷擾藝伎

京都最繁華的地區：新京極及河原町

河原町是京都最繁華熱鬧的區域，從祇園走路前往只需要5～10分鐘左右。這裡商店和餐廳林立，還有大型的百貨公司，以及京都的血拚熱點：新京極通，是一條非常熱鬧的商店街，可以悠閒的購物。如果喜歡血拚的話，來這裡請預留足夠的時間！

地圖

🚃 ❶ 阪急電車「河原町站」下車，9號出口 ❷ 地下鐵東西線「京都市役所前站」下車，5號或6號出口 ❸ 地下鐵烏丸線「四条站」下車

金閣寺

金閣寺原名鹿苑寺，於1397年建成，是京都除了清水寺外最精彩的景點之一，也是世界文化遺產。這座寺最引人注目的，是那金光閃閃的屋頂，還有外牆都是用金箔裝飾的核心建築：舍利殿。金閣寺佇立於雅致清恬的庭園中，在湖中留下的美麗倒影構成一幅令人難忘的畫面，在冬天到來時，舖滿白雪的金閣寺更充滿浪漫情調！

📍 京都府京都市北區金閣寺町1 💴 成人400日圓、中小學生300日圓 🕐 9:00～17:00 🚌 搭101、205號巴士（京都車站出發）或12、59、205號巴士（河原町出發），於「金閣寺道站」下車

官網　　地圖

📍 奈良、宇治、伏見稻荷大社：古蹟及美食之旅

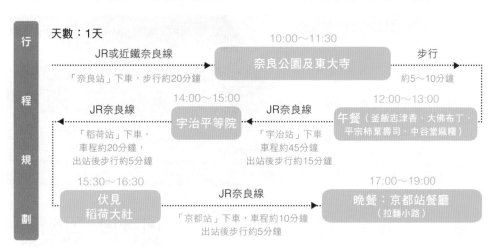

行程規劃

天數：1天

10:00～11:30

JR或近鐵奈良線
「奈良站」下車，步行約20分鐘

奈良公園及東大寺

步行
約5～10分鐘

14:00～15:00

JR奈良線
「稻荷站」下車，
車程約20分鐘，
出站後步行約5分鐘

宇治平等院

JR奈良線
「宇治站」下車
車程約45分鐘
出站後步行約15分鐘

12:00～13:00

**午餐（釜飯志津香、大佛布丁、
平宗柿葉壽司、中谷堂麻糬）**

15:30～16:30

**伏見
稻荷大社**

JR奈良線
「京都站」下車，車程約10分鐘
出站後步行約5分鐘

17:00～19:00

**晚餐：京都站餐廳
（拉麵小路）**

小鹿來向你討吃！奈良公園

喜歡小鹿的朋友，去到日本一定不可以錯過兩個地方：奈良和宮島，其中以奈良的小鹿較為著名，因為被認為是「神的使者」。小鹿在奈良可說是備受尊崇，不但能在奈良公園、東大寺一帶自由自在活動，喜歡睡覺，睡醒了有遊人餵鹿仙貝給牠們吃，過著天堂裡一樣的生活。很多遊人都特地來到這裡跟牠們玩，只要花150多日圓買一包鹿仙貝，小鹿就會繞著你團團轉，甚至為了得到食物會推你、撞你呢！有些小鹿更會偷吃地圖和所有紙類製品，要注意人身安全。

📍 奈良市成田町630-8501
🚌 從JR「奈良站」步行約20分鐘或近鐵「奈良站」步行約15分鐘

官網

地圖

拉麵小路

伏見稻荷大社

宇治平等院

東大寺

Start
奈良公園

釜飯志津香、大佛布丁、
平宗柿葉壽司、中谷堂麻糬

奈良最重要的寺廟：東大寺

奈良是日本的古都，因此也有許多歷史非常悠久的寺廟，最著名的一間就是東大寺。東大寺除了是日本的國寶，更是世界文化遺產，在公元728年興建。寺裡最受矚目地方就是大佛殿，裡面安放著一座宏偉的佛像，是世界三大佛像之一。而且寺內還有一根大木柱，很多遊人都費盡九牛二虎之力想鑽進底部的柱洞，因為據說只要能把身體鑽進去，就能變得聰明呢！

東大寺就在奈良公園附近，是奈良著名的寺廟

📍 奈良市昭和町406-1 🕐 11～3月8:00～17:00、4～10月7:30～17:30 💰 成人/高中生/初中生600日圓、小學生300日圓 🚌 從JR「奈良站」步行約20分鐘或近鐵「奈良站」步行約15分鐘

官網　　地圖

釜飯志津香　志津香の釜めし

釜飯志津香是奈良人氣最旺的餐廳之一，在這裡可以享用到充滿特色、用七種材料烹調而成的釜飯，食材的香味滲進飯粒裡，又香又美味！這家店無論什麼時候都是大排長龍，記得要早點前來排隊等候喔！

📍 奈良縣奈良市登大路町59-11（奈良公園對面）📞 0742-27-8030 🕐 平日11:00～15:00、星期六日11:00～16:00 🚌 從近鐵「奈良站」步行約10分鐘

官網　　地圖

中谷堂麻糬

艾草麻糬是奈良的另一名物，麻糬QQ的十分好吃，再加上味道清新的艾草，吃起來特別可口，幸運的話還可以看到工作人員現場實際製作麻糬！吃完午餐後，買幾個麻糬作為餐後甜品，是很不錯的選擇。

📍 奈良縣奈良市橋本町29 📞 0742-23-0141 🕐 10:00～19:00 🚌 從近鐵「奈良站」2號出口，步行約5分鐘

官網　　地圖

大佛布丁

　　這間廣為人知的布丁店位於近鐵奈良站內，很多來奈良遊玩的朋友都會特地來光顧！這裡的布丁都裝在一個印著大佛的小瓶子裡，十分可愛，有多種口味可選擇，其中原味絕對是非試不可！也可買其他的味道例如抹茶、起司等試試，當作餐後甜品！

📍近鐵「奈良站」內 🕐 13:00～18:00

官網　　　　地圖

平宗柿葉壽司　平宗柿の葉ずし

　　既然來到奈良，當然不可不試這裡的名物：柿葉壽司！它是用柿葉包起來的鯖魚壽司，柿葉的清香，搭配醃漬的鯖魚，風味比一般壽司更為特別！在平宗壽司，可以品嚐到最正宗的柿葉壽司。位於近鐵站附近，作為午餐或是伴手禮都很不錯呢！

📍奈良縣奈良市今御門町30-1 🕐 11:00～20:00。星期一休 🚌 從近鐵「奈良站」步行約10分鐘

官網　　　　地圖

源氏物語的舞台：宇治平等院

　　如果你是《源氏物語》的書迷，來到京都就一定要到近郊的宇治，一訪這個書中故事的發生地！而當中人人必到的，當數這間充滿佛教色彩的平等院了。這裡和金閣寺有幾點相似之處，寺前都有美麗的小湖與幽靜的庭園，而且屋頂都有一隻鳳凰，這就是平等院的鳳凰堂，它集合了各種工藝、繪畫、建築的精粹，10000日圓上的圖案，也就是這座外型瑰麗的建築物！

📍京都府宇治市蓮華116 📞 0774-21-2861 🕐 8:30～17:30 💴成人600日圓、初中生及高中生400日圓、小學生300日圓 🚌 搭乘JR奈良線至「宇治站」下車，步行約10分鐘

1 平等院是《源氏物語》故事的舞台 2 平等院在水中留下美麗的倩影

官網　　　　地圖

千千鳥居收不盡：伏見稻荷大社

大家有沒有看過成千上萬個鳥居，一直連綿不絕延伸向山上的奇景？這裡就是京都的著名景點：伏見稻荷大社。稻荷大社以祭祀稻荷神為主，而狐狸則是稻荷神的使者，所以整間神社不時可見狐狸的雕像，甚至連繪馬也是狐狸形狀呢！這裡的鳥居，都是信徒為了祈願而出資奉納的，每一座都刻滿了奉納者的名字。在這些鳥居中穿梭，感覺就像走在鳥居隧道裡一樣有趣呢！

📍京都市伏見區第68號 📞0756-41-7331 🚌從京都站坐JR奈良線，在「稻荷站」下車，或在四条「河原町站」搭乘京阪本線至「伏見稻荷站」下車

官網

地圖

1 伏見稻荷大社，是全日本稻荷神社的總社 **2** 神社的千本鳥居，令人驚訝不已 **3** 神社獨有的狐狸繪馬

拉麵小路

在京都車站十樓有一條著名的拉麵小路，集合多間來自不同地方的拉麵名店，各有特色，可一次品嚐日本各地的著名拉麵，其中大力推薦來自德島的東大拉麵，湯頭風味十足，份量多，而且價錢合理又好吃！

📍京都車站十樓 🕐11:00～22:00 🚌從JR「京都站」步行約5分鐘

地圖

神戶：親子之旅

行程密技

關東

關西

沖繩

九州

四國

北海道

中部北陸

山陰山陽

東北

行程規劃

天數：1天

JR或阪神電車 從「三宮站」坐PORTLINER 電車，車程約20分鐘 「京コンピュータ前站」下車 步行約5分鐘	**神戶 動物王國** 10:00～12:00	**PORTLINER電車** 「三宮站」下車 車程約20分鐘 出站後步行約10分鐘	**午餐 （STEAK LAND）** 12:30～14:00

JR神戶線
「神戶站」下車
車程約5分鐘
出站後步行8分鐘

**麵包超人
兒童博物館**
14:15～15:45

JR神戶線
從神戶搭至「新長田站」
下車，車程約5分鐘
出站後步行約10分鐘

**鐵人28及
新長田商店街**
16:00～18:00

JR神戶線
從「新長田站」搭至「三宮站」下車，車程約10分鐘，出站後步行約10分鐘

**晚餐
（WASARA）**
18:20～19:20

神戶動物王國 神戶どうぶつ王国

　　如果你喜歡近距離接觸動物，神戶動物王國是不能錯過的好地方！這裡的小動物並不是關在籠子裡飼養，很多都能自由活動，和旅客沒有柵欄之隔，可以觸摸、餵食，和溫馴可愛的小動物打成一片，氣氛比其他動物園都活潑輕鬆！

和可愛的水豚君親密接觸

📍 兵庫縣神戶市港島南町7-1-9　📞 0783-02-8899　🕐 星期一～五
10:00～16:00（最後入場時間15:30），星期六日或假期10:00～17:00
逢星期四休息　💴 中學生以上1800日圓、小學生1000日圓、4至5歲300
日圓、超過65歲1300日圓　🚌 從JR「三宮站」搭乘PORTLINER單軌鐵
路至「京コンピュータ前」（神戶どうぶつ王国），再步行約1分鐘即
達

官網

地圖

STEAK LAND

　神戶有很多家可以享用到神戶牛的名店，但若說到CP值高，十分推薦這間常常大排長龍的STEAK LAND！這裡的神戶牛排價格實惠，中午提供的特價套餐只需要3000～5000日圓左右，但味道一點也不遜色！雖然跟一些名店相比有些距離，但論CP值和地點都是超高，難怪中午時間總是大排長龍了！

📍 神戶市中央區北長狹通1-9-17 📞 0783-32-2900 🕐 11:00～14:00、17:00～22:00 🚌 從JR「三宮站」步行約5分鐘

官網　　　　　地圖

鐵人28及新長田商店街　鉄人28号

　神戶曾經歷一次嚴重的地震，為了讓這裡再次振作起來，特別興建這個有好幾層樓高的鐵人28，還有以鐵人28為主題的街道，成為不少旅客來到神戶的指定拍照位置。拍完鐵人28後，還可到附近的新長田商店街逛逛，這裡是以橫山光輝先生的動漫作品《三國志》為主題，可在不同角落找到劉備、曹操、關羽、孫權、周瑜等重要人物，街上的商店也都掛著《三國志》的畫像！

🚌 從JR「新長田站」下車，步行約10分鐘

地圖

威風凜凜的鐵人28

麵包超人兒童博物館
Kobe Anpanman Children's Museum & Mall

　日本很多地方都有麵包超人博物館，其中一個人氣最高的就是神戶的了。在這兒可以探望麵包超人的家族，歡樂地投入以麵包超人和他的伙伴為主題的遊戲中，玩累了還可享用麵包超人造型的麵包，同時購買喜歡的周邊產品。孩子們保證都玩得歡天喜地！

📍 神戶市中央區東川崎町1-6-2 📞 0783-41-8855 🕐 10:00～17:00，元旦休館 ￥ 2000～2500日圓 🚌 從JR神戶線「神戶站」、市營地下鐵海岸線「ハーバーランド站」步行約8分鐘

官網　　　　　地圖

WASARA　わさら

　神戶的名物又豈只神戶牛？這間店提供的炸神戶豬紫蘇卷定食，大受當地人歡迎，採用的是神戶西區養飼的稀少豬，肉質和脂肪分佈都是上佳，而這麼美味的特色餐，1000日圓以內就能吃到，CP值超高呢！

📍 神戶市中央區小野柄通 5-1-13 📞 0782-42-2888 🕐 星期一～五午餐：11:30～14:00、星期一～四晚餐：17:30～23:00(最後點餐時間22:30)、星期五&六晚餐：17:30～24:00(最後點餐時間23:30)，星期日休 🚌 從JR「三宮站」，步行約5分鐘

官網　　　　　地圖

在京都旅行，有什麼特別文化體驗？

京都是日本的古都，這兒蘊含著非常深遠悠長的日本文化，如果想進行一些特別的體驗，加深對日本傳統文化的認識，來到京都就是最適合不過了！

藝伎演出及藝伎體驗

平時要看舞伎演出實在是有點困難，因為她們一般只招待熟客，如果旅客想觀看她們的表演，可以試試「月色京都」這個活動，除了可以欣賞舞伎的風采，還能和她們一起玩傳統的座敷遊戲度過充滿歡樂的一晚，另外也有包含下午茶或午餐的組合。

月色京都

除了可以和舞伎近距離接觸，京都還有不少能讓大家變身為藝伎或舞伎的店，不用準備任何東西，只需要先在網上預約好，當天前往體驗就行了。體驗時間約2～3小時，費用約10000～30000日圓不等，視乎所需要的服務而定。

舞伎變身

變身舞伎是很有趣的體驗，很推薦大家試試！

武士劍舞教學

女士們想變身為美麗的舞伎，男士們也想變身為威風凜凜的武士！參加武士劍舞教學這個體驗，大家會在導師的指導下（英文），學習日本的武士劍舞，大人和小朋友都可以參加喔！

武士劍舞

Ｌist3 忍者修行劍道忍術

除了武士以外，還能變身為身手敏捷的忍者！大家可以親身體驗多間有機關的忍者屋，磨練意志，一展身手，學習這門神秘的技藝。5歲以上就可以參加了！

忍者修行
劍道忍術

Ｌist4 工藝製作

京都有非常多姿多彩的工藝製作體驗，例如金色彩繪傳統工藝、和書、筷子、杓子、藝伎髮飾、漆器加飾、友禪染、和風扇子等，喜歡工藝品製作的朋友千萬不要錯過！

工藝製作

如何以優惠方式訂到各種門票或特別體驗？

　　體驗這麼精彩，可是要每間店舖自己預約，實在是很麻煩啊！有什麼方法可以知道哪裡才有提供適合我的體驗？方便一次預約所有體驗？在哪裡預約可以享有優惠價格呢？以下介紹2個很好用的網站，提供了很多日本的傳統體驗，只要在這些網站上預約好，付了錢，在當天到指定地點體驗就可以了！

 KKDAY

KKDAY

　　KKDAY是一個很多元化的網站，除了有多款體驗外，更有多項一日遊等旅遊產品，預約十分方便快捷，價錢也公道。

 KLOOK

KLOOK

　　選擇相對較少，但大家不妨與前一個網站比價，看看哪個提供最便宜、方便的方案。

4

沖繩
高CP值路線全規劃

到沖繩旅行，應該以什麼交通工具為主？

　　沖繩的交通工具，那霸市內以單軌電車為主，而往其他地方則可乘坐巴士或自駕，若要前往外島，就需要坐飛機或坐船了。

單軌電車

　　沖繩本島並不大，不像日本其他城市，並沒有JR火車，要在那霸市內及首里移動的話，需要坐單軌電車（YUI RAIL）。單軌電車只有一條路線，由那霸空港站起，首里站為終點站，途經旭橋站（沖繩巴士總站）、縣廳前站、美榮橋及牧志站（可前往國際通）、おもろまち（可前往新都心）及首里站（可前往首里城公園）。車費由230日圓至370日圓不等，按照距離和區間收費。因為車費合理，且途經多個旅遊景點，連接了那霸市內最主要的地區，因此是遊客最常使用的交通工具。

MAP 單軌電車路線圖

自駕

因為沖繩的道路簡單，地理並不複雜，山地較少，而且高速公路只有一條，再加上很多景點的大眾交通都不方便，因此很多遊人都會選擇自駕。基本上，在那霸市內已有很發達的公共交通，所以不用自駕，但如果要前往名護、恩納、讀谷、美國村等地區，自駕前往會較方便。只要在出發前把目的地的電話和MAPCODE查好，利用GPS輸入，即使不懂日文，GPS也能指引你前往目的地。一般而言，輸入電話會較準確，但一些自然景點若是沒有電話，則可以輸入MAPCODE。

公共巴士

如果想到其他城鎮，例如名護、恩納、讀谷等，就需要靠公共巴士，很多都由那霸空港或巴士總站開出，前往各個景點，其中幾條遊客常常用到的巴士線包括：

從那霸空港開出

111號：可前往名護市，再坐名護市的市內巴士到達名護景點，如美麗海水族館等

120號：可前往北谷町、讀谷村、嘉手納町、名護市，可到達琉球村、真榮田岬、萬座毛等

117號：可直接從那霸前往海洋博公園及美麗海水族館

從那霸巴士總站開出

20號：可前往嘉手納、北谷町、讀谷村、恩納村、名護，景點包括萬座毛、真榮田岬、琉球村等，可從名護坐巴士前往美麗海水族館

28、29號：可前往嘉手納町、北谷町、讀谷村

沖繩巴士

🔍 **INFO**

需要注意的是，沖繩的公共巴士班次並不算多，所以在使用前必須先查好時刻表，計畫好出發及離開的時間。許多大型景點如琉球村、萬座毛、美麗海水族館都有公共巴士直達，但一些較小的景點，在車站下車後需要步行約20～30分鐘。如想節省步行時間，可以考慮坐巴士前往名護、恩納及讀谷，然後再轉乘計程車前往目的地，那既可節省計程車的費用，又能免卻步行前往景點的辛苦了。

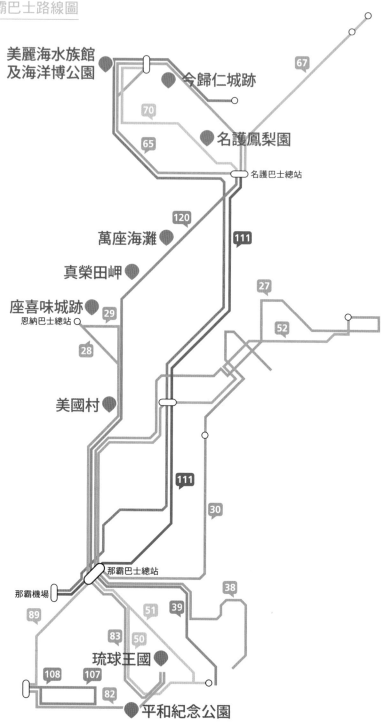

機場到市區的交通

　　那霸是沖繩最大的城市，那霸空港也是進出沖繩主要門戶。那霸空港與市區距離很近，交通也十分方便。可以從那霸空港前往那霸市中心，也能利用巴士前往本島其他地區，如名護、美國村、恩納等，以下是可從機場前往市區及沖繩其他地方的交通工具：

目的地	交通工具	票價	所需時間	
旭橋、國際通（縣廳前、美榮橋、牧志）、新都心（おもろまち）	單軌電車	270～300日圓	約22分鐘	
可在巴士站3號月台坐120名護西空港線前往，在名護バスターミナル（前往名護市）、桑江（前往美國村）、恩納（前往恩納）下車	巴士	依地方收費不同	依地方所需時間不同	

租車

　　如果是自駕的話，在機場取車也十分方便，因為很多租車公司在機場都有分店，可以在機場取車，前往那霸市內地區或直接前往名護、恩納等。前往國際通一帶行車時間約15分鐘，前往恩納約50分鐘，前往名護約1小時10分鐘（行駛高速公路）。如果想節省時間，可利用高速公路，即使不使用高速，所需的時間也只大約多40分鐘，可因應自己的需要選擇。

租車網站

大樂租車

Tabirai租車網

OTS

如何按照區域分佈規劃沖繩旅行

沖繩主要分為四個區域：

南部景點

那霸市內：國際通、牧志第一公設市場
首里：首里城
南城：琉球王國

中部景點

北谷：美國村
讀谷：殘波海灘、殘波岬、琉球體驗王國
恩納：青之洞窟、萬座毛、琉球村

北部景點

名護及周邊：美麗海水族館、海洋博公園、名護鳳梨園、OKINAWA水果樂園、今歸仁城跡、古宇利大橋、名護動植物公園

離島景點

包括石垣島、宮古島、竹富島等

在規劃行程時，首先要看看旅程的天數，同時決定是要以本島還是外島為主。如旅程只有4、5天，建議只專注在本島或外島玩；若旅程有7、8天，可以嘗試一次跳島旅行。對於第一次去沖繩的旅人而言，較適合到本島旅行，一來交通較方便，二來旅遊元素較多。離島以休閒散步和水上活動為主，景點較少，但遠離塵囂。

本島

假如選擇了以本島為中心，則可以分為南、中、北三個區域遊玩，大約各玩一天，5天的行程就已經很豐富了。因為沖繩的體驗活動很多，例如親手製作風獅爺、鹽製作DIY、琉裝試穿體驗、學做紅芋塔、琉球琉染、學習演奏傳統樂器三線等，在規劃行程時可以把這些特色體驗排進去。這些行程可以在店舖官網報名，不熟悉的人也可利用KKDAY及KLOOK報名。除了特色文化體驗外，在夏季時更可加上各種水上活動，例如香蕉船、沖浪、水中觀光船等，也可到沙灘上做日光浴。

預約網站

KKDAY　　　　　KLOOK

離島

若已去過本島，則可到離島遊玩，建議採用兩種行程：一是主要玩離島，坐飛機直接前往石垣，也同樣在石垣離開；二是離島加本島，即是從石垣入，在石垣及周邊小島玩兩

三天，然後回到本島，繼續玩兩三天，在那霸機場離開。前者的好處是因為景點集中在離島，不用飛回本島，節省機票及交通時間；後者需要交通時間較多，也需要購買從石垣前往那霸的機票，但好處是可以同時遊玩本島及離島，適合時間較充裕的遊人。

宮古島

石垣島

竹富島

美麗海水族館
海洋博公園

古宇利大橋

今歸仁城跡

OKINAWA水果樂園

名護鳳梨園

名護

名護動植物園

北部

萬座毛

恩納

殘波海灘、殘波岬

青之洞窟

琉球體驗王國

琉球村

讀谷

美國村

北谷

中部

那霸市

首里城

國際通

牧志第一公設市場

琉球王國

南城

南部

🔎 INFO

沖繩的外島分為八重山群島（石垣、竹富、西表島等）、宮古群島（宮古、池間、多良間、伊良部島等）及慶良間群島（慶良間、座間味、阿嘉、渡嘉敷島等），從本島前往的話，前兩者需要坐飛機，慶良間群島距離本島較近，可以坐船到達。

規劃沖繩旅行，有什麼事項需要特別注意？

注意景點交通連接

走出了那霸後，沖繩的大眾交通並不太方便，班次也不密集，所以如果使用大眾交通工具的話，需要留意時刻表及各景點之間的連接方法。

結合一日團和自助遊，玩遍交通不便的景點

如果不自駕，一些景點又沒有大眾交通可達的話，可以盡量利用網上旅行社提供的一日團，配合自己的行程，用一日團的方式去那些交通不便的景點，容易抵達的地方就自己安排，結合兩者的好處，玩遍沖繩好玩的景點！

配合體驗及各種活動的時間

沖繩是一個體驗天堂，在這裡可以DIY製作各種工藝品和食材的體驗，但因為體驗多數需要預約，而且有限定時間，所以在安排行程時需要注意體驗時間與在各景點逗留時間的配合，並在出發前先做好網上預約，以保證在行程當天可以進行。

留意公共交通時刻表

如果是採用公共交通，因為有些巴士的班次較少，若錯過了需要等候很久，故較適合在出發前先查好時刻表，配合好車班時間。到達目的後亦要再查看時刻表，以防時間有所變動。

沖繩巴士
路線查詢

先查好MAPCODE及電話

如果採用自駕，計畫前往公園、主題樂園、博物館、餐廳、飯店等，需要在出發前先查詢好電話號碼；計畫前往的是自然景點，那麼就需要先把MAPCODE查好。一般而言，使用電話號碼，GPS的準確度會比MAPCODE高。

想查看日本各地的MAPCODE，可使用MAPION網站。

MAPION

去沖繩旅行，應該買交通票券嗎？
買哪些交通票券較為划算？

　　沖繩的地方不大，島上沒有火車，所以不用考慮購買JR PASS，如果會多次使用同一種交通工具，例如巴士、單軌電車等，則可以考慮購買以下交通優惠票券：

QR一日券／二日券

1日券		2日券	
成人 800日圓	兒童 400日圓	成人 1400日圓	兒童 700日圓

使用範圍　單軌火車全區間無限次搭乘
售票地點　可於售票機購得
有效期限　購票時間起24小時及48小時

官網

PASS券 那霸巴士電車

成人 1000日圓	兒童 500日圓	バスモノパス

使用範圍　YUI RAIL及那霸市內巴士全線
使用期限　啟用日當天
售票地點　YUI RAIL各車站售票窗口及那霸巴士總站

官網

沖繩巴士周遊券

1日券		3日券	
成人 2500日圓	兒童 1250日圓	成人 5000日圓	兒童 2500日圓

使用範圍　沖繩本島所有巴士（111、117、利木津巴士除外）
售票地點　那霸機場觀光洽詢處、JTB觀光客洽詢服務中心
　　　　　T-Galleria沖繩、各線路巴士公司指定的營業所，其
　　　　　他代理店資訊請瀏覽首頁
注意事項　購買此券需出示護照

官網

OKINAWA PASS

1日券		3日券	
成人 特價1820日圓（原價2500日圓）	兒童 特價910日圓（原價1250日圓）	成人 特價3640日圓（原價5000日圓）	兒童 特價1820日圓（原價2500日圓）

官網

使用範圍　沖繩本島所有巴士及那霸市內單軌電車（111、117、利木津巴士除外）
售票地點　那霸機場觀光洽詢處、JTB觀光客洽詢服務中心T-Galleria沖繩、
　　　　　各線路巴士公司指定的營業所，其他代理店資訊請瀏覽首頁
注意事項　購買此券需出示護照

我該選擇在哪裡住宿？

以大眾交通為主，該住哪？

因為沖繩地方不大，如果是大眾交通行程，建議以一個住宿點為中心，最理想的住宿地點是在旭橋附近，因為這兒就在那霸的巴士總站一帶，交通很方便。

國際通商舖林立，交通方便，是最受遊人歡迎的住宿地區

以自駕為主，該住哪？

如果選擇自駕，又或是喜歡血拚，則較推薦在美榮橋（即國際通）一帶住宿，這裡的餐廳和店舖都較多，也有單軌電車到達。

除了那霸外，選擇自駕的人也可多在那霸區外選擇一個住宿點。因為名護的景點較多，而且駕車南下前往恩納和讀谷一帶也很方便，較推薦在名護市內居住，另外，選擇住宿地點時，記得要留意有沒有車位喔！

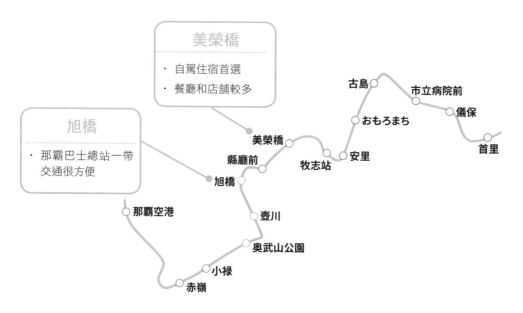

美榮橋
· 自駕住宿首選
· 餐廳和店舖較多

旭橋
· 那霸巴士總站一帶
  交通很方便

古島　市立病院前　儀保
おもろまち
美榮橋　　　　　　安里　首里
縣廳前　牧志站
旭橋
那霸空港　壺川
奧武山公園
小禄
赤嶺

我該如何規劃行程？

大眾交通行程

　　如果行程是以大眾交通為主，可以選擇以那霸為中心，再以大眾交通前往名護、讀谷、恩納等地。規劃行程時，可以把沖繩劃分成幾個大區，再從各個區塊延伸至各個景點，把景點按順路次序排好即可。

那霸市內	延伸景點	1. 國際通 2. 第一牧志公設市場 3. 首里城

北谷	延伸景點	1. 美國村

讀谷	延伸景點	1. 琉球體驗王國 2. 座喜味城跡

恩納	延伸景點	1. 萬座毛　　　3. 青之洞窟 2. 真榮田岬　　4. 琉球村

名護	延伸景點	1. 美麗海水族館　　5. 名護自然動植物園 2. 本部元氣村　　　6. 今歸仁遺蹟 3. 名護鳳梨園　　　7. 古宇利島 4. OKINAWA水果樂園　8. 屋地我島

南城	延伸景點	1. 玉泉洞及琉球王國村

在編排行程時，可以每天安排一個至兩個大區塊：

Day 1 到達，在那霸住宿

Day 2 名護：美麗海水族館、元氣村，然後回那霸

Day 3 早上恩納：青之洞窟、萬座毛、琉球村；下午讀谷：琉球體驗王國；黃昏北谷：美國村，然後回那霸

Day 4 早上首里城，下午那霸市內：國際通、第一牧志公設市場

Day 5 回國

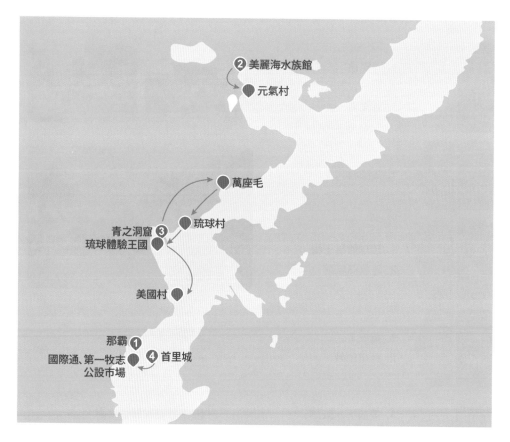

　　這是以那霸、名護、讀谷及美國村為主的行程，因為只有5天時間，以那霸為中心點，不用換飯店，利用公共交通工具，延伸至各個地區，作即日來回的小旅行。第二天以名護為主，主要玩名護的兩大精華景點：美麗海水族館及本部元氣村；第三天則以恩納、讀谷、美國村為主，可以進行浮潛、琉球文化體驗、購物等；第四天則以首里及那霸市中心為主，旅遊元素包括古蹟、美食及購物。這個行程雖短，但卻包羅萬象，遊遍了沖繩的幾大地區：那霸、首里、名護、讀谷、恩納、美國村，最適合第一次到沖繩或是旅行時間有限的朋友！

自駕行程

如果以自駕為主，在規劃行程時，可參考以下安排：

Day 1 到達，宿那霸

Day 2 取車，前往名護，約中午到達，下午遊美麗海水族館、元氣村，宿名護

Day 3 名護鳳梨園、OKINAWA水果樂園、名護動植物公園

Day 4 離開名護，前往恩納（萬座毛、真榮田岬、青之洞窟）、讀谷（琉球體驗王國），黃昏回到那霸，在那霸還車，然後在那霸住宿

Day 5 整天在首里及那霸遊玩

Day 6 回國

　　在這個行程裡，因為下飛機後會比較累，可以先在那霸休息一晚，隔日一早取車，並驅車前往名護，然後暢遊名護的兩大景點：美麗海水族館及本部元氣村，並在名護住宿，第3天繼續名護的行程，前往名護鳳梨園及OKINAWA水果樂園，這兩個景點相距很近，十分適合同遊，接著是前往名護動植物公園，探望可愛的水豚。第4天則以自然景點和主題樂園為主，先到青之洞窟、萬座毛、真榮田岬等享受浮潛和欣賞自然風光，然後到琉球體驗王國進行各種有趣的DIY體驗，黃昏時驅車回那霸還車。而那霸的行程則建議以大眾交通為主，可以坐單軌電車前往首里，遊玩一個上午，下午再回到那霸市內，在國際通一帶血拚，到第一牧志公設市場享用美食等。第6天離開，完成自由自在又豐富的6天行程。

天數較短的行程

　　如果沖繩之旅的天數較少，可以集中在本島遊玩，並以那霸和名護為中心，節省交通時間：

Day 1 ▶ 到達，在那霸住宿

Day 2 ▶ 名護：美麗海水族館、元氣村，在名護住宿

Day 3 ▶ 早上名護鳳梨園、OKINAWA水果樂園，下午名護動植物公園及BIOS之丘

Day 4 ▶ 早上首里城，下午那霸市內：國際通、第一牧志公設市場

Day 5 ▶ 回國

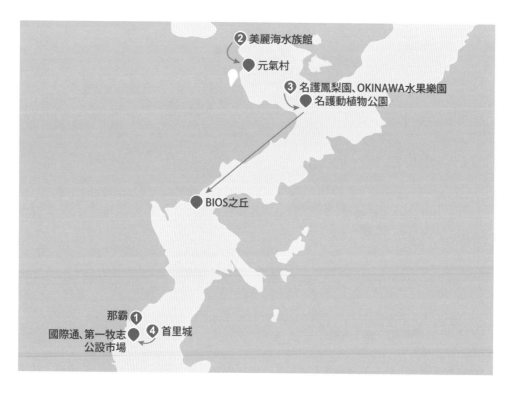

　　這個行程雖然只有短短5天，但已包含了沖繩最精彩的部份！當中少不了美麗水族館、OKINAWA水果樂園、BIOS之丘、首里城等精彩景點！整個行程以那霸為中心點，不用換飯店，也可選擇在名護住宿一天。這個行程的元素非常多元化，包括了水上活動、親近動物、歷史古蹟、認識水果、購物血拼、享用美食等。交通工具方面，以自駕較為方便，如果是利用大眾交通的話，需要預留一些等車及轉車的時間。為了節省即日來回名護的時間，安排了在名護住宿一天，如果不想多換一次飯店的話，也可以把這天安排在那霸住宿。

天數較長的行程

　　如果旅程的天數較長，可以安排一次跳島旅行，除了感受本島的魅力外，更可以體驗其他小島的純樸情懷，來一次充實又多彩多姿的沖繩之旅。

Day 1 到達那霸，轉飛石垣島，或可選擇直飛石垣島

Day 2 整天在石垣島遊玩（鐘乳石洞、石垣八重山民俗村、米原海域公園、川平灣等）

Day 3 石垣島浮潛及水上活動

Day 4 前往宮古島，整天在宮古島遊玩（東平安名崎、德國文化村、与那霸前浜沙灘、砂山沙灘、通池、渡口之浜沙灘、佐和田之浜沙灘、下地島空港龐等）

Day 5 回到本島，那霸市內（國際通、第一牧志公設市場）

Day 6 名護（名護鳳梨園、OKINAWA水果樂園、美麗海水族館、元氣村）

Day 7 恩納、讀谷、北谷，回到那霸

Day 8 回國

　　這個行程因為時間較為充裕，包含了本島及離島兩大部份，很適合想深度遊玩沖繩，或對離島有較大興趣的遊人。可以選擇直接坐飛機到石垣島，或是從那霸空港進入，再轉乘內陸飛機前往石垣島。第2天的行程以石垣島為主，可利用巴士或是參加當地的一日遊行程，在石垣島各大景點遊玩，當中以川平灣和米原一帶是石垣島風景最美的地方。第3天可以進行浮潛及各種水上活動。第4天向宮古島出發，然後在第5天回到本島。因為這行程覆蓋了本島及兩個離島，需要的交通時間較多，而且要購買內陸機票，預算也需要較多。

📍 那霸、首里：DIY傳統體驗之旅

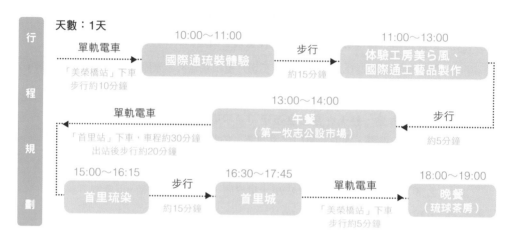

行程規劃

天數：1天

單軌電車
「美榮橋站」下車
步行約10分鐘

10:00～11:00
國際通琉裝體驗

步行
約15分鐘

11:00～13:00
体験工房美ら風、
國際通工藝品製作

13:00～14:00
午餐
（第一牧志公設市場）

步行
約5分鐘

單軌電車
「首里站」下車，車程約30分鐘
出站後步行約20分鐘

15:00～16:15
首里琉染

步行
約15分鐘

16:30～17:45
首里城

單軌電車
「美榮橋站」下車
步行約5分鐘

18:00～19:00
晚餐
（琉球茶房）

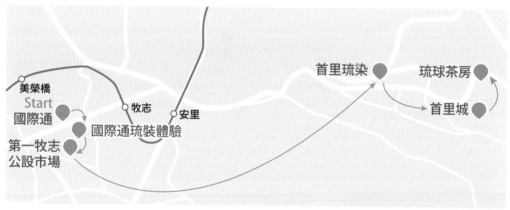

當一天琉球皇族！國際通琉裝體驗

　　和服在日本很多地方都能穿到，所以來到沖繩，我們就不穿和服，試特別一點的琉裝。琉裝是沖繩的傳統服裝，用色繽紛，看起來很華麗。國際通一帶有多間可以租用琉裝的店舖，有平民和皇族的裝束選擇，其中以皇族的琉裝最受歡迎。費用只需要2000日圓日圓，換裝時間20分鐘左右，就可以穿著華麗的琉裝在店內拍照或到國際通散步。

📍 沖繩縣那霸市牧志3丁目2-47 📞 070-5482-9244 🕐 10:00～19:00 💴 2000日圓 🚌 從「美榮橋站」步行約15分鐘

官網

地圖

一起來動手DIY！國際通工藝品製作 沖縄アート体験美ら風

在國際通的沖縄アート体験美ら風，可以體驗到多種工藝品的DIY製作，例如蠟燭、玻璃彩繪、音樂盒裝飾、玻璃杯雕刻、杯墊雕刻等，最適合大人和小孩子一起享受DIY的樂趣了！每一項體驗都不會太貴，而且十分有趣，足夠玩一個早上！

📍 沖繩縣那霸市牧志3丁目2-50 1F,2F 📞 98-866-8558 🕙 10:00～18:00 🚌 從「美榮橋站」步行約10分鐘

官網　　　地圖

新鮮魚獲集中地：第一牧志公設市場

第一牧志公設市場是那霸的廚房，如果想吃到價錢合理又優質的海鮮，就一定要留著肚子到這兒飽餐一頓了。這裡有多個海鮮攤販，其中更有沖繩著名的海鮮：夜光貝，很大隻，肉質又鮮美，價錢也合理。在這裡享用美食十分簡單，可光顧食堂，也可先買好海鮮，再到攤販支付一些加工費，工作人員就會把煮好的海鮮送到你的面前。

📍 沖繩縣那霸市松尾2-7-10 📞 98-867-6560 🕗 8:00～21:00，每月第四個星期日休 🚌 從「牧志站」步行約10分鐘抵達

官網　　　地圖

行程密技

關東

關西

沖繩

九州

四國

北海道

中部北陸

山陰山陽

東北

製作獨一無二的染色包包：首里琉染

沖繩是眾多海洋生物的搖籃，在這裡的海灘有很多漂亮美麗的珊瑚，人們便靈機一動，利用珊瑚獨特的花紋作為拓印，製作出每件都有獨一無二花紋的衣服或布袋。來到這間叫首里琉染的店舖，除了可以體驗琉球的傳統藍染外，更能玩玩有趣的珊瑚拓印，利用色彩繽紛的顏料，花紋獨特的珊瑚，製作出只屬於自己的衣服或布袋！琉染的過程並不複雜，很適合大人和小朋友一起參與。

📍 那霸市首里山川町1-54 🕘 9:00～18:00 💴 大人3300日圓（附材料）、小孩（小學生以下）2750日圓（附材料）🚃 搭單軌列車「首里站」下車後，步行約20分鐘

官網　　　地圖

是中國還是日本？首里城

　　琉球以前曾是中國藩屬，所以很多人來到沖繩，都會發現當地有不少文化或建築很具中國的風格，其中這座首里城，可說是沖繩中國式建築的代表。不管是城牆、城門，甚至是宮殿裡的陳設佈置，都有著濃厚的中國風格。在著名的首里門上，牌匾上還寫著「守禮之邦」中文大字，不知情的人還會以為自己置身在中國呢。因為2019年遭遇火災，首里城現正待修中。

📍 沖繩縣那霸市首里金城町1-2 📞 98-886-2020 🕐 免費區域 8:00～18:00；購票區域 9:00～17:30，7月第一個星期三、四休 💴 成人400日圓、高校生300日圓、中小學生160日圓、6歲以下免費 🚃 搭單軌列車「首里站」下車後，步行約15分鐘

官網　　　　地圖

1 2 首里城的風格和中國式建築很相近 3 城裡大廳的皇座，也跟中國的皇宮很相似

琉球茶房 あしびうなぁ

　　想在古色古香的老宅裡享用傳統道地的沖繩料理，琉球茶房是不能錯過的選擇！這間餐廳是琉球時代宰相的住所，庭園深深，客室雅致，古樸怡人，點一客苦瓜炒蛋、一碗沖繩麵，再加上沖繩最著名的泡盛，在古雅的環境享用傳統美食，感覺實在太好了！

官網　　　　地圖

📍 沖繩縣那霸市久茂地3丁目25-7 📞 98-861-5155 🕐 11:30～15:00（星期二、六、日休息）🚃 從單軌電車「美榮橋站」步行約5分鐘

恩納、讀谷：琉球文化、親親小魚之旅

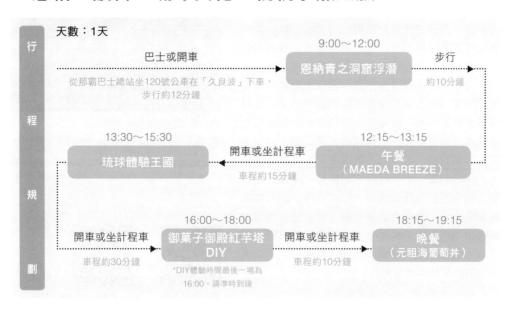

天數：1天

行程規劃

巴士或開車
從那霸巴士總站坐120號公車在「久良波」下車，
步行約12分鐘

9:00～12:00
恩納青之洞窟浮潛

步行
約10分鐘

13:30～15:30
琉球體驗王國

開車或坐計程車
車程約15分鐘

12:15～13:15
午餐
（MAEDA BREEZE）

開車或坐計程車
車程約30分鐘

16:00～18:00
御菓子御殿紅芋塔
DIY
*DIY體驗時間最後一場為
16:00，請準時到達

開車或坐計程車
車程約10分鐘

18:15～19:15
晚餐
（元祖海葡萄丼）

御菓子御殿恩納店
紅芋塔DIY

元祖海葡萄丼

Start
青之洞窟及真榮田岬

MAEDA BREEZE

琉球體驗王國

魚兒在身邊游！青之洞窟 古宇利大橋

　　沖繩是浮潛的勝地，説到本島上最受歡迎的浮潛地方，就一定非青之洞窟莫屬。它位於恩納一帶，要參加浮潛的行程十分容易，很多浮潛店家都提供浮潛服務，只要到官網報好名，到時去指定地點報到，工作人員就會帶領你出海，前往充滿神秘美麗的青之洞窟。在那兒不單單能在洞窟內探祕，更可以餵飼成群的小魚，感受被魚類包圍的美妙感覺。有些店家更會提供免費相機租用，可以拍下自己潛入海底，與魚群一起嬉戲的難得畫面。青之洞窟是很多來沖繩的遊人必玩行程，記得把它排進行程表裡喔！如果想參加浮潛活動，可以利用多間店舖的浮潛套裝行程，例如青之洞窟屋（此店在台灣設有聯繫窗口，也有中文網站），店舖會準備所有浮潛的物品，並派出能與外國人溝通的教練指導，並提供水下拍照服務，十分貼心。

圖片由「青之洞窟屋」提供

📍 潛水集合地點：國頭郡恩納村真榮田岬469-1 🕐 10:00～16:30 🚌 從那霸巴士總站坐120號公車在「久良波」站下車，步行約12分鐘 📱 070-1010-3087

青之洞窟屋官網　　　　　　地圖

MAEDA BREEZE

　　安排到海邊的咖啡屋放空，是不少遊人來沖繩的指定行程。來到風光如畫的真榮田岬，更不要錯過這人間仙境一樣的享受！在海邊的MAEDA BREEZE咖啡屋，一邊品嚐著美味的三明治和蛋糕，喝一口香濃的咖啡，一邊欣賞大海的美景，非常悠閒寫意！

📍 沖繩縣國頭郡恩納村真榮田1430-12 📞 98-989-8099 🕐 8:00～16:00，星期二、三休息 🚌 從那霸巴士總站坐120號公車在「久良波」站下車，步行約20分鐘

地圖

MAEDA BREEZE提供

100多種體驗！琉球體驗王國

體驗王國むら咲むら

　　想進行各式各樣有趣的體驗？琉球體驗王國將會是最適合的地方！這裡是大河劇《琉球之風》的取景地點，在多間紅磚屋瓦建築裡，可以感受多種的體驗，從工藝（如風獅爺製作、花鈴、花織等）、服裝（琉裝）、食物（黑糖製作），還有連樂器（三線）都可以體驗，項目琳琅滿目！

📍 沖繩縣讀谷村高志保1020-1 📞 98-958-1111 💴 成人600日圓、初中生／高中生500日圓、小學生400日圓、幼兒免費 ※除入場費外，參加體驗課程需要參加費 🕐 9:00～18:00 🚌 從那霸巴士總站坐120號公車在「琉球村」站下車，步行約1分鐘

官網　　　　　　　　　地圖

又好玩又好吃！御菓子御殿紅芋塔

　　紅芋塔是沖繩的名物，特別是御菓子御殿的紅芋塔，更是來沖繩必買的零食。在沖繩除了能進行多種手工藝品外，更可以到這間名店親自製作美麗的紅芋塔，所需要的材料，店家早已為客人準備好了，大家需要做的，是把麵粉糰搓成塔皮，再放入美味可口的紅芋，然後自行烘焙，只要簡單步驟就能完成令人垂涎的紅芋塔了！能吃到自己親手製作的紅芋塔，別有一番滋味！（溫馨提醒：DIY體驗只有恩納店提供）

　📍 沖繩縣恩納村字瀨良垣100番地（御菓子御殿恩納店）📞 98-982-3388 🕐 9:00〜18:00 🚌 從那霸巴士總站坐120號公車在「瀨良垣」站下車，步行約5分鐘

官網　　　　　地圖

元祖海葡萄丼 元祖海ぶどう本店

　　海葡萄，聽起來像是水果，其實是一種水產，也是沖繩的名物，口感清爽而帶著海水的味道，是很多沖繩料理都會用到的食材，而這間店提供的就是以海葡萄為主要材料的海葡萄丼！海鮮丼在日本其他地方也能吃到，可這海葡萄丼卻是沖繩的限定，絕對要試試！這間店也是海葡萄丼的元祖店，人氣和口碑都是一流的呢！

　📍 沖繩縣國頭郡恩納村字恩納6092-1 📞 98-966-2588 🕐 11:00〜21:00，星期二休 🚌 從那霸巴士總站坐120號公車在「恩納村役場前」站下車，步行約11分鐘

官網　　　　　地圖

行程密技

關東

關西

沖繩

九州

四國

北海道

中部北陸

山陰山陽

東北

沖繩代表美食

　　因為沖繩獨特的地理位置和文化，這裡的特產跟日本其他地方截然不同，除了紅芋塔和海葡萄外，還有黑糖、苦瓜、熱帶水果、海鹽、泡盛等等，除了可以品嚐到當地特產製成的美食，像苦瓜料理、海葡萄丼、海鹽冰淇淋、鳳梨聖代等外，亦能購買各種特色伴手禮，如黑糖糖果、鳳梨糕點、海鹽金楚糕等非常有琉球風情的糕點！

名護：親子同樂之旅

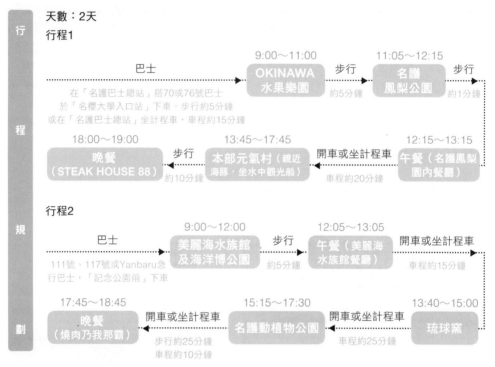

行程

天數：2天

行程1

巴士

在「名護巴士總站」搭70或76號巴士
於「名櫻大學入口站」下車，步行約5分鐘
或在「名護巴士總站」坐計程車，車程約15分鐘

9:00～11:00
OKINAWA 水果樂園

步行 約5分鐘

11:05～12:15
名護 鳳梨公園

步行 約1分鐘

18:00～19:00
晚餐（STEAK HOUSE 88）

步行 約10分鐘

13:45～17:45
本部元氣村（親近海豚，坐水中觀光船）

開車或坐計程車 車程約20分鐘

12:15～13:15
午餐（名護鳳梨園內餐廳）

規

行程2

巴士

111號、117號或Yanbaru急行巴士，「記念公園前」下車

9:00～12:00
美麗海水族館及海洋博公園

步行 約5分鐘

12:05～13:05
午餐（美麗海水族館餐廳）

開車或坐計程車 車程約15分鐘

17:45～18:45
晚餐（燒肉乃我那霸）

開車或坐計程車 步行約25分鐘 車程約10分鐘

15:15～17:30
名護動植物公園

開車或坐計程車 車程約25分鐘

13:40～15:00
琉球窯

劃

行程2
● 美麗海水族館及海洋博公園

STEAK HOUSE 88 ●
本部元氣村 ●

行程1
OKINAWA水果樂園 ● → ● 名護鳳梨園

琉球窯 ● → ● 名護動植物公園

● 燒肉乃我那霸

行程 1

熱帶水果吃到飽！OKINAWA水果樂園 OKINAWAフルーツらんど

　　沖繩的熱帶水果十分著名，想在果園體驗熱帶風情，然後把誘人的水果和水果產品全都帶回家？那就一定要來OKINAWA水果樂園玩玩！這裡除了有種植各種熱帶水果，更有雀鳥館和蝴蝶園，讓大家玩個夠！更可以買到多種用新鮮水果製成的美食和特產，把美味多汁的水果帶回家！

📍 沖繩縣名護市為又1220-71 📞 98-052-1568 🕙 10:00～17:00 💰 成人（高中生以上）1200日圓、4歲以上兒童600日圓 🚌 在「名護巴士總站」搭70或76號巴士，於「名櫻大學入口站」下車，步行約5分鐘；或在「名護巴士總站」坐計程車，車程約15分鐘

官網　　地圖

好吃鳳梨在這裡！名護鳳梨園

ナゴパイナップルパーク

　　沖繩是盛產熱帶水果的地方，可以在這裡找到很多充滿熱帶風情的果園，名護鳳梨公園就是其中一個。這裡以鳳梨為主題，可以參觀鳳梨酒和果汁的製造過程、試吃多個品種的鳳梨、購買用鳳梨製成的伴手禮，更可以坐在可愛的鳳梨號遊覽車遊園呢！地方雖然不大，但可以玩又能吃，是個值得一玩的公園。園裡還設有餐廳，除了能品嚐到沖繩麵、咖哩飯等美食外，更不要錯過這裡的招牌甜點：鳳梨聖代！新鮮的鳳梨用來製作成充滿特色的聖代，絕對是喜歡甜點和水果的朋友首選！

📍 沖繩縣名護市為又1195 📞 98-053-3659 🕙 平日10:00～17:00、星期六日和假日10:00～18:00 🚌 在「名護巴士總站」搭70或76號巴士，於「名櫻大學入口站」下車，步行約5分鐘；或在「名護巴士總站」坐計程車，車程約15分鐘

官網　　地圖

零距離親親海豚：本部元氣村

もとぶ元気村

　　來到沖繩這個以水上活動出名的地方，當然少不了親親海豚這特別體驗了。元氣村位於名護一帶，這裡除了提供多種水上活動，如水中觀光船、海上皮艇、空中滑板等，最受歡迎的活動就是親親海豚，分為親近海豚、和海豚同游、餵食海豚等幾種體驗，其中以與海豚同游最受歡迎。這裡還有一些文化體驗，如紅染教室、蠟燭製作等，可說是個集文化、水上活動、親親動物等各種元素於一身，包羅萬象的綜合性樂園！

📍 沖繩縣國頭郡本部町浜元410 📞 98-051-7878 🕙 8:00～18:00 🚌 從美麗海水族館開車或坐計程車約5分鐘

官網　　地圖

遊一次龍宮吧！水中觀光船

很多人都對海底的世界深深著迷，很想一訪這個充滿各種魚類和珊瑚的美麗龍宮，但卻又苦於自己不懂游泳，只要坐上這種水中觀光船，就可以不沾上半滴水，也能參觀迷人的海底世界！這種觀光船其實是種半潛艇，當船駛到珊瑚和魚類密集的地方，船艙就會沉下去，讓遊人可以透過窗戶看清楚四周的景色，好運的話甚至會見到有海洋生物在身邊游過呢！

📍 沖繩縣那霸市通堂町2-1 📞 98-886-0489 🕐 9:00～18:00 🚌 從美麗海水族館開車或坐計程車約5分鐘

官網　地圖

坐在水中觀光船中，即使不會游泳和潛水，也可以飽覽美麗的海底世界

STEAK HOUSE 88

來到沖繩，當然要試試這裡著名的石垣牛啦，但要嘗試石垣牛並不一定要去石垣島，在沖繩本島也有很多提供石垣牛的餐廳。STEAK HOUSE88在沖繩有很多分店，其中這間與國際通距離很近，而且更是石垣牛的專門店，這裡的牛肉都是從石垣的牧場直送，肉質非常鮮美。

📍 沖繩縣那霸市松尾2丁目5－12F 区ビル124 📞 98-943-8888 🕐 17:00～23:00（最後下單時間22:00） 🚌 從「美榮橋站」步行約10分鐘

官網　地圖

行程 2

好大的鯨鯊！美麗海水族館

美麗海水族館是沖繩最具代表，也最受歡迎的景點，除了跟其他水族館一樣，可以在龐大的水族箱裡看到游來游去的多種魚兒，讓遊人進入海底龍宮的世界外，這裡還有幾個特別的賣點：觸摸池可以讓大家碰觸海星、貝殼類等礁海生物；珊瑚世界展示了難得一見大規模的珊瑚王國；最讚和人氣最高的，當然是大型水族箱黑潮之海，就像一個大型的屏幕，多條魚類，包括大明星鯨鯊暢快的游來游去。每個參觀者在偌大廣闊的水族箱面前顯得十分渺小，令人嘆為觀止！

📍 沖繩縣國頭郡本部町石川424 📞 98-048-3748 🕐 一般期間8:30～18:30（最晚入館時間17:30），繁忙期間8:30～20:00（最晚入館時間19:00），12月的第一個星期三、四休 💰 成人2180日圓、高中生1440日圓、中小學生710日圓、6歲以下免費 🚌 111號、117或Yanbaru急行巴士，「紀念公園前」下車

1 和可愛的海龜打招呼！ 2 站在巨型的水族箱前，就如置身大海

官網　地圖

親手做一隻琉球風獅爺！琉球窯
シーサーパーク

　　風獅爺可説是沖繩最具代表的名物，據説只要放一對風獅爺就能招到好運。沖繩有多間提供風獅爺製作體驗的店舖，其中琉球窯等就是專門製作風獅爺的店。這裡提供各種的體驗，從最簡單的彩繪上色，到工序較多的全套風獅爺製作都有，適合不同喜好的朋友，所需時間約40～60分鐘，作品可即日取回，很方便好玩！

📍 國頭郡今牧人村在海灘咖啡館2樓 📞 98-056-4561 🕐 10:00～18:00 🚌 在「名護巴士總站」下車後，坐計程車約5分鐘

官網

地圖

卡哇伊！是可愛的水豚！
名護動植物公園 NEO PARK OKINAWA

　　呆萌又親切友善的水豚，早已成為全日本最受歡迎的動物之一，在日本不少花鳥園和動物王國，都能見到牠的身影。而來到沖繩這個以天然和動物為主的地方，當然也少不了這位動物大明星！在名護的動植物公園可以一睹水豚的風采。這裡更設有小動物零距離互動專區，和小狗、水豬、象龜等動物親近玩耍，讓孩子學習懂得珍惜生命的重要。

📍 沖繩縣名護市名護4607-41 📞 98-052-6348 🕐 9:00～17:30 💴 成人1200日圓、4歲至小學生600日圓 🚌 從名護巴士總站坐65或67號公車在「大北」站下車，步行約15分鐘

官網

地圖

燒肉乃我那霸

　　來到沖繩又怎能不試試著名的石垣牛？沖繩有很多間可以吃到石垣牛的餐廳，這間是人氣很高的其中一間，提供的都是優質的肉類，可按預算選擇不同等級的石垣牛；也可選擇沖繩的另一名物：阿古豬，一次品嚐沖繩最著名的兩種肉類；還能選擇較便宜的雞肉和其他和牛，不管預算多少，都可大快朵頤！

📍 沖繩縣名護市宮里1410-12F 📞 0980-43-5369 🕐 17:00～23:00（22:00最後下單），星期一休息 🚌 從名護巴士總站步行約20分鐘，或坐計程車約5分鐘

官網

地圖

沖繩主題樂園之旅

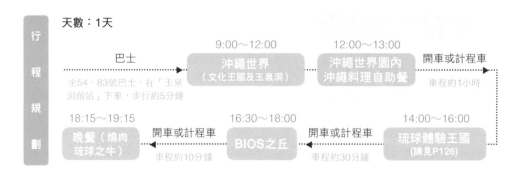

行程規劃

天數：1天

巴士　坐54、83號巴士，在「玉泉洞前站」下車，步行約5分鐘

9:00～12:00
沖繩世界
（文化王國及玉泉洞）

12:00～13:00
沖繩世界園內沖繩料理自助餐

開車或計程車　車程約1小時

18:15～19:15
晚餐（燒肉琉球之牛）

開車或計程車　車程約10分鐘

16:30～18:00
BIOS之丘

開車或計程車　車程約30分鐘

14:00～16:00
琉球體驗王國
（請見P126）

沖繩世界（文化王國及玉泉洞）
Okinawa World

　　沖繩世界可説是琉球王國的縮影，這個主題樂園分為文化王國及玉泉洞兩大景區。文化王國以琉球的古民宅為主題，可以欣賞太鼓表演，參與製紙、紅型（一種特別的染布方式）、藍染等文化體驗。玉泉洞則是沖繩著名的鐘乳石洞，美麗的鐘乳石，再配上色彩繽紛的燈光，更顯迷人。玩累了，還可以到園內的餐廳用餐，提供以沖繩料理為主的自助餐，採用的都是在地的新鮮食材，可享受豐富又有傳統風味的餐點。

📍 南城市玉城字前川1336　📞 98-949-7421　🕐 9:00～17:30（最晚入園16:00）　💴 成人2000日圓、兒童1000日圓　🚌 搭54、83號巴士，在「玉泉洞站」前下車

官網

地圖

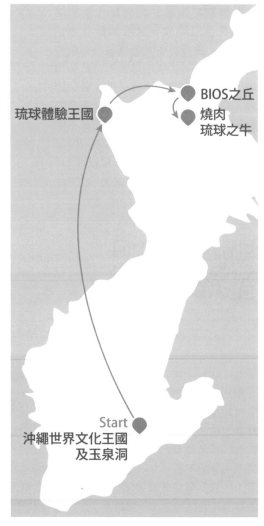

BIOS之丘

燒肉琉球之牛

琉球體驗王國

Start
沖繩世界文化王國及玉泉洞

BIOS之丘 ビオスの丘

在沖繩可以盡情和大自然親近，更能寓學習於玩樂，懂得人類該如何和大自然共處。在BIOS之丘農場，可以體驗最原始、最自然的生活，坐水牛車、划獨木舟、溜山羊；在亞熱帶森林中感受大自然的氣息。孩子固然玩得高興，大人置身其中，也能遠離塵囂，煩惱盡消！

📍沖繩縣うるま市石川嘉手苅961-30 📞98-965-3400 🕐9:00～18:00（星期三休）💴成人1800日圓、4歲以上及小學生900日圓 🚌從「那霸巴士總站」搭乘111號或117號高速巴士，於「石川インター」下車後轉搭計程車約15分鐘

官網　　　　　地圖

行程
密技

關東

關西

沖繩

九州

四國

北海道

中部
北陸

山陰
山陽

東北

燒肉琉球之牛 燒肉琉球の牛

來到沖繩，不盡情飽餐石垣牛，實在太對不起自己了！在沖繩的燒肉店中，燒肉琉球之牛名氣相當大！提供各種不同的牛排套餐，套餐大約4000～5000日圓左右，單項約2000～4000日圓，可選特選或頂級的牛肉，也能挑選不同的部位。除了牛肉和各種牛內臟外，還提供了阿古豬，可享用一頓令人垂涎的燒肉大餐！

📍沖繩縣那霸市牧志3-2-3 3F 📞098-987-6150 🕐17:00～22:30（最後點餐21:40）🚌從美榮橋站步行約8分鐘

官網　　　　　地圖

石垣牛

日本很多地方都有其特色和牛，而來到沖繩一定要試試這裡的名物：石垣牛！石垣牛是一種黑毛和牛品種，肉質鮮美，油脂分配適中。沖繩有很多提供石垣牛的店，不一定要在石垣島才能吃到。石垣牛分為五級：一、二、三級為銘產，四及五級為特選，特選牛較優質，但也會較貴。

沖繩有什麼是日本本島沒有的獨特文化？

因為受到古代琉球文化、中國文化和進駐美軍的文化影響，沖繩可說是全日本最不像日本的地方，這裡的文化也跟日本大不相同！

List1 飲食文化

沖繩的飲食文化跟日本很多地方都大不同，雖然都有和牛、壽司等食物，但也有很多獨特的食物和飲料，如苦瓜、海葡萄、黑糖、泡盛等，在沖繩這些食材常會用於料理當中，泡製出如苦瓜炒蛋、海葡萄丼等美食。

List2 沒有JR？

JR的覆蓋面很廣，差不多在日本的每個角落都有，唯獨在沖繩，是全國沒有JR的縣。但那霸市內有單軌電車行駛，而且全日本最西和最南的車站都在沖繩呢！

List3 是日本？還是美國？

因為受進駐的美軍影響，在沖繩可以找到很多美式的衣服用品，還有不少酒吧，充滿了美國文化特色。

List4 首里城像中國建築？

的確，與其說首里城是日式建築，不如說是中國建築，那樓閣的設計，跟中國的建築藝術真的如出一轍，如果不告訴你，可能還會以為首里城是在中國呢！

List5 沖繩的風獅爺為什麼一隻開口，一隻閉口？

在沖繩遊玩時有沒有留意到處都是風獅爺（SHISA）的身影呢？它可是沖繩的名物，而且還大有來頭的喔！在琉球文化裡，獅子有防火鎮災的作用，但從前只有貴族和富有人家才可以在屋頂裝上獅子，在明治廢除藩縣後，一般百姓的家也能裝上獅子了。

如果細心留意的話，會發現風獅爺總是一對對出現，而且一隻是開口，一隻是閉口的。閉口的是雌性，閉口是為了守住好的東西；而開口的是雄性，開口是為了嚇走不好的東西，真的很有趣！

沖繩有什麼特色水上活動？

　　沖繩是水上活動的天堂，在這裡可以玩到很多在日本其他地方玩不到的水上活動，有刺激的，也有較靜態的，總有一項會適合你！

List1 獨木舟

　　獨木舟在很多地方都有，沖繩的有什麼特別？在沖繩，可以在很有趣的地方進行獨木舟體驗，例如洞窟瀑布、森林、紅樹林、看夕陽等，景色優美，有的有探險色彩，有的又醉人浪漫，在不同的氛圍下泛舟，別有一番風味！

獨木舟

List2 衝浪

　　在浩瀚的海洋中衝浪，刺激好玩的快感，是很多喜愛水上活動的人所追求的，來到沖繩這座擁有廣闊大海的美麗小島，在迷人的真榮田岬海灘衝浪，一邊乘風破浪，一邊欣賞美景，真是一大快事！

衝浪

List3 水中觀光船

　　這最適合不會潛水、游泳，或不想弄濕身體，但又想欣賞水底世界的朋友。當船行駛到魚類和珊瑚最集中的地方時，觀光船的船艙會下沉，就可透過窗戶看到美麗的海底世界！

水中觀光船

List4 SUP立式滑槳

　　近年來最人氣的水上活動，特色是站在滑板上，邊划槳邊欣賞沖繩的無敵美景，還可以跟水中的魚兒和珊瑚群SAY HELLO呢！

SUP立式滑槳

List5 海上拖曳傘／滑翔傘

　　喜歡玩滑翔傘時那種乘風飛舞的感覺，又喜歡無邊大海的自由國度？這項結合兩種元素為一的海上滑翔傘就最適合你了！還有海上拖曳傘、香蕉船、水上摩托車可以選擇，真是豐富又好玩！

海上拖曳傘／
滑翔傘

List6 釣魚

　　如果不喜歡太刺激的水上活動，也可選擇靜態一點的釣魚，坐著包船悠揚出海，一家人一起享受在海中垂釣的樂趣！

釣魚

大自然樂遊

九州、四國、北海道

如果不想只局限在城市裡遊玩，想投進大自然的懷抱，享受遠離塵囂的悠閒氛圍，九州、四國和北海道都是絕佳的選擇。九州和四國的公共交通較為方便，很多地方都有JR或市內交通工具到達；而北海道則較適合自駕。除了親近動物，享受踏青之樂外，九州的主題列車、北海道的祭典、四國的自然奇觀都十分吸引人！想衝出東京和大阪，進一步探索日本，絕對不能錯過！

九州
高CP值路線全規劃

到九州旅行，應該以什麼交通工具為主？

　　九州共有七個縣，都可以用JR到達，就算是從博多去最南的鹿兒島，坐新幹線也只要2小時，可說是十分方便。在安排行程時，來往各縣的交通可以JR為主，而當到達了某一個市後，便可利用市內的交通工具移動。例如想從博多去熊本城，需要先坐JR，到達熊本後，再利用市內電車，前往熊本城；又例如想從熊本去別府八獄，可以先坐JR從熊本去別府，再坐當地的巴士前往別府八獄。至於福岡市內，則可以選擇乘坐地鐵。

　　總括而言，在距離較遠的縣與縣之間，利用JR移動，到達一個城或鎮後，可以先利用GOOGLE MAP看看景點之間的距離，再決定是徒步前往或乘坐市內的大眾交通工具。

城市或地區	市內交通	可延伸地區	
福岡	地鐵 巴士	• 前往門司港（新幹線及JR） • 前往小倉（新幹線及JR） • 前往太宰府（西鐵巴士） • 前往柳川（西鐵巴士）	福岡地鐵　　福岡西鐵巴士
熊本	市電	• 前往阿蘇（坐JR到阿蘇站，轉乘產交巴士的阿蘇火口線，在阿蘇山上終點站下車）	
大分	巴士	• 前往由布院（JR） • 前往別府（JR）	
長崎	市電	• 前往豪斯登堡（JR）	
佐賀	巴士	• 前往有田（巴士）	
宮崎	巴士	• 前往高千穗（巴士）	
鹿兒島	市電	• 前往指宿（JR、巴士） • 前往屋久島（渡輪） • 前往櫻島（渡輪及觀光周遊巴士） • 前往霧島（JR）	

規劃九州旅行，有什麼事項需要特別注意？

在規劃行程時，先研究當地的地圖是非常重要的，看看九州的地圖，不難發現九州的形狀成長形，福岡、小倉、門司港位於北九州；西北方是長崎和佐賀，中部有熊本，南部是鹿兒島，東部則是宮崎或大分，所以，無論是想玩全九州、北九州或是南九州，順時針或逆時針方向玩法都十分適合！

在規劃九州旅行時，有幾點是需要注意的：

決定以哪個區域為主

因為九州地方很大，一次並不能完全遊遍，所以在規劃行程前，需要決定以哪個地區為主。通常初到九州的遊人都會選擇北九州，即福岡、門司港、柳川、太宰府、熊本一帶。曾到過北九州的人會嘗試南九州，即鹿兒島、宮崎等。如有充裕時間，那麼除了北九州和南九州外，再加上大分（別府、由布院）、長崎及佐世保、佐賀（伊萬里和有田）等地方。

配合一日遊行程

因為九州一些地方如高千穗、阿蘇等地的大眾交通不太方便，若不是採取自駕的話，可以靈活配合旅行社的一日遊，暢玩這些交通不便的景點，而交通方便的景點則以大眾交通連接，那麼即使不用自駕，也可以輕鬆遊遍九州了。

九州一日遊

決定遊玩的區域，購買適合的機票

若想玩北九州的話，建議選擇飛往福岡的航班，南九州的話則是鹿兒島；如果行程橫跨整個九州，若能買到機票，可以選擇福岡入，鹿兒島出（或相反方向），若不能買到機票也沒關係，只要以福岡為起點，繞圈一站一站的玩，最後回到福岡就可以了。

機場到市區的交通

福岡機場距離市中心很近，可坐地鐵前往福岡市中心，也可坐巴士前往九州其他地方：

目的地	交通方式	票價	所需時間	
博多站、天神、中州	地鐵	260日圓	約5～10分鐘	
博多站、天神	西鐵巴士	270日圓（博多）、360日圓（天神）	約15～20分鐘	
別府、由布院、黑川溫泉、小倉、佐賀、熊本等	高速巴士	因應目的地票價不同	因應目的地時間不同	

區分福岡和博多

福岡的JR站不是叫「福岡站」，而是「博多站」，在JR官網上查詢時千萬不要搞錯喔！

利用特色火車

九州有很多特色觀光火車可以多加利用，例如由布院之森、指宿玉手箱、阿蘇的阿蘇男孩號等，可以把這些排進行程裡，令旅途更多姿多彩！（相關特色火車資訊請見P171）

善用市內交通工具

很多JR站都跟景點有一段距離，因此建議以JR搭配其他交通工具前往。例如熊本的主要景點都在上、下通一帶，跟熊本JR站是有段距離的，可以坐市內電車前往。

去九州旅行，應該買交通票券嗎？
買哪些交通票券較為划算？

因為九州的地方很大，從一個縣坐車到另一個縣的車程和車費都很可觀，所以買交通票券是划算的，但到底要買什麼交通票券？買了之後要如何使用呢？

在購買票券前，需要先清楚自己主要玩九州什麼地區為主。多數初到九州遊玩的人都會以玩北九州為主，而再次到九州遊玩的會試試南九州，至於時間很充裕的才會玩全九州。九州的三種票券是以地區劃分的，分別是北九州JR PASS、南九州JR PASS、全九州JR PASS，只要針對自己要玩的地區購買即可。

九州JR PASS

北九州JR PASS

| 3日券 成人10000日圓、兒童5000日圓 |
| 5日券 成人14000日圓、兒童7000日圓 |

使用範圍
博多、小倉、門司、熊本、阿蘇、豪斯登堡、由布院、別府等

基本上，如果會從博多去一個距離較遠的縣，如長崎（約5520日圓）、熊本（約4700日圓）等，來回的話，買一張3天的JR PASS已是賺到了。如果買3天的PASS，可以這樣安排：

Day 1 博多往熊本（熊本市內遊玩，車費約4700日圓）

Day 2 熊本往阿蘇（阿蘇火山，車費約3760日圓）

Day 3 熊本回博多（車費約4700日圓）

○可兌換/購買的車站

下關
門司港
小倉

博多
鳥棲
新鳥棲　光岡　日田
佐世保　佐賀　久留米　　別府
早岐　　　　　　　由布院　大分
豪斯登堡　肥後大津　阿蘇　　豐後竹田
　　　　　　　宮地
長崎　　　　熊本

能節省的車費是：
（4700+3760+4700）-
10000 = 3160日圓

如果選擇去兩個比較遠的地方，如博多往豪斯登堡＋博多往長崎，又或者可以選擇即日來回別府及由布院，就可以買5天票，同樣道理，把所有車程加起來，若是比JR PASS的票價貴的話，就是賺到了。

3日券 成人8000日圓、兒童4000日圓	使用範圍 熊本、霧島神宮、鹿兒島、指宿、宮崎等

　　如果選擇來往熊本和鹿兒島，然後再從鹿兒島前往霧島、指宿等地，可以購買南九州的3天PASS，旅程可以這樣安排：

Day 1 從熊本往鹿兒島（6540日圓）

Day 2 早上前往指宿（來回共2040日圓），下午前往霧島（來回共3100日圓）

Day 3 早上在鹿兒島市內遊玩，黃昏回到熊本（6540日圓）

能節省的車費是：

（6540+2040+3100+6540）- 8000 = 10220日圓

○ 可兌換/購買的車站

3日券 成人17000日圓、兒童8500日圓	5日券 成人18500日圓、兒童9250日圓
7日券 成人20000日圓、兒童10000日圓	使用範圍 整個九州

　　如果使用全九州的PASS，可以安排從福岡、熊本、指宿、霧島、鹿兒島、宮崎，最後回到福岡，把前往最遠地方的車程安排在5天內。

Day 1 從福岡往熊本（4700日圓）

Day 2 熊本往鹿兒島（6540日圓）

Day 3 早上指宿（來回共2040日圓），下午霧島（來回共3100日圓）

Day 4 早上鹿兒島市內，黃昏到宮崎（4330日圓）

Day 5 整天宮崎，黃昏回福岡（13670日圓）

能節省的車費是：

（4700+6540+2040+3100+4330+13670）-18500 = 15880日圓

由此可見，只要安排的巧妙一點，買九州JR PASS能節省的錢真的不少呢！

○ 可兌換/購買的車站

我該選擇在哪裡住宿？

熊本及長崎

　　這需要取決於你是自駕還是坐JR，若是坐JR，當然是住「熊本站」及「長崎站」附近最好，但因為熊本和長崎的景點和市中心都不在JR站附近，若是自駕的話，可以選擇在上、下通（熊本）及大浦天主堂周邊（長崎）住宿。

別府和由布院

　　需要取決於你是否想在溫泉旅館住宿，別府和由布院的JR站周邊都是普通的旅館，要在溫泉飯店住宿的話，需要前往溫泉區。從「別府站」前往溫泉區需要坐巴士，從「由布院站」到溫泉區需要徒步約25分鐘。

鹿兒島

　　可以選擇在JR「鹿兒島中央站」附近住宿，交通較方便。

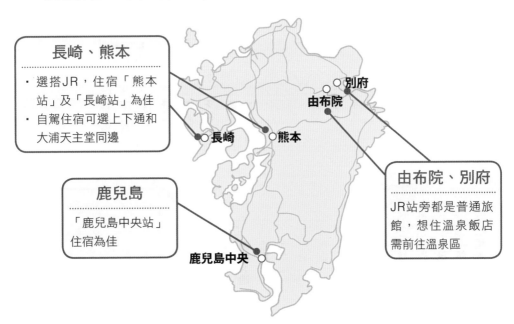

長崎、熊本

· 選搭JR，住宿「熊本站」及「長崎站」為佳
· 自駕住宿可選上下通和大浦天主堂同邊

鹿兒島

「鹿兒島中央站」住宿為佳

由布院、別府

JR站旁都是普通旅館，想住溫泉飯店需前往溫泉區

別府
由布院
長崎
熊本
鹿兒島中央

　　博多站：如果打算從福岡自駕或坐大眾交通工具到九州的其他地方遊玩，博多車站周邊一定是首選，因為在這裡可以坐到通往各地的JR、前往鹿兒島的新幹線、租車公司十分集中，火車站裡餐廳和商店也很多，吃的買的都不難解決，旁邊還有地鐵站和巴士站，可以前往福岡市內其他地方，絕對是交通最方便之選！

　　天神站：若是坐JR的話，不及博多站方便，但天神有西鐵天神高速巴士總站，可坐巴士前往九州各地，同時天神的商店和餐廳，都比博多站多很多，所以若不是以坐JR為主，天神也是不錯的選擇。

MAP　福岡市內地鐵路線圖

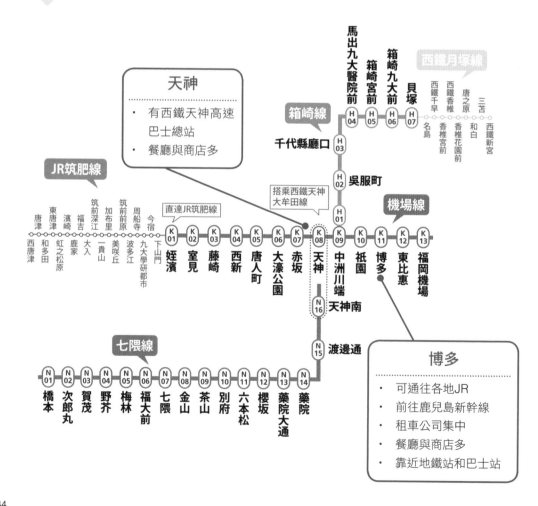

我該如何規劃行程？

大眾交通行程

　　九州的火車十分方便，所以即使使用大眾交通遊玩也沒有問題。如果選用大眾交通，首先要決定集中遊玩的區域：全九州、北九州、南九州，然後選定住宿中心城市，搜尋該城市市內的景點，然後再考量該城市可以延伸的景點，採取放射式的玩法規劃行程。

北九州

可以熊本和福岡作為住宿點，然後安排周邊的景點，再用順路的方式排列好，如下圖：

福岡

市內景點
1. 福岡塔
2. 天神商業區
3. 中州屋台
4. 博多運河城
5. 博多站周邊

延伸景點
● 小倉
1. 太空世界及水豚樂園
2. 門司港
3. 九州鐵道博物館

● 別府及由布院
1. 別府八獄
2. 由布院溫泉街

3. 金鱗湖
4. 自動車博物館
5. 泡溫泉

● 太宰府
1. 天滿宮
2. 天滿宮參道

熊本

市內景點
1. 熊本城
2. 櫻之馬場城彩苑
3. KUMAMON SQUARE
4. 鶴屋百貨
5. 上、下通町筋

延伸景點
● 阿蘇
1. 草千里
2. 阿蘇火山
3. ASO LAND
4. 猿猴劇場
5. 黑川溫泉

南九州

以鹿兒島和宮崎作為住宿點，安排周邊的景點，再用順路的方式排列好，如下圖：

鹿兒島

市內景點
1. 天文館通
2. 城山展望台
3. 照國神社
4. 鹿兒島水族館
5. 仙巖園

延伸景點
● 霧島
1. 工藝玻璃館
2. 霧島神宮
● 櫻島
1. 櫻島火山
2. 月讀神社
● 指宿
1. 鹿兒島花卉公園
2. 砂蒸會館
3. 池田湖

宮崎

市內景點
1. 鬼之洗濯板
2. 青島神社

延伸景點
● 高千穗
1. 知高千穗峽
2. 天岩戶神社
3. 高千穗神社
● 日南
1. SUN MESSE 日南
2. 志布志大黑海豚樂園

全九州

可以把北九州和南九州的行程合併在一起，採用順時針或逆時針的方向玩，例如：

Day 1 ▶ 抵達福岡，坐JR到熊本，宿熊本

Day 2 ▶ 熊本市內、阿蘇，宿阿蘇

Day 3 ▶ 前往鹿兒島，鹿兒島市內、櫻島，宿鹿兒島

Day 4 ▶ 早上指宿，下午霧島，宿鹿兒島

Day 5 ▶ 整天在宮崎遊玩，黃昏坐車到大分，宿大分

Day 6 ▶ 早上別府，下午由布院，黃昏回福岡，宿福岡

Day 7 ▶ 整天在福岡遊玩，宿福岡

Day 8 ▶ 回國

自駕行程

租車網站

樂天租車

景點的選擇方面，可參考P145的圖表。因為九州地形較長，可以在福岡租車還車，然後採用順時針或逆時針的方式遊玩：

北九州行程

這個行程以北九州為主，主要地區包括了福岡、阿蘇、熊本、長崎、小倉及門司港，很適合第一次到九州遊玩的遊人。旅遊元素包括了：血拚購物（福岡）、自然風光（阿蘇）、拜訪熊本熊（熊本）、主題樂園（長崎）、異國風情體驗及博物館（門司港）。因為景點都集中在北九州，節省不少交通時間，同時也已包含了九州遊玩的主要精華，絕對是入門路線的最佳選擇！

Day 1 ▶ 到達福岡，宿福岡

Day 2 ▶ 在福岡取車，前往由布院及別府，在兩者之中選擇住宿點，入住溫泉酒店

Day 3 ▶ 前往阿蘇，再往熊本，宿熊本

Day 4 ▶ 前往長崎，整天在長崎遊玩，宿長崎

Day 5 ▶ 整天在豪斯登堡遊玩，黃昏到佐賀住宿

Day 6 ▶ 前往小倉及門司港，黃昏回福岡還車，宿福岡

Day 7 ▶ 整天在福岡市內遊玩

Day 8 ▶ 回國

南九州行程

　南九州的行程通常以宮崎及鹿兒島為主，再配合位於九州中部的熊本。旅遊元素多彩，包括：著名神社（霧島）、特色砂浴（指宿）、火山奇觀（櫻島）、山峽風光（宮崎高千穗）、南國風情（宮崎），亦可配合熊本的阿蘇火山、黑川溫泉、天海觀海豚等活動。

Day 1	到達鹿兒島，在鹿兒島市內遊玩，宿鹿兒島
Day 2	在鹿兒島取車，前往宮崎，宿宮崎
Day 3	鬼之洗濯板及青島神社、日南SUN MESSE
Day 4	前往阿蘇，再往熊本，宿熊本
Day 5	整天在熊本，黃昏往鹿兒島，在鹿兒島還車，宿鹿兒島
Day 6	上午前往霧島，下午前往指宿，剩下時間可在鹿兒島市內閒逛
Day 7	回國

全九州行程

　從福岡開始，先前往南九州遊玩，以鹿兒島和宮崎為主，然後回到熊本，遊玩熊本市內景點，再前往長崎，可以在長崎市內感受充滿異國風情的建築，或到豪斯登堡主題樂園體驗濃厚的荷蘭風情，在回國前一天回到福岡。

Day 1	到達福岡
Day 2	在福岡取車，前往由布院及別府，在兩者之中選擇住宿點，入住溫泉酒店
Day 3	前往宮崎，在宮崎市內及周邊遊玩，宿宮崎
Day 4	前往鹿兒島，在市內及周邊遊玩，宿鹿兒島
Day 5	前往熊本，在市內及周邊遊玩，宿熊本
Day 6	前往長崎，在市內遊玩，宿長崎
Day 7	整天在豪斯登堡遊玩，黃昏回福岡還車，宿福岡
Day 8	整天在福岡遊玩，宿福岡
Day 9	回國

148

天數較短的行程

因為九州地方較大，若旅行的天數有限，適合只集中在兩個縣玩，並以一至兩個城市為中心，作一次小規模的北九州或南九州旅行，想環繞九州一圈的話，可以留待下次有較長假期的時間。

北九州5天行程　　以福岡為中心和住宿點

如果時間有限，只想針對九州的精華部份遊玩，這個行程將會很適合，因為以福岡、熊本、小倉、門司港為主，這幾個地方的距離較近，交通時間不太長，較適合天數較短的行程。福岡是九州最大的城市，是進出九州的必經地方，也是美食和血拚地點最集中的地帶。熊本市內有熊本城、熊本熊辦公室等著名景點，而門司港則有鐵道博物館和充滿異國風情的建築。雖然天數較短，但已網羅了最精華的部份了！

Day 1　到達福岡，在福岡市內遊玩，宿福岡

Day 2　一日來回，前往別府及由布院，宿福岡

Day 3　一日來回，前往熊本，宿福岡

Day 4　一日來回，前往小倉及門司港，宿福岡

Day 5　回國

南九州5天行程　　以鹿兒島為中心和住宿點

除了北九州，也可以選擇安排5天的南九州行程。乘坐直飛鹿兒島的航班，到達後爭取時間在鹿兒島市內遊玩，之後再前往霧島、指宿、櫻島等。玩完鹿兒島後向宮崎出發，以宮崎市及日南為主。雖然只有短短5天，已經玩遍了南九州的精華了！

Day 1　到達鹿兒島，在鹿兒島市內遊玩，宿鹿兒島

Day 2　早上指宿，下午霧島，宿鹿兒島

Day 3　上午櫻島，下午鹿兒島市內，宿鹿兒島

Day 4　一日來回日南及宮崎，宿鹿兒島

Day 5　回國

天數較長的行程

若是旅行的天數較長，可以進行較深度的北九州遊，或是環繞九州一圈，進行一次全九州遊。

北九州8天行程

若是自駕的話，可以福岡、熊本及長崎為住宿點，若使用大眾交通工具的話，可以福岡和熊本作住宿點。

北九州除了福岡及熊本以外，還有不少好玩的地方。如果時間較充裕，很建議加上別府、由布院和長崎。別府的別府八獄風情獨特，也可享用別府蒸這種別府限定的美食；由布院則是多年來被日本人票選為最佳的溫泉鄉，溫泉街氣氛悠閒，可愛的小店林立，金鱗湖景色美不勝收，除了可即日來回外，也可以考慮在溫泉飯店住宿一晚，好好享受著名的由布院溫泉；而長崎除了有主題樂園豪斯登堡外，稻佐山夜景也十分漂亮，如在長崎住宿，非常推薦在晚上前往觀賞。

Day 1	到達福岡，前往熊本，宿熊本
Day 2	熊本市內，宿熊本
Day 3	阿蘇，宿熊本
Day 4	別府及由布院，宿別府或由布院
Day 5	前往長崎，宿長崎
Day 6	整天豪斯登堡，黃昏回福岡，宿福岡
Day 7	福岡市內
Day 8	回國

全九州10天行程

　　這個行程由北九州玩至南九州，把整個九州最受歡迎的幾個地區都玩遍了：福岡、柳川及太宰府、熊本、鹿兒島、宮崎及高千穗、別府及由布院。因為從南至北貫穿了整個九州，需要的交通時間不少，而且去的地方較為分散，所以需要的天數也較多。若想安排這個行程，至少需要10天的時間。當然，如有十幾天的話，更可延伸到更多部份，如熊本可延伸至天草、阿蘇，鹿兒島可延伸至櫻島，把一些較次熱門的景點也包括在內。

❾門司港

福岡❶

由布院●❼別府

柳川及❽
太宰府

❸阿蘇

熊本❷

❻高千穗

鬼之洗濯板、
青島神社
❺

鹿兒島❹　　●日南
　　　　　SUN MESSE

指宿●

Day 1	到達福岡，前往熊本，宿熊本
Day 2	熊本市內，宿熊本
Day 3	阿蘇，前往鹿兒島，宿鹿兒島
Day 4	鹿兒島市及指宿，宿鹿兒島
Day 5	鬼之洗濯板、青島神社及日南 SUN MESSE，宿鹿兒島
Day 6	高千穗，前往別府及由布院，宿由布院或別府
Day 7	整天在別府及由布院，宿由布院或別府
Day 8	回到福岡，再前往柳川及太宰府，宿福岡
Day 9	早上門司港，下午福岡市內，宿福岡
Day 10	回國

九州必去的7大黃金行程

九州鐵道博物館

門司港

福岡縣

博多運河城
中州屋台
福岡塔

天滿宮

佐賀縣

佐賀

金鱗湖　　別府

黑川溫泉　由布院　　大分

豪斯登堡

大分縣

長崎縣

阿蘇山岳火山口
草千里

熊本城

東山手洋風
住宅群

哥拉巴園

高千穗峽
天岩戶神社
高千穗神社

熊本縣

宮崎縣

霧島神宮

鬼之洗濯板
青島神社

城山展望台

照國神社
鹿兒島水族館

SUN MESSE 日南

櫻島火山
月讀神社

鹿兒島縣

池田湖

九州JR PASS

福岡縣

福岡、門司港：特色博物館之旅

行程規劃

天數：1天

JR新幹線こだま+JR鹿兒島本線
從「博多站」前往，坐JR新幹線こだま前往小倉
在「小倉站」轉乘JR鹿兒島本線，
於「門司港站」下車

9:00～10:00 門司港閒逛 → 步行 約10分鐘 → 10:15～11:45 九州鐵道紀念館

JR鹿兒島本線+地鐵空港線
坐JR鹿兒島本線前往「小倉站」，轉乘JR新幹線
こだま回到「博多站」，車程約40分鐘
從「博多站」轉地鐵空港線往「天神站」，車程約5分鐘

12:00～13:00 午餐（BEAR FRUITS 起司咖哩） ← 步行 約10分鐘

14:00～16:00 天神地下街 → 地鐵空港線「博多站」下車，車程約5分鐘 出站後步行約15分鐘 → 16:30～18:00 博多運河城 → 步行 約10分鐘 → 18:15～19:15 晚餐（中洲屋台）

Start
門司港
九州鐵道紀念館
BEAR FRUITS

中洲屋台
天神地下街
博多運河城

感受歐洲風情：門司港閒逛

門司港兩岸的建築充滿了歐洲風格

🚋 JR「門司港站」下車

地圖

門司港是位於北九州的著名海港，這裡的建築物都充滿著西方風情，除了JR門司港站外，很多建築物都很特別，例如國際友好紀念圖書館、門司港舊三井俱樂部等，都是非常值得拍照的地方。此外，還可以到音樂藍橋參觀，這條橋當遇到有船通行時就會升高，平時則會放下讓人們使用，十分有趣。另外，當然也不可錯過門司港的名物：起司咖哩，還有琳琅滿目的香蕉菓子！

登上各種火車！九州鐵道紀念館

九州鉄道記念館

　　日本的鐵道事業發達，火車在人們的生活中有著舉足輕重的位置，也造就了不少因為被火車深深吸引的鐵道迷，還有以展示火車為主的博物館，位於門司港的九州鐵道紀念館就是其中之一。不但可以在這裡找到很多真實的火車，了解多種跟火車有關的資訊，更能一嘗親自駕駛模擬火車的滋味，小朋友更能駕著真實的小火車，在花園的軌道上穿梭，還有登上真正的車長駕駛室，拍下英姿颯颯的照片！

📍 福岡縣北九州市門司港區清滝2丁目3-29 📞 093-322-1006 🕐 9:00～17:00，每月第二個星期三（8月除外）、7月第二個星期三及四休息 💴 成人300日圓，中學生以下150日圓，4歲以下兒童免費 🚌 從JR「門司港站」步行約5分鐘

官網　　　　地圖

1 博物館展示很多和火車相關的展品，如車票、火車便當、模型等 **2** 一輛已退役的火車停在博物館的展室內，叫人大開眼界 **3** 車長室 **4** 列車內部

BEAR FRUITS

　　來到門司港，一定要試試這裡的名物：烤咖哩，濃厚的起司，配合香噴噴的咖哩，別具風味。門司港有多間提供烤咖哩的店，其中這間BEAR FRUITS是人氣店，食物美味，價錢也合理，值得一試！

官網　　　　地圖

📍 福岡縣北九州市門司區西海岸1-4-7 門司港センタービル 1F 📞 093-321-3729 🕐 星期日至四11:00～21:00；星期五六、節假日前一天：11:00～22:00 🚌 從JR「門司港站」步行約5分鐘

天神地下街

天神是福岡最熱鬧的地區，這裡既是交通樞紐，亦是很受歡迎的購物中心，其中不可不逛的當然是天神地下街。這裡環境明亮，通道寬敞，店舖林立，逛起來十分舒服寫意，想找的衣飾鞋襪，精品雜貨都一應俱全。整個地下街四通八達，面積又大，要是慢慢逛，逛兩三個小時也不是問題呢！

🚇 地鐵「天神站」下車，地下街就在地鐵站旁

官網　　　　地圖

應有盡有的血拚天堂：博多運河城
CANAL CITY HAKATA

博多運河城是福岡最著名的購物中心，位於JR博多站附近。這裡可説是集合吃喝玩樂於一身，包括商店、餐廳、音樂廳、電影院、劇場等，當中有不少名店，如UNIQLO、ABC MART等，餐廳更高達250間！來到這個包羅萬象的購物中心保證逛很久！

📍 福岡縣福岡市博多區住吉1-2 ☎ 092-282-2525 🕐 10:00～21:00（商店）、11:00～23:00（餐廳）🚌 從JR「博多站」步行約10分鐘

官網　　　　地圖

中洲屋台

屋台文化在日本非常盛行，所謂屋台其實就是一些小攤販，顧客可以一邊品嚐美食，一邊看著老板製作，還可能和老板及其他客人聊天，十分熱鬧。福岡中洲一帶是屋台的集中地，一間接一間，主要提供煎餃、明太子玉子卷、拉麵等食物，不妨到這兒享用晚餐，感受當地人的獨特飲食文化！

📍 福岡縣福岡市博多區中洲1丁目8（福岡市博多區中洲那珂川通り）🕐 黃昏至深夜 🚇 在地下鐵「中洲川端站」下車，徒步約8分鐘

地圖

長崎：外國風情之旅

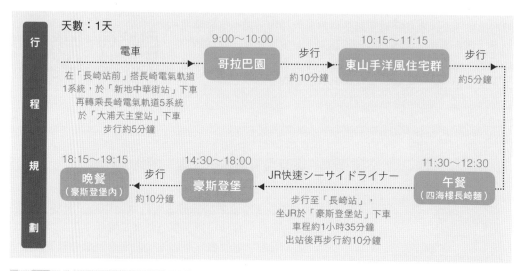

行程規劃

天數：1天

電車
在「長崎站前」搭長崎電氣軌道1系統，於「新地中華街站」下車 再轉乘長崎電氣軌道5系統 於「大浦天主堂站」下車 步行約5分鐘

9:00～10:00
哥拉巴園

步行 約10分鐘

10:15～11:15
東山手洋風住宅群

步行 約5分鐘

18:15～19:15
晚餐
（豪斯登堡內）

步行 約10分鐘

14:30～18:00
豪斯登堡

JR快速シーサイドライナー
步行至「長崎站」，坐JR於「豪斯登堡站」下車 車程約1小時35分鐘 出站後再步行約10分鐘

11:30～12:30
午餐
（四海樓長崎麵）

豪斯登堡

四海樓長崎麵

東山手 洋風住宅群

Start
哥拉巴園

迷人的花園：長崎哥拉巴園 グラバー園

　　哥拉巴園一座美麗迷人的花園，位於南山手山岡上，保留了19至20世紀景觀的歐式庭院，每座建築物都充滿古典優雅氣息，花園裡種滿花草，更有噴泉和水池等，環境十分優美，可以拍到非常夢幻的照片。著名歌劇《蝴蝶夫人》故事的主要場景便是在這裡，可以悠閒地利用園裡的電梯，到訪每一座充滿歐式風情的建築，感受歌劇那充滿浪漫愛情故事的每個畫面。

📍 長崎縣長崎市南山手町8-1 📞 095-822-8223 🕐 8:00～18:00（夜間開園期間8:00～21:00）💴 成人620日圓、高中生310日圓、中小學生180日圓 🚌 搭長崎市電在「大浦天主堂站」下車，步行約5分鐘

官網

地圖

花園與歐式建築，構成美麗的畫面

東山手洋風住宅群

在東山手洋風住宅群閒逛時，總會有一種身處異地的感覺。的確，這裡一點也不像日本，反而像歐洲多一點。這7幢建築都是建於明治時期，當時的政府把它們租給外國人使用，所以無論是外觀或裡面的陳設，都充滿了西洋的風格，現在這裡仍是住在長崎的外國人的交流場所。

📍 長崎縣長崎市東山手町6-25 🚌 搭長崎市電在「大浦天主堂站」下車，步行約5分鐘

官網

地圖

1

2

3

四海樓

長崎有一種名物：強棒麵（ちゃんぽん），是受到中華料理的影響而產生的，份量大，材料豐富，但價錢卻很便宜。主要是快炒蔬菜和肉類，烹煮成美味又份量十足的湯麵，靈感來源是福建的什錦肉絲麵。在長崎很多提供中華料理的餐廳都能吃到，其中這間四海樓是元祖名店，必要一試！

📍 長崎縣長崎市松が枝町4-5 📞 095-822-1296 🕐 11:30～15:00、17:00～21:00 🚌 搭長崎市電在「大浦天主堂站」下車，步行約5分鐘

官網

地圖

漫遊花之王國：豪斯登堡 ハウステンボス

日本的主題樂園很多，來到九州也可以找到一個很特別的，以荷蘭為主題的樂園：豪斯登堡，這裡以荷蘭的皇宮為藍本，每一座建築物都很有荷蘭的風情，還有那一條條優美的運河，與荷式建築構成迷人的圖畫。更讚的是，在花開季節，這裡也能看到荷蘭的招牌景色：鬱金香花田，在花海中漫步，沐浴花香，然後再到華麗的荷蘭皇宮逛逛，簡直讓人以為自己真的置身在歐洲呢！

1 花與風車是招牌美景 2 隨處可見運河與荷式建築 3 園內有不少特色博物館，例如泰迪熊博物館

📍 長崎縣佐世保市豪斯登堡町1-1 📞 國際電話095-658-0080；諮詢中心057-006-4110 🕐 每日不同，詳見官網 💴 成人7000日圓、兒童4600日圓、學齡前兒童3500日圓 🚌 從JR「ハウステンボス駅」（豪斯登堡站），步行約5分鐘

官網

地圖

熊本縣

阿蘇農莊：體驗之旅

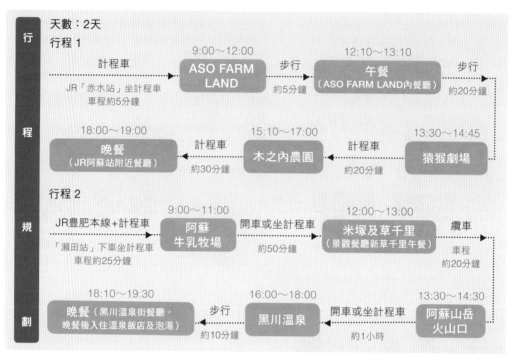

行程

天數：2天

行程1

計程車 → ASO FARM LAND 9:00～12:00 → 步行 → 午餐（ASO FARM LAND內餐廳）12:10～13:10 → 步行

JR「赤水站」坐計程車 車程約5分鐘 ｜ 約5分鐘 ｜ 約20分鐘

晚餐（JR阿蘇站附近餐廳）18:00～19:00 ← 計程車 ← 木之內農園 15:10～17:00 ← 計程車 ← 猿猴劇場 13:30～14:45

約30分鐘 ｜ 約20分鐘

行程2

JR豐肥本線＋計程車 → 阿蘇牛乳牧場 9:00～11:00 → 開車或坐計程車 → 米塚及草千里（景觀餐廳新草千里午餐）12:00～13:00 → 纜車

「瀨田站」下車坐計程車 車程約25分鐘 ｜ 約50分鐘 ｜ 車程約20分鐘

晚餐（黑川溫泉街餐廳，晚餐後入住溫泉飯店及泡湯）18:10～19:30 ← 步行 ← 黑川溫泉 16:00～18:00 ← 開車或坐計程車 ← 阿蘇山岳火山口 13:30～14:30

約10分鐘 ｜ 約1小時

行程 **1**

煩憂全拋諸腦後：阿蘇農莊 ASO FARM LAND

來到ASO FARM LAND，一定會不禁大喊「卡哇依」！這個集住宿、遊樂、用餐於一身的樂園，提供多間造型可愛的圓頂屋子讓客人入住，其中包括熊本熊、恐龍等造型，就算不住，來拍拍照也很有樂趣！這裡還設有動物王國，可以和可愛的小動物零距離接觸。喜歡戶外活動的，千萬不要錯過元氣之森的各種有趣設施。玩得累了，更可以泡湯好好休息！這個以自然為主題的樂園真的是包羅萬象呢！園內還設有餐廳，可以品嚐充滿風味的鄉土料理。

官網

地圖

📍 熊本縣阿蘇郡長陽村河陽5579-3 📞 詢問設施096-767-2100；查詢／預訂住宿096-767-3737 🕐 營業時間因時間／設施而異 💴 入園免費，每項設施另外收費 🚌 坐公車至JR「赤水站」前下車，再轉乘計程車，車程約5分鐘

猿猴劇場　阿蘇猿まわし劇場

在這裡可以欣賞可愛的猿猴賣力演出，每一隻都訓練有素，而且不少曾在電視廣告演出呢！每隻猴子做出來的難度動作令人拍案叫絕！還可以近距離跟牠們握握手。

📍 熊本縣阿蘇郡南阿蘇村下野793 📞 096-735-1341 💴 成人1300日圓、中高生1000日圓、兒童700日圓 🕐 分三個場次：11:00、13:30、14:40（每天場次不同，詳情請參閱官網） 🚌 坐公車至JR「赤水站」前下車後，坐計程車約6分鐘

官網　　地圖

可愛的猴子非常聰明，什麼表演都難不倒牠們呢！（照片由熊本觀光協會提供）

草莓放題隨你摘：木之內農園

如果大家對草莓情有獨鐘，木之內農園的任摘任吃方案就最適合大家了！每年的1至5月都是草莓盛產的季節。阿蘇因為氣候佳，環境好，種出來的草莓份外多汁甜美，鮮豔欲滴，值得推薦！

📍 熊本縣阿蘇郡南阿蘇村立野208-1 📞 096-768-0552 💴 12月：成人2000日圓、兒童1500日圓、3歲以上未就學幼兒1200日圓；1～4月上旬：成人1900日圓、兒童1300日圓、3歲以上未就學幼兒1000日圓；4月中旬～5月：成人1600日圓、兒童1100日圓、3歲以上未就學幼兒800日圓 🕐 9:00～17:00 🚌 在JR「立野站」下車，坐計程車約10分鐘

官網

地圖

行程 **2**
||||||||||||||||||

來當一天農夫！阿蘇牛乳牧場 阿蘇ミルク牧場

　　阿蘇一帶有很多觀光牧場，只需付400日圓便可參觀。例如阿蘇牛乳牧場就是一個適合親子同樂，寓學習於遊玩的好地方！農場養了很多可愛的小動物，像小豬、小馬、小羊等，可以餵飼和觸摸。而且還有多姿多采的牧場體驗，例如騎馬、擠牛奶、烘焙麵包、大福菓子製作等等，還有很多用牛乳做成的物產出售！

📍 熊本縣阿蘇郡西原村河原3944-1
📞 096-292-2100 💴 400日圓
🕙 10:00～17:00 🚌 在JR「瀨田站」下車，坐計程車約25分鐘

官網

地圖

一望無際的自然風光：米塚及草千里

　　阿蘇以大片草原和自然風光見稱，如想飽覽大自然的美景，一定要來米塚和草千里。米塚是一座外型很像布丁的小山丘，傳說中這是阿蘇神社的神明把米分發給窮人的地方，因而得名。現在的米塚不能進入，只可遠觀及拍照。

　　草千里則是一片廣闊無邊的大草原，草原上時常可見牛群吃草，景色非常優美。可以採用散步或是騎馬的遊玩方式，騎馬體驗從5分鐘到25分鐘都有。

🚌 在JR「阿蘇站」前搭乘駛向「阿蘇山上終點站」的九州產交巴士，於「草千里火山博物館前站」下車。

地圖

1 米塚景色秀麗，可以拍出很美的照片 **2** 也可以試試在草千里騎馬的體驗喔！（照片由熊本觀光協會提供）

景觀餐廳新草千里 草千里展望レストラン

　　擁有絕佳風景的餐廳，可以一邊欣賞草千里的美麗景色，一邊享用美味的阿蘇牛丼，還能買個用阿蘇牛奶製成的新鮮冰淇淋作餐後甜品。除了套餐以外，餐廳還提供自助餐，任君選擇。

📍 熊本縣阿蘇市永草 2391-15 🕙 天文台餐廳平日11:30～15:00、週六日和假日11:00～15:00（最晚點餐時間14:00）；咖啡廳11:00～17:00

官網

地圖

要看得靠運氣：阿蘇山岳火山口

來到阿蘇，很多遊人都想看看阿蘇火山的火山口，因為阿蘇火山仍十分活躍，若遇上火山有異樣情況，或是天氣不佳時，登山的纜車都不會開放。阿蘇火山口煙霧瀰漫，氣勢逼人，如果情況准許，十分推薦大家去！

📍 熊本縣阿蘇市黑川 🚌 在JR豐肥本線「阿蘇站」轉乘九州產交公車的阿蘇火口線，車程約40分鐘，在阿蘇山上終點站下車

官網

地圖

1 火山口濃煙密佈，氣勢磅礴 2 能否看到阿蘇火山口，還得要看天氣適不適合（照片由熊本觀光協會提供）

用入湯手形泡遍各大溫泉：黑川溫泉 黑川温泉

熊本的黑川溫泉也是非常著名的溫泉鄉，這裡有一種非常特別的「入湯手形」，其實就是一種溫泉酒店的PASS，只要花1300日圓買一個入湯手形，就可任意在指定的溫泉飯店內挑選三間浸泡，當中包括了一些門票收1000多日圓的高級溫泉旅館，現在等於只需要400多日圓就能泡到，可說是十分划算呢！

📍 熊本縣阿蘇郡南小國町黑川
📞 096-744-0076 🚌 在JR「阿蘇站」、「熊本站」或「博多站」，乘坐前往黑川溫泉的巴士，於「黑川溫泉站」下車

官網

地圖

1 黑川溫泉街上都是古色古香的建築 2 可以在溫泉街上悠然漫步 3 只要購買入湯手形，就能暢快地泡湯（照片由熊本觀光協會提供）

熊本部長熊本熊追蹤之旅

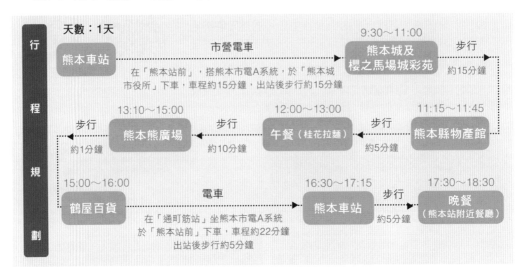

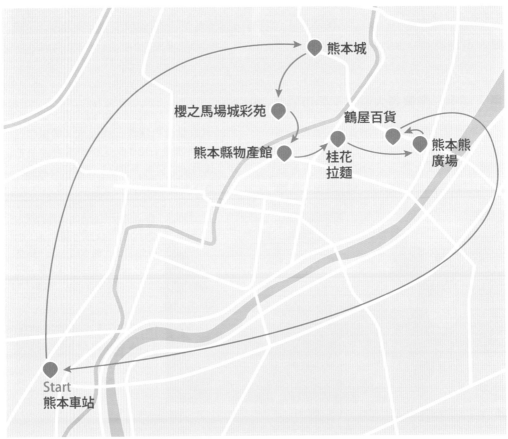

熊本城及櫻之馬場城彩苑

桜の馬場城彩苑

2016年九州的一次地震，對熊本和阿蘇兩地傷害甚大，甚至連一些重要的古蹟也在地震中遭到破壞，而熊本城就是其中之一，現在已完成復修重新對外開放。熊本城又名銀杏城，是日本的三大名城之一，由加藤清正於1601年開始興建，共需要7年完成。熊本城氣勢磅礴，宏偉壯觀，具歷史價值，是所有到熊本的遊人都必到的景點。

而在熊本城的附近有很多販售全日本人氣最高的吉祥物，熊本的營業部長熊本熊精品的好地方：櫻之馬場城彩苑。除了跟可愛的熊本熊合照，還可購買不同種類的熊本熊精品和伴手禮呢！

📍 熊本縣熊本市中央區二の丸1-1 📞 096-288-5600 🕐 熊本城9:00～17:00、天守閣9:00～16:30 ¥ 成人500日圓，中小學生200日圓 🚌 在市電「熊本城市役所前站」下車，步行約5分鐘

熊本城官網

櫻之馬場城彩苑官網

熊本城地圖

熊本縣物產館

熊本縣物產館有一座大大的熊本熊，據説摸摸牠是可以增加戀愛運的喔！物產館以販售熊本縣的土特產為主，當然少不了熊本熊的各種精品：文具、餐具、零食、襪子，應有盡有！

📍 熊本縣熊本市中央區櫻町3-1 📞 096-353-1168 🕐 熊本城10:00～18:15 🚌 在熊本站前坐路面電車（A系統健軍町方向）約15分鐘，在「花畑町站」下車後，步行約5分鐘

官網　　　　地圖

行程密技

關東

關西

沖繩

九州

四國

北海道

中部北陸

山陰山陽

東北

熊本熊廣場及鶴屋百貨　KUMAMON SQUARE

來到熊本，只買熊本熊的精品實在不夠，那麼就不能錯過熊本熊的辦公室：位於鶴屋百貨的熊本熊廣場。除了展出大量有關熊本熊的物品，還有小朋友筆下的可愛熊本熊外，熊本部長還會在特定時間來跟大家見面呢！每天下午2點都會在辦公室出現，與大家載歌載舞，近距離接觸！

參觀完熊本部長的辦公室後，還可以順道到鶴屋百貨看看，這裡也有不少熊本熊的相關物品販售，雖然價錢較貴，但品質卻相當精美，值得一看。

📍 熊本市中央區手取本町8番2號（テトリアくまもとビル1階 鶴屋百貨東館一樓） 📞 096-327-9066 🕐 10:00～17:00（星期二休） 🚌 在熊本站前搭市電於「水道町站」下車

官網

地圖

桂花拉麵　桂花ラーメン

說到熊本最具代表性的美食，除了馬肉外，就是拉麵了！和其他拉麵最為不同之處在於拉麵會加入麻油和大蒜，吃起來味道香濃。熊本有多間引以為傲的拉麵店，桂花是其中一間位於熊本城附近的名店，交通方便，價廉物美！

📍 熊本縣熊本市中央區花畑町11-9 K-1ビル 📞 096-325-9609 🕐 星期一～六11:00～24:00、星期日和假日11:00～16:30 🚌 在「市電市役所前站」下車，步行約2分鐘

官網

地圖

JR熊本車站

JR熊本站是熊本的大門，一來到這裡，就可以立即找到熊本部長的身影了。車站裡很多地方都有熊本熊的裝飾，讓這裡變得像個熊本熊樂園似的玩不完。

地圖

熊本熊主題列車

日本的主題列車一向都非常聞名，很多著名的卡通人物都擁有一部，大受歡迎的熊本部長當然也不例外。這輛主題列車，無論是外觀還是內部，都是熊本熊的可愛萌樣，這部列車分為從藤崎宮前站至北熊本，以及從上熊本至北熊本兩條線路。最特別的地方是，它的時刻表都是在前一天才公佈，要乘坐還需要點運氣，所以大家都笑稱它是熊本熊的「隱藏版」電車！

官網

熊本熊的成名之路

熊本熊可說是日本吉祥物的代表，它的人氣可不比HELLO KITTY遜色呢！由於它的出現，也讓熊本由一個默默無名的地方，一躍成為廣為人知的城市！

熊本熊是在2010年由作家小山薰堂和設計家水野學共同創作，創作的原因是因為當時九州的鹿兒島新幹線開通，會由鹿兒島經過熊本到達福岡，為了讓更多旅客認識熊本，利用新幹線來熊本旅遊，所以以熊本部長作為代言人，結果推出後因為熊本熊可愛有趣的形象大受歡迎，在日本人氣甚至直逼HELLO KITTY呢！

熊本部長是熊本縣的公務員，也是營業部兼幸福部長，肩負著推動熊本旅遊業的重任，其最大嗜好就是吃，只要是熊本縣出產的食物都喜歡！牠還擁有屬於自己的辦公室，定時會與粉絲見面喔！

大分縣

別府：由布院泡湯之旅

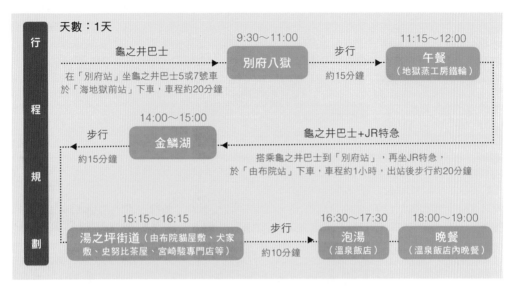

行程規劃

天數：1天

龜之井巴士
在「別府站」坐龜之井巴士5或7號車
於「海地獄前站」下車，車程約20分鐘

9:30～11:00
別府八獄

步行
約15分鐘

11:15～12:00
午餐
（地獄蒸工房鐵輪）

14:00～15:00
金鱗湖

步行
約15分鐘

龜之井巴士+JR特急
搭乘龜之井巴士到「別府站」，再坐JR特急，
於「由布院站」下車，車程約1小時，出站後步行約20分鐘

15:15～16:15
湯之坪街道（由布院貓屋敷、犬家
敷、史努比茶屋、宮崎駿專門店等）

步行
約10分鐘

16:30～17:30
泡湯
（溫泉飯店）

18:00～19:00
晚餐
（溫泉飯店內晚餐）

Start
別府八獄

地獄蒸工房
鐵輪

金鱗湖

湯之坪街道

到地獄享受溫泉吧！別府

　　若說由布院是溫泉天堂，那麼「地獄」一定非別府莫屬了，這裡並不是指它的環境像地獄一樣可怕，而是指它的八個溫泉：別府八獄。這八獄是極高溫的溫泉，包括了像血水一樣紅色的血池地獄、像海一樣湛藍的海地獄、每隔一段時間便會噴發一次的龍卷地獄等。因為受這八大地獄影響，在別府泡湯也有著和由布院的悠閒氣氛截然不同的風味，感覺就像騰雲駕霧，置身在地獄！

📍 大分縣別府市鐵輪559-1
📞 097-766-1577 💴 成人2000日圓、中小學生1000日圓 🕐 8:00～17:00 🚌 於JR「別府站」西口搭乘龜之井巴士2、5、41、43號鐵輪行的車，在「海地獄前站」或「鐵輪站」下車

官網

地圖

1 定時會爆發的龍卷地獄 **2** 一定要試試別府著名的地獄蒸！ **3** 地獄的惡魔來啦！ **4** 地獄溫泉粉

地獄蒸工房鐵輪　地獄蒸工房鉄輪

　　地獄蒸工房鐵輪是很多到別府的遊人都會一試的餐廳，餐廳採用一種很特別的方法：用別府地獄的熱力把食物煮熱，不添加調味料，保留食物的原汁原味。大家可以選擇蔬菜、肉類、海鮮等，挑好材料後，在工作人員的幫忙下放進鍋裡煮熱，十分特別！

📍 大分縣別府市風呂本5組
📞 097-766-3775 🕐 10:00～20:00，每月第三個星期三休 🚌 在JR「別府站」西口搭乘龜之井巴士2、5、7、9、41號，在「鉄輪站」下車，車程約20分鐘

地獄蒸工房鐵輪

地圖

1 可以選擇不同的材料製作地獄蒸 **2** 利用地獄的熱力把食物煮熱

日本女性的最愛：由布院

　　説到日本的三大名湯，由布院並不在此之列，但在每年的溫泉選舉中，由布院都是名列前茅，被認為是最受日本女性歡迎的溫泉，這是因為由布院氣氛悠閒，風景優美，溫泉街又有很多可愛小店，金鱗湖一帶的景色更是美不勝收。感受著舒適休閒的氣氛，一邊欣賞著美麗的由布岳和金鱗湖一邊泡湯，實在是人生的一大享受！由布院和別府各有特色，有時間很適合兩個都到訪，感受截然不同的風情！

1 **2** 金鱗湖風光如畫，是由布院的著名景點

🚌 從JR「由布院站」步行約20分鐘

地圖

可愛貓狗此中尋：由布院貓屋敷及犬家敷

　　在由布院的溫泉街有很多可愛的小店：貓屋敷和犬家敷，這兩家都是販售貓咪和小狗相關商品的姐妹店。貓屋敷一定是貓奴的天堂！在這裡可以找到很多非常有趣可愛的雜貨精品，全都是以貓咪為主題，如家居用品、包包、雨具、掛飾、文具等，品種琳瑯滿目。當然也少不了大受歡迎的貓咪卡通人物，像HELLO KITTY、哆啦A夢等，還有多個知名的貓咪卡通品牌。

　　如果你喜歡小狗，也可以去貓屋敷對面的犬家敷，這兒跟貓屋敷一樣，賣的都是雜貨精品，但卻以可愛的小狗為主題，還能找到史努比這隻可愛小狗的相關產品呢！另外，還有多個不同品種的狗狗明信片、鎖匙扣等，任君挑選！

📍 大分縣由布市湯布院町川上1511-5 🕐 9:30～17:30（星期六日至18:00）🚌 從JR「由布院站」步行約20分鐘

地圖

1 貓屋敷就在犬家敷的對面 **2** 犬家敷外型十分可愛

167

抱抱SNOOPY！由布院SNOOPY茶屋

スヌーピー茶屋

1

在由布院的溫泉街有很多可愛的店舖，當中包括了多位大受歡迎的卡通人物：酷MA萌、龍貓，還有人見人愛的SNOOPY！如果想跟人一樣大的SNOOPY合照，想在SNOOPY主題餐廳裡享用以這隻可愛小狗為造型的美食，就不能錯過這間SNOOPY CAFÉ了！喜歡SNOOPY的人，來到這兒一定會留連忘返！

2

1 門外有大型的SNOOPY玩偶！ 2 萌度爆表的SNOOPY茶屋

📍 大分縣湯布院市湯布院町川上1540-2 📞 097-775-8790 🕐 3/6～12/5茶屋 10:00～17:00、商店9:30～17:30；12/6～3/5茶屋10:00～16:30、商店9:30～17:00 🚌 在JR「由布院站」下車，步行約15分鐘

官網　　　　地圖

龍貓來了！橡實之森宮崎駿專門店　どんぐりの森

由布院有很多特別的店舖，這間宮崎駿專門店就是其中之一。經過的遊人，都會被店舖門外那大大隻，樣子逗趣的龍貓玩偶所吸引，進到店內，店家雖小，但是五臟俱全，很多宮崎駿電影的相關精品都可以在這裡買到，店內的東西都令人愛不釋手，粉絲來到這一定會滿載而歸呢！

📍 大分縣由布市湯布院町川上3019-1 📞 097-785-4785 🕐 平日10:00～17:00、星期六日和假日9:30～17:30 🚌 在JR「由布院站」下車，步行約15分鐘

官網　　　　地圖

1

2

1 哇！好可愛的龍貓！ 2 店內有各式可愛的精品

宮崎、鹿兒島：南國風情之旅

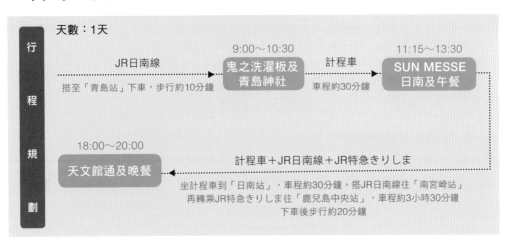

行程規劃

天數：1天

JR日南線
搭至「青島站」下車，步行約10分鐘

9:00～10:30
鬼之洗濯板及
青島神社

計程車
車程約30分鐘

11:15～13:30
SUN MESSE
日南及午餐

18:00～20:00
天文館通及晚餐

計程車＋JR日南線＋JR特急きりしま
坐計程車到「日南站」，車程約30分鐘，搭JR日南線往「南宮崎站」
再轉乘JR特急きりしま往「鹿兒島中央站」，車程約3小時30分鐘
下車後步行約20分鐘

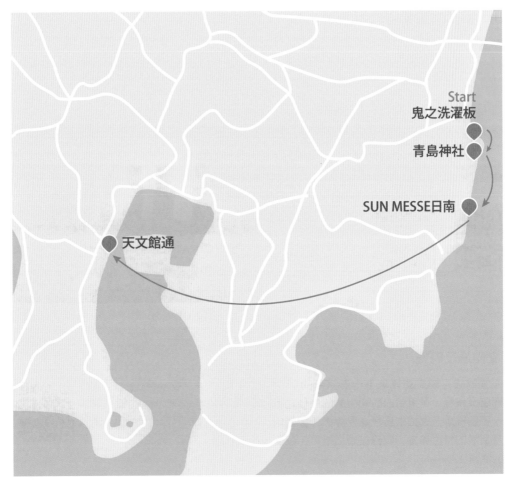

Start
鬼之洗濯板

青島神社

SUN MESSE日南

天文館通

鬼之洗濯板及青島神社

來到宮崎，有一處自然奇景非看不可！就是鼎鼎大名的鬼之洗濯板，它位於青島神社附近，可以兩處一起同遊。因為長年的海浪沖蝕，令海邊的岩石形成了獨特的形狀，就像洗衣板一樣，所以又稱為「鬼之洗濯板」。看到那一大片像極了洗衣板的岩石，都會驚嘆大自然的鬼斧神工！

📍 宮崎縣宮崎市青島 🚌 在JR日南線「青島站」下車，步行約10分鐘

官網

地圖

鬼之洗濯板的外型真的像洗衣板一樣呢！

SUN MESSE日南

位於日南的SUN MESSE，因為日本曾援助過復活節島重建，所以得到了特許權在這裡建立仿製的摩艾像，不少遊人都不懂交通不便，為一睹那一座座壯觀摩艾像專程而來呢！園內還設有餐廳，可以享用一些像南蠻雞等充滿宮崎風味的美食。

📍 宮崎縣日南市大字宮浦2650 📞 098-729-1900 🕐 9:30～17:00，星期三休 💰 成人1000日圓，中、高學生700日圓，4歲以上500日圓 🚌 從宮交「City站」乘日南線1小時，到「摩艾（Moai）岬站」下車

官網

地圖

天文館通及晚餐

天文館通可說是鹿兒島市內最熱鬧的地區，這裡有多間商店及餐廳，是逛街血拚和用餐的最佳之選。來到鹿兒島，不妨挑選一家提供鹿兒島黑豚肉（即豬肉）的餐廳，品嚐當地的特色美食，吃飽後順道逛逛，感受天文館通熱鬧的氣氛！

📍 鹿兒島縣鹿兒島市千日町1 🚌 從鹿兒島「中央站」步行約20分鐘

地圖

為什麼九州特別適合鐵道旅行？

　　日本的鐵道事業發達，而且還很有生意頭腦，讓鐵道不僅擔當交通工具，更可以營造成當地的特色景點吸引遊客呢！他們很喜歡把不同的主題融入鐵道當中，各式的卡通人物、懷舊主題、自然主題、動物主題等，當中以九州的主題鐵道特別多，而且九州幅員很大，要坐電車的機會很多，來趟鐵道旅行最適合不過了，以下為九州的特色列車。

List1 七星號

特色

豪華臥舖列車，取名來自九州的七個縣份：大分縣、宮崎縣、福岡縣、佐賀縣、長崎縣、熊本縣、鹿兒島縣。

和九州的七個主要觀光素材：自然、食、溫泉、歷史文化、能量景點、人情、列車。全車座位只有28個，而且只能在博多站的專用窗口和合作的旅行社訂到，可說是一票難求。列車的設計極為古典豪華，令人有種置身在高級飯店裡的感覺。會按不同季節推出不一樣的行程，以四天三夜或兩天一夜為主，帶大家遊遍九州！

來往地點　博多、由布院、別府、阿蘇、鹿兒島

List2 由布院之森

特色

綠色的車廂充滿自然的氣息，像它的名字一樣，車身的顏色，還有車內以木材為主的佈置，都會令人想起綠意盎然的森林。

來往地點　博多、由布院、別府

List3 坐A列車去吧！

特色

以爵士樂命名，用「16世紀流傳到天草的南蠻文化」為設計主題，氣氛浪漫，採用木材及彩繪玻璃，車廂設計就像是充滿古典風情的電影場景一樣。

來往地點　熊本、三角、本度港

List4 阿蘇男孩

🔍 **特色**

可愛的小狗「小黑」伴著你度過愉快的旅途，在車廂每個角落都能找到小黑的身影，真是「卡哇依」，車廂內設有親子座位、遊樂場、咖啡廳等，簡直是孩子們的天堂！

📍 **來往地點**　阿蘇、大分、別府

List5 SL人吉

🔍 **特色**

在這部懷舊蒸氣火車中漫遊，會讓你有種穿越時空的感覺，列車行駛時的轟鳴聲，蒸汽噴出時的聲音，還有古典雅致的佈置、展示古舊物品的博物館，令你不禁懷疑：我是不是回到古代了？

📍 **來往地點**　熊本、八代、人吉

List7 指宿之玉手箱

🔍 **特色**

以龍宮傳說為設計主題，坐在這黑白雙色的車廂裡，就像坐在浦島太郎的玉手箱裡一樣，車內有色彩繽紛的旋轉座椅，還有舒適的沙發座位呢！

📍 **來往地點**　鹿兒島中央、指宿

在行程規劃中加入特色火車

　　在這些特色列車中，有幾條路線是較方便配合其他景點安排行程的，例如由布院之森可以配合由布院的行程，適合從福岡到由布院作一日來回的小旅行；指宿之玉手箱可以配合指宿砂浴、鹿兒島花卉公園等景點；阿蘇男孩可以配合阿蘇火山一帶及別府八獄的行程等。

6 四國

高CP值路線全規劃

到四國旅行，應該以什麼交通工具為主？

　　四國的公共交通四通八達，在香川、愛媛、高知、德島四個縣之間移動，可以JR為主，而每個縣內的景點之間公共交通都很方便，市內的景點可坐市電或巴士前往，市郊及城市周邊的景點則可以利用JR前往。

地區	坐JR玩的景點	坐市內大眾交通或徒步前往的景點	
香川縣	1. 金刀比羅宮（坐JR或琴電前往「琴平」） 2. 中野烏龍麵學校（坐JR或琴電前往「琴平」） 3. 栗林公園（坐JR於「栗林公園北口站」下車）	高松市內（琴平沿線）：高松城、玉藻公園、北濱ALLEY（高松築港站）、四國村（琴電屋島站）、瓦町FLAG（瓦町站）	琴電官網
		小豆島、直島、豐島、男木島、女木島、犬島（先前往位於JR高松站附近的高松港碼頭，再坐渡輪前往）	往小豆島航班
德島縣	1. 大步危及小步危（坐JR前往「大步危站」，再轉搭巴士或觀光船） 2. 鳴門漩渦（坐JR前往「鳴門站」，轉搭巴士）	德島市內（德島巴士）：阿波木偶人形會館（阿波十郎兵衛屋敷前巴士站）、德島城博物館（JR德島站）、阿波舞祭會館（JR德島站）	德島巴士官網
高知縣	四萬十川、足摺（坐JR前往「窪川站」）	高知市內（土佐電鐵路面電車沿線）：播磨屋橋（はりまや橋駅電車站）、弘人市場（JR大通電車站）、坂本龍馬紀念館（龍馬紀念館前巴士站）、高知城（縣廳前〔高知〕電車站）	土佐電鐵官網
愛媛縣	1. 今治毛巾美術館（坐JR予讚線，在「壬生川站」下車，再搭乘計程車約15分鐘） 2. 瀨戶內島波海道及自行車道（坐JR予讚線，在「今治站」下車）	松山市內（路面電車沿線）：松山城（大街道電車站）、大街道（大街道電車站）、萬翠莊（大街道電車站）	路面電車官網
	3. 今治城（JR予讚線今治站下車，搭乘瀨戶巴士往「今治站」營業所方向，在「今治城前站」下車）	道後溫泉（少爺列車）	少爺列車官網

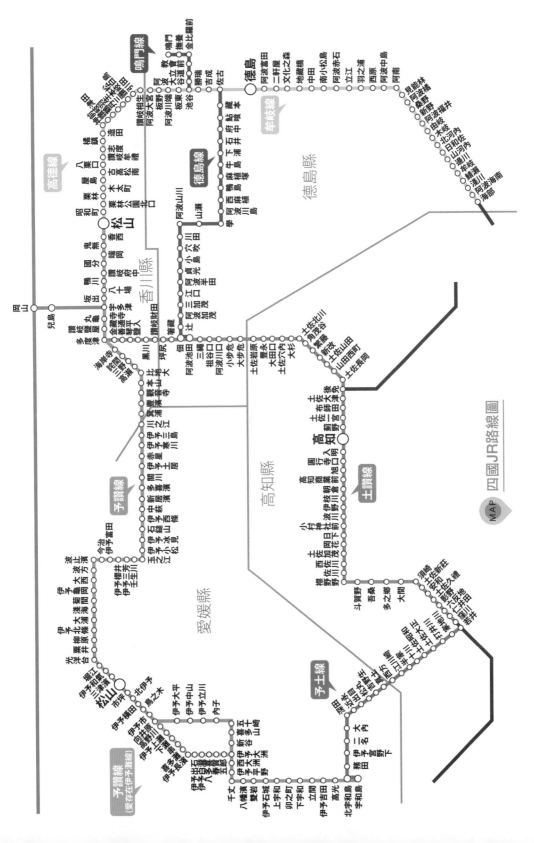

MAP 四國JR路線圖

175

規劃四國旅行，有什麼事項需要特別注意？

　　四國包含了香川、德島、愛媛、高知四個縣，地方不算大，可以在幾天內完成行程。若想規劃四國的旅行，請注意以下事項：

以哪個區域為主

　　四國有四個縣，分為東西兩個部份，因為從東至西的交通時間很長，很多人都會規劃只玩東部（即德島和香川）或只玩西部（即愛媛和高知），其中因為很多著名的景點都在東部，若時間有限，可以選擇集中在這區域遊玩。當然，如果時間充裕，最好東部西部一起玩，來一次深度的四國之旅。

是否把行程延伸至四國周邊地方

　　山陰山陽位於四國北方，從高松到岡山十分方便，所以若是前往高松的話，可以考慮把行程延伸至岡山及倉敷等地區。而德島前往淡路島也很近，所以有些遊人也會把德島和淡路島安排在一起同遊。若時間充裕，四國的行程可以不只局限於四國的四個縣，延伸至其他地方，令行程更多姿多彩，也是很好的選擇！

適時的把小島規劃進行程當中

　　四國擁有很多小島，其中一些如小豆島、男木島、女木島、犬島、直島等等，各有各的特色，可以按照喜好加進行程裡。因為前往小島的渡輪班次有限，規劃時需要特別注意時刻表，通常可以把一天時間分配在相鄰的島上，如男木島跟女木島同一天，犬島和直島同一天。至於地方較大，景點較多的小豆島，則可以預留一天時間遊玩。

航班預訂

目前沒有從台灣直航四國的航班，可以先到大阪，再乘坐JR或高速巴士前往。在關西空港有長途高速巴士直接到達高松和德島，或是飛往岡山機場，再轉JR到高松，也很方便；亦可選擇前往東京，再從東京坐內陸航班前往四國。

從廣島開車前往松山
車程約180分鐘

從廣島港至松山觀光船
船程約1小時17分鐘

從大阪搭高速巴士前往德島
車程約2小時15分鐘

岡山
岡山機場
廣島
島波海道
瀨戶大橋
明石海峽大橋
京都
大阪
高松機場
香川縣
關西國際機場
松山機場
愛媛縣
德島縣
高野山
高知縣
高知機場
東京
四國

機場到市區的交通

高松空港是四國的主要機場，也是較多國際航班會到達的地方，因為高松空港規模不大，而且通往市區的交通工具選擇也較少，同時因為班次也不多，在規劃行程時記得先查詢好時刻表，以免錯過航班！

目的地	交通工具	票價	所需時間	
JR高松站	巴士	成人1000日圓 兒童500日圓	約40分鐘	
JR琴平站	巴士	成人 1500日圓 小孩 750日圓	約45分鐘	
JR高知站	巴士	成人 2800日圓 小孩 1400日圓	約2小時	

去四國旅行，應該買交通票券嗎？
買哪些交通票券較為划算？

四國JR PASS票券

四國的JR PASS都是連續天數使用的，天數及價錢見以下表格：

票種	海外銷售版	日本國內銷售版
3日型	9,000日圓（兒童4,500日圓）	9,500日圓（兒童4,750日圓）
4日型	10,000日圓（兒童5,000日圓）	10,500日圓（兒童5,250日圓）
5日型	11,000日圓（兒童5,500日圓）	11,500日圓（兒童5,750日圓）
7日型	13,000日圓（兒童6,500日圓）	13,500日圓（兒童6,750日圓）

如果會搭乘一些長途的車程，例如從高松來往德島，從松山來往高松，從高松或德島前往大步危等，購買JR PASS相對起來會較划算。雖然這JR票券最長的時間為5天，但如果四國行程只有4至5天，那就不用購買5天的票券。例如，以德島和香川為主，會來往高松和德島，也會來往高松和大步危，那麼只要把這行程安排在連續3天，然後購買3天的JR PASS就可以了。

四國JR PASS

高松來往德島票價：5340日圓
高松前往大步危票價：6060日圓
加起來是11400日圓，若買3日券，可節省（5340+6060）-9000=2400日圓

所以，只買3日券用來坐最長途車，會比買5日券節省多一點，可以把長途的車程盡量集中排在連續幾天，就可以只需要買相應天數的JR PASS，節省更多了。

四國票券可使用範圍

1. 四國旅客鐵道株式會社全線與土佐黑潮鐵道全線的特急列車、普通與快速列車的普通車自由席
2. 阿佐海岸鐵道全線、伊予鐵道全線、高松琴平電氣鐵道全線、土佐電交通路面電車全線
3. 小豆島渡輪高松-土庄間航線
4. 小豆島橄欖巴士的路線巴士

（資料：四國JR官網）

兒島

善通寺　　　高松築港

多度津　　　　　志度

琴電琴平　琴平　　長尾

四國旅客鐵路

新居濱　　　　　　　　　　**琴平電氣鐵道**

今治

伊予鐵道 高浜　　　道後溫泉　　　阿波池田　　　　　德島

松山　　　　　　　　　　　鳴門

郡中港　橫河原　　大步危　　佃

下灘　　　　　　　　　　　　　　　　　　高知　後免

伊予大洲　內子　　　　　　　　　　　　　　　後免町

新谷　　　　　　　　土佐久礼　　　　　安芸　　　牟岐

八幡浜　　　　　　　　　　**土佐電交通**　　海部

北宇和島　　　窪川　　　　　　　　　甲浦　**阿佐海岸鐵道**

宇和島　　　　若井

江川崎　　　　　　　　　奈半利

宿毛

中村　**土佐黑潮鐵道**

MAP **四國JR PASS票券路線**

市內交通乘車券

　　除了JR，市內的交通工具也很常會使用到，因此也可以考慮購買市內的交通一日券，四國較常用的市內交通乘車券包括：

伊予鐵道乘車券	一日 成人 800日圓 兒童 400日圓	二日 成人 1100日圓 兒童 550日圓	官網
	三日 成人1400日圓 兒童 700日圓	四日 成人 1700日圓 兒童 850日圓	
購票地點 JR松山站、松山市站、道後溫泉站等			
使用範圍 全線伊予鐵道			

琴電一日乘車券	一日　成人 1230日圓 兒童 620日圓	**購票地點** 所有有工作人員的琴電車站 （如高松築港站、片原町站等） **使用範圍** 琴電全線	官網

德島巴士乘車兩日券	成人1500日圓 兒童750日圓	**購票地點** 德島巴士總站（如高松築港 站、片原町站等） **使用範圍** 德島市內巴士全線	官網

我該選擇在哪裡住宿？

在安排住宿時可以把四國分成兩個區域：

玩東部的 香川和德島	玩西部的 愛媛和高知	玩全四國
可以選擇在高松市或德島市JR站附近住宿	可以選擇在松山市或高知市JR站附近住宿	可以在東部和西部各挑一個住宿地點

　　住宿地點的選定取決於所選取的景點，以東部為例，如果會玩香川和德島，但景點主要集中在香川的話，那麼就較適合在高松住宿。另外，選擇住宿點也與航班有關，如果航班是直飛高松的，當然要選擇在高松住宿了。

 四國最佳住宿點

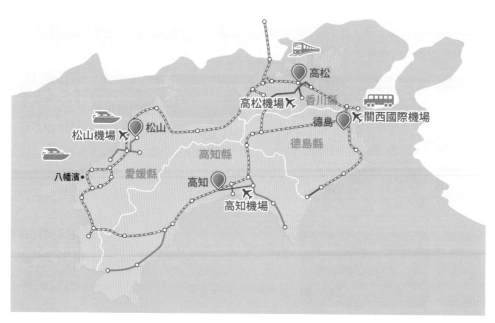

訂房網站

JALAN　　　樂天訂房網站

我該如何規劃行程？

大眾交通行程

　　四國的大眾交通也很方便，但因為四個縣之間有一段距離，如果決定用大眾交通工具玩四國，較適合集中在一兩個較感興趣的縣，然後儘量選定一個住宿點就好。以下介紹各個區域的主要城市，以及可以用大眾交通工具延伸的景點，方便大家規劃行程：

香川	市內景點	● 高松市

● 高松市
1. 高松市美術館
2. 栗林公園
3. 玉藻公園、高松城
4. 瓦町FLAG
5. 四國村
6. 北濱ALLEY

延伸景點

● 小豆島（在高松港附近高速船碼頭坐船前往）
1. 天使之路
2. 小豆島橄欖公園
3. 二十四之瞳映畫村
4. 中山千牧田
5. 寒霞溪
6. 銚子溪猿之國

● 琴平（坐JR前往）
1. 金刀比羅宮
2. 金刀比羅宮表參道
3. 中野烏龍麵學校
4. 琴彈公園

德島　市內景點

● 德島市
1. 阿波舞祭會館
2. 德島城博物館
3. 藍染體驗藍之館
4. 常樂寺
5. 阿波木偶人形會館

延伸景點

● 鳴門（可坐JR前往）
1. 鳴門漩渦
2. 渦之道
3. 靈山寺
4. 觀潮船

● 大步危（坐JR或定期觀光巴士前往）
1. 祖谷藤蔓橋
2. 劍山
3. 小便小僧
4. 落合集落
5. 奧祖谷觀光森林火車
6. 大步危觀光遊覽船

		● 松山市			● 道後溫泉（可坐路面電車前往）
愛媛	市內景點	1. 太山寺 2. 大街道商店街 3. 萬翠莊 4. 松山城	延伸景點		1. 道後溫泉本館 2. 道後溫泉街 3. 石手寺
高知	市內景點	● 高知市 1. 播磨屋橋 2. 竹林寺 3. 弘人市場 4. 桂濱水族館 5. 坂本龍馬紀念館	延伸景點		● 四萬十川／足摺（搭JR土讚線至窪川站，不需下車直通土佐黑潮鐵道，抵達中村站） 1. 足摺海洋館 2. 足摺岬 3. 天狗高原 4. 土佐和紙工藝村QRAUD

在規劃行程時，可以選擇一至兩個中心點，例如選擇高松為中心點，除了可以玩高松市內及周邊的景點外，因為前往德島很方便，也可以即日來回的方式前往德島，在遊玩完德島後回高松住宿，避免多換一次飯店。

而從高松或德島前往高知及松山都較遠，所以若在這兩個城市遊玩，則較適合在當地住宿。另外，前往大步危、祖谷一帶及四萬十川等的遊人要注意，因為這些景點的車班較少，規劃行程時請先查閱時刻表，否則錯過了一班車就要花很多時間等候了。

要規劃大眾交通的行程，可以參考以下：

四國東部行程

Day 1 到達，住宿高松

Day 2 即日來回德島及鳴門（阿波舞祭會館、阿波木偶人形會館，下午鳴門漩渦及觀光船）

Day 3 即日來回大步危（大步危及小步危、祖谷藤蔓橋、落合集落、小便小僧等）

Day 4 即日來回小豆島（橄欖公園、天使之路、二十四之瞳映畫村、銚子溪猿之國等），黃昏回到高松市內散步

Day 5 來回男木島、女木島，下午到琴平市內遊玩（金刀比羅宮、中野烏龍麵學校等）

Day 6 回國

這個行程以一個住宿點：高松為中心，然後採取放射性和遠至近的玩法，先玩德島和大步危及小步危，再玩瀨戶內海諸島，最後在高松市內遊玩，然後離開高松，採用JR連接高松及德島、高松及大步危；渡輪連接高松和小豆島、男木島、女木島。全程以大眾交通為主，因為住宿點只有一個，並不需要換飯店。

四國西部行程

Day 1 到達松山，在松山住宿

Day 2 早上到道後溫泉，下午在松山市內遊玩

Day 3 前往高知，整天在高知市內遊玩，在高知住宿

Day 4 前往足摺及四萬十川，整天在區內遊玩，晚上回松山住宿

Day 5 回國

因為四萬十川與松山距離很遠，所以這行程採用了兩個住宿點：松山和高知，從松山往高知可坐JR，從松山到道後溫泉可坐市內路面電車，從高知到四萬十川可先坐JR到中村站，再轉坐觀光巴士（需預約）。

183

自駕行程

若是自駕行程，可以連接東部和西部，除了在高松、德島遊玩外，也可以延伸到高知和愛媛。

| Day 1 | 到達，住宿高松 |

| Day 2 | 從高松開車往松山，下午在松山市內遊玩，宿高松 |

| Day 3 | 離開松山，早上前往道後溫泉，下午前往高知，宿高知 |

| Day 4 | 早上在高知市內遊玩，下午前往在大步危及小步危遊玩，晚上到達高松，在高松住宿 |

| Day 5 | 前往德島，早上在德島遊玩，下午到鳴門參觀，晚上在高松還車，宿高松 |

| Day 6 | 整天在小豆島遊玩，黃昏回到高松，宿高松 |

| Day 7 | 回國 |

同樣是採用由遠至近的玩法，先在高松取車，開車前往最遠的松山，然後回高知、大步危、高松，在高松採用即日來回方式到德島遊玩，遊完後還車，然後隔日坐船到小豆島，租車共5天，已能玩遍整個四國的精華了。

天數較短的行程

若旅程天數較少，可以只集中在東部或西部遊玩，因為德島和香川的景點較多，適合第一次到四國的遊人，故推薦以這兩個縣為主，可以參考以下的行程：

| Day 1 | 到達高松，在高松住宿 |

| Day 2 | 早上到小豆島遊玩，下午在琴平市內參觀 |

| Day 3 | 早上前往祖谷口，整天在大步危及小步危遊玩，晚上回高松住宿 |

| Day 4 | 早上在德島市參觀，下午到鳴門看漩渦，晚上回高松住宿 |

| Day 5 | 回國 |

天數較長的行程

　　如果天數較長，可以考慮參觀一些觀光客較少的景點，也能一次玩遍四個縣，來個四國深度之旅：

Day 1　到達高松

Day 2　早上高松市內，下午琴平市內（金刀比羅宮及中野烏龍麵學校），宿高松

Day 3　早上往德島，下午鳴門，宿高松

Day 4　上午在小豆島，下午回高松市內散步，宿高松（高松城、栗林公園）

Day 5　前往大步危及小步危，然後去高知，宿高知

Day 6　到四萬十川／足摺遊玩，宿高知

Day 7　前往松山，下午道後溫泉，宿道後溫泉

Day 8　上午在松山市內遊玩（松山城、犬山寺、萬翠莊），下午回到高松，宿高松

Day 9　回國

　　這個行程涵蓋了四個縣，四個大城市，還有可從這些大城市延伸的景點，行程有自然美景（大步危及小步危、四萬十川／足摺）、溫泉之樂（道後溫泉）、參觀古蹟（金刀比羅宮、松山城、玉藻公園、犬山寺）、祭典（阿波舞祭會館），把所有四國的遊玩精華都包含了，非常多姿多彩。

⊙ 香川縣

高松、琴平：星級景點暢遊之旅

行程規劃

天數：1天

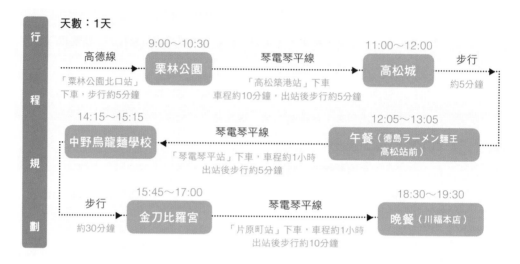

9:00～10:30
高德線　　　　　栗林公園
「栗林公園北口站」
下車，步行約5分鐘

琴電琴平線
「高松築港站」下車，
車程約10分鐘，出站後步行約5分鐘

11:00～12:00
高松城　　　　步行
　　　　　約5分鐘

14:15～15:15
中野烏龍麵學校
琴電琴平線
「琴電琴平站」下車，車程約1小時
出站後步行約5分鐘

12:05～13:05
午餐（德島ラーメン麵王
高松站前）

步行　　　15:45～17:00
約30分鐘　金刀比羅宮

琴電琴平線
「片原町站」下車，車程約1小時
出站後步行約10分鐘

18:30～19:30
晚餐（川福本店）

德島ラーメン麵王　　高松城

川福本店

Start栗林公園

中野烏龍麵
學校

金刀比羅宮

米其林星級景點：栗林公園

　　説到高松最具人氣的景點，一定非栗林公園莫屬了，它曾被評為米其林觀光指南的最高級三星景點，景色美不勝收，是一個花了一百年才建成的雅致庭園，假山池塘、綠蔭處處，漫步其中，有如置身在仙境之中，而且也是著名的賞櫻和賞紅葉名所，無論在哪個季節到來，都別具風情韻味。

1 公園裡的樹木在小湖裡留下了美麗的倒影 **2** 公園內的植物都經過悉心栽培，修剪成各種優美形狀

📍香川縣高松市栗林町1-20-16 📞087-833-7411 🕐各月份不同，請參考官網 ¥成人410日圓、兒童170日圓 🚃JR「栗林公園北口站」下車，徒步5分鐘，琴電「栗林公園站」下車，徒步約10分鐘

官網　　　　　地圖

座落於平地的城堡：高松城

　　高松城位於玉藻公園內，是日本的古城，它座落於平地，利用廣闊的水道作護城和運輸之用，是日本的城堡中比較少見的設計，所以又被稱為「日本三大水城」之一，天守閣已不存在，但古城的其他建築部份仍被列入重要文化財產，有著珍貴的歷史價值。再加上玉藻公園風光優美，吸引不少遊人來參觀。

📍香川縣高松市玉藻町2-1 📞087-851-1521 🕐各月份開放時間不同，詳見官網，12/29～12/31休 ¥成人200日圓、兒童100日圓 🚃從琴電「高松築港站」步行約5分鐘

官網

地圖

德島ラーメン麺王（高松駅前）

　　德島的拉麵向來著名，就算不去德島，也可以在高松嚐得到。這家位於JR高松站和高松築港站的拉麵店，交通方便，價格便宜，而且光顧後還能得到折扣券，可留待下次造訪再使用！拉麵的份量足，味道好，價錢又便宜，實在是用餐的好選擇！

📍香川縣高松市壽町1丁目1 📞087-813-3671 🕐11:00～24:00 🚃從JR「高松站」徒步約3分鐘

官網　　　　　地圖

一起來做讚岐烏龍麵！中野烏龍麵學校（琴平校） 中野うどん学校

　　來到香川不吃一碗美味的讚岐烏龍麵（即烏龍麵），實在太對不起自己了，如果你不只滿足於吃，更想親手製作美味烏龍麵，來到中野烏龍麵學校就可以滿足願望了。這裡的教學十分生動有趣，除了互動性強外，還會帶領大家在強勁的音樂聲中跳舞，再用大腿壓平烏龍麵糰，把音樂和美食結合起來，創意滿分！

 用舞蹈來壓麵條，寓學習於娛樂，是非常特別的體驗！ 做好烏龍麵後，就是「自食其麵」的時間啦！

📍 香川縣多度郡琴平町796 📞 087-775-0001 🕐 8:30～18:00
🚌 從「琴平站」步行約10分鐘

官網　　　　地圖

考驗善信的體力和耐力：金刀比羅宮 ことひらぐう

　　登上金刀比羅宮要爬785級石階，雖然爬上去總是氣喘吁吁，可它卻是整個香川縣最具代表性，甚至是不可不去的景點。金刀比羅宮供奉的是大物主神和崇德天皇，位於象頭山的深山之中，要前往並不容易，可是登上後卻能眺望琴平市街及瀨戶內海的美景，實在是相當值得！

官網　　　　地圖

📍 香川縣仲多度郡琴平町892-1
📞 087-775-2121 🕐 6:00～18:00
🚌 從JR或琴電「琴平站」，步行約30分鐘

1 要到神社參拜很考驗腳力，可以請這裡的轎夫把你抬到山上去
2 進入神社範圍，映入眼簾的是一排排寫著捐款善信名字的燈籠

川福本店

　　來到高松，又怎麼能不試試這裡著名的讚岐烏龍麵？高松的烏龍麵店很多，隨便挑一間都很有水準，其中大力推薦這間歷史悠久的川福本店，這裡的烏龍麵麵條口感很好，湯頭清甜，用料十足，而且價錢不貴，1000日圓左右就能吃到一碗非常美味的讚岐烏龍麵了！

📍 香川縣高松市大工町2-1 📞 087-822-1956 🕐 11:00～14:00、18:00～23:30，星期二休 🚌 在琴電「片原町站」下車，步行約10分鐘

官網　　　　地圖

德島縣

鳴門、德島、大步危及小步危：自然奇觀之旅

行程

規劃

天數：2天

行程1

巴士
從JR「鳴門站」搭車前往

10:00～12:00
鳴門漩渦
（觀光船及渦之道）

步行
從渦之道過去約15分鐘

12:15～13:15
午餐（潮風鯛魚飯鳴門公園內）

鳴門線巴士
JR「德島站」下車，車程約30分鐘，出站後步行約10分鐘

17:30～18:30
晚餐（鳥巢亭阿波尾雞）

計程車
約15分鐘

16:00～17:00
阿波木偶人形會館

計程車
約20分鐘

14:00～15:30
阿波舞會館

行程2

觀光巴士
10:40 從JR「阿波池田站」出發

11:25～11:45
平家屋敷

12:05～12:50
午餐
（包含在行程內）

觀光巴士

14:35～15:05
道之站大步危

觀光巴士

13:50～14:00
小便小僧

觀光巴士

13:00～13:30
藤蔓橋

15:05～16:00
大步危觀光船

觀光巴士
16:35 回到「JR阿波池田站」

JR德島線或JR特急劍山號
從「阿波池田站」到「德島站」車程約1小時20分出站後步行約10分鐘

18:15～19:15
晚餐（阿波牛串燒きひなた）

大步危觀光巴士

行程1
鳴門漩渦

潮風鯛魚飯

阿波木偶人形會館

阿波舞會館

鳥巢亭阿波尾雞

阿波牛串燒きひなた

JR阿波池田站

小便小僧

行程2
平家屋敷

大步危觀光船

藤蔓橋

行程 1　令人驚心動魄的自然奇景：鳴門漩渦
鳴門の渦潮

來到德島，遊人都會到鳴門觀看一個天然奇景：漩渦。當看到一個個漩渦在海上形成，還有那驚人的力量時，都會為之驚嘆。在鳴門看漩渦可以選擇在陸上的渦之道觀看，步道的地面還設有玻璃，可清楚看到腳底下水裡的漩渦。另一個方法是坐船觀看，親身感受漩渦的力量。推薦兩個方法都試一遍，從不同角度感受這驚人的自然奇景。

📍 德島縣鳴門市鳴門町土佐泊浦字福池65　📞 088-683-6262　💴 成人2500日圓、兒童1000日圓　🕐 9.30～16:15（每天船站不同，詳情請參閱官網）🚌 從JR「鳴門站」乘坐巴士約20分鐘

官網

渦之道地圖

鳴門觀潮船

鳴門觀潮船地圖

1 除了觀賞漩渦，大橋加海景的畫面也很有看頭！　**2** 大大小小的漩渦就和觀光船近在咫尺！

每天都是阿波祭！阿波舞會館　阿波おどり会館

德島市最著名的就是阿波舞祭，但因為日期所限，並非每個遊客都有緣分可以參觀，但不要緊！如果對阿波舞祭感興趣的話，可以到這間阿波舞會館，這兒不但有阿波舞祭的詳細介紹，相關精品的販售，更能一睹真正的阿波舞，早上會由會館專屬的「阿波之風」負責表演，晚上則會由德島縣內著名的阿波舞團體表演，十分精彩，值得一看！

📍 德島縣德島市新町橋2-20番地　📞 088-611-1611　💴 成人：博物館300日圓、日間表演800日圓、黃昏表演1000日圓；中高學生及小學生：博物館免費、日間表演400日圓、黃昏表演500日圓　🕐 9:00～17:00　🚌 從JR「德島站」步行約10分鐘

官網

地圖

栩栩如生的人偶：阿波木偶人形會館　阿波木偶人形会館

德島除了阿波舞外，阿波人形（即人偶之意）也十分著名，對這種傳統工藝有興趣，或是想欣賞這些栩栩如生的木偶的遊人，不妨到阿波木偶人形會館看看。這裡是由阿波人形第一人：形健老師管理，共展有100多個的人偶，全都是心血的結晶，實在令人大開眼界！現場還有實作示範，可以加深對這種民間工藝的認識。

📍 德島縣德島市川內町宮島本浦226-1　📞 088-665-5600　💴 成人500日圓、中學生400日圓、兒童300日圓　🕐 9:00～17:00，星期日、每月第一個及第三個星期一休　🚌 在JR「德島站」坐德島市營巴士，富吉團地方向，於「郎兵衛屋敷前站」下車

官網

地圖

鳥巢亭

　　德島有三大名物：阿波尾雞、阿波牛和拉麵。在鳥巢亭，大家可以品嚐到著名的阿波尾雞。店裡提供不同的雞肉料理：烤雞、炸雞、雞肉串燒、雞肉鍋、阿波尾雞親子丼等，雞肉細嫩可口，尤其推薦雞肉串燒，火候和風味十足，非常值得一試！

燒得又香又嫩的雞肉串燒，令人食指大動！

📍 德島縣德島市兩國本町2-18 📞 088-652-1773 🕐 星期一～五11:30～13:00、17:00～22:00；星期六17:00～22:00 🚌 從JR「德島站」步行約10分鐘

官網　　　　地圖

行程 2

撼動人心的山峽美景：大步危及小步危

　　來到四國旅遊，如果不去大步危及小步危，感受一下峽谷奇景的迷人和震撼，那就真的有如入了寶山空手而回。這裡的景色怡人，美得令人屏息，還可以坐觀光船，觀看因為風化作用沖刷而成的奇岩異石。大步危及小步危地區還有很多著名的景點，如充滿驚險的祖谷藤蔓吊橋，還有小便小僧、劍山、琵琶之滝等，喜歡大自然的朋友來到這裡一定會感到大滿足！

🚌 在JR「大步危站」下車，再坐祖谷線巴士前往，或可乘坐觀光船遊覽

大步危觀光巴士　　地圖

1 想不到在日本也可看到這樣美麗的峽谷，這隱世的桃源秘景！　**2** 在看似單薄的藤蔓橋上行走，實在是步步為營！

阿波牛串燒きひなた

　　吃過了阿波尾雞後，又怎可錯過德島的另一名物：阿波牛！這間店位於德島站附近，交通方便，專門提供阿波牛串燒及其他阿波牛料理，當中一定要試試這裡的串燒，這可是這間店最著名的菜式喔！其他料理如燒肉、牛肉丼等都很有水準。

📍 德島縣德島市鞋田町1-5 🕐 18:00～24:00（星期四休）🚌 從JR「德島站」步行約10分鐘

地圖

愛媛縣

尋訪《神隱少女》和《少爺》的故事世界

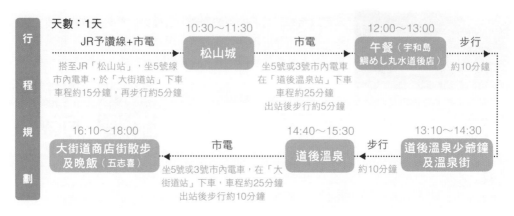

行程規劃

天數：1天

JR予讚線+市電
搭至JR「松山站」，坐5號線市內電車，於「大街道站」下車
車程約15分鐘，再步行約5分鐘

10:30～11:30
松山城

市電
坐5號或3號市內電車在「道後溫泉站」下車
車程約25分鐘
出站後步行約5分鐘

12:00～13:00
午餐（宇和島鯛めし丸水道後店）

步行
約10分鐘

13:10～14:30
道後溫泉少爺鐘及溫泉街

步行
約10分鐘

14:40～15:30
道後溫泉

市電
坐5號或3號市內電車，在「大街道站」下車，車程約25分鐘
出站後步行約10分鐘

16:10～18:00
大街道商店街散步及晚飯（五志喜）

宇和島鯛めし丸水道後店

道後溫泉少爺鐘及溫泉街

Start
松山城

道後溫泉

大街道商店街

五志喜

一睹名城風采：松山城

　　城堡在日本很常見，但一般城堡的天守閣都是單座式的，而這座愛媛的第一名城：松山城，卻是採用了連立式的設計，十分特別，和姬路城及和歌山城並列為日本三大連立式天守，同時亦是日本的重要文化財產。因為位於海拔132公尺的山頂之上，若要前往需要坐纜車，喜歡徒步的朋友也可以選擇花30分鐘從山腳登山。

📍 愛媛縣松山市丸之內1 📞 089-921-4873 🕐 9:00～17:00 ¥ 天守閣門票：成人520日圓、兒童160日圓 🚌 從「大街道站」步行約5分鐘

官網

地圖

體驗少爺列車暢遊道後　坊っちゃん列車

這輛造型懷舊，相當有特色風情的蒸氣火車，以小說《少爺》裡的火車為藍本，穿梭於松山城中心及著名景點道後溫泉之間，是非常受遊客歡迎的特色主題觀光列車。乘坐懷舊火車，前往充滿古雅情懷的道後溫泉，實在是非常讚的體驗！

官網

📍 松山市 📞 089-848-3323（伊予鐵道運輸課）🕐 8:30～17:15 💴 成人1300日圓、兒童650日圓（每人單程）

宇和島鯛めし丸水 道後店

這是一間專門提供鯛魚飯的餐廳。鯛魚飯是松山的其中一款特色名物，分為兩種，一種是把魚放在飯上一起蒸，讓魚香滲進飯粒裡，充滿風味；另一種是在飯上加上鯛魚生魚片，鮮味十足，可按自己的口味選擇。

📍 愛媛縣松山市道後湯之町13-10 🕐 11:00～14:30、17:00～21:00（星期六日至22:00）🚌 從松山伊予鐵路「道後溫泉站」，步行約10分鐘

官網

地圖

保證滿載而歸：機關少爺鐘及道後溫泉街

坐市電到達道後溫泉站後，只要徒步走幾分鐘就可到達道後溫泉的入口：溫泉街及少爺鐘。這座少爺鐘是道後溫泉的標誌，每逢整點時，鐘的機關都會開動並奏出音樂，小說《少爺》裡的人物就在鐘樓上盤旋活動，吸引很多遊人在鐘的附近等候觀看。欣賞完少爺鐘的表演後，可穿過熱鬧的溫泉街前往道後溫泉，溫泉街上是一家家的伴手禮店，愛媛縣最著名的特產如一六蛋糕、六時蛋糕、柑橘零食菓子等，都能在溫泉街上找到。

1️⃣ 《少爺》中的人物和大家見面 2️⃣ 要買伴手禮，當然不能錯過店舖林立的溫泉街了！

📍 道後溫泉站附近 🚃 坐5號或3號市內電車，在「道後溫泉站」下車

官網

地圖

《神隱少女》的世界：道後溫泉　どうこおんせん

見到這座充滿古樸情懷的溫泉館時，有沒有很親切熟悉的感覺？沒錯！這裡就是宮崎駿的著名動畫《神隱少女》的其中一個場景—湯婆婆的溫泉屋了！溫泉設有本館及別館，別館設施較新，本館較有風情，各有各的捧場客。來到道後溫泉，如果不到溫泉館裡好好享受泡湯，體驗日本傳統錢湯的特有風情，就好像沒有來過愛媛縣的松山呢！

1 這裡就是《神隱少女》中溫泉旅館的原型 2 單單從外觀來看，這座建築物本身就是一件珍貴的藝術品
3 道後溫泉不愧是日本歷史最悠久的溫泉之一，充滿了古樸情調

官網　　　地圖

📍 松山市道後湯之町5-6 📞 089-921-5141 🕐 神之湯一樓6.00～23.00（停止售票時間22:30）¥ 成人420日圓、2～11歲160日圓（可使用1小時，休息室及靈之湯要另外收費）🚌「道後溫泉站」下車

五志喜　Goshisiki

五志喜除了提供松山的名物鯛魚飯外，還有一種很有特色的麵食：五色素麵，麵的味道較清淡，配合蛋絲、葱花等五種顏色的配菜，適合口味較清淡的遊人。另外，可以試試他們的鯛魚生魚片，也十分鮮甜美味。

官網　　　地圖

📍 愛媛縣松山市三番町3-5-4 📞 050-5486-6517 🕐 11:00～14:00、17:00～22:00（星期日和節假日至21:00）🚌 從伊予鐵道「大街道站」步行約5分鐘

五色素麵套餐，以原汁原味為主，賣相也很吸引人

樂遊麵包超人博物館、四萬十川

行程
密技

關東

關西

沖繩

九州

四國

北海道

中部
北陸

山陰
山陽

東北

行 程 規 劃

天數：2天

行程 1

JR土讚線+計程車 　　　　　　　11:00～13:00 　　　　　　　計程車

從JR「高知站」坐計程車　　　**高知西島園藝團地及午餐**　　　約30分鐘
車程約25分鐘

17:30～18:30　　　　　　　　　　　　　　　　　　　　13:30～16:30

晚飯　　　　　　　　麵包超人巴士+JR 土讚線　　　　　**麵包超人博物館**
（鍋燒拉麵千秋）
　　　　　　　　坐麵包超人巴士回「土佐山田站」
　　　　　　　　再坐JR「高知站」，總共車程約50分鐘

行程 2

JR土讚線+土佐黑潮鐵道　　　　11:00～15:00　　　　　　　步行

從JR「高知站」搭土讚線至「窪川站」　**四萬十川之旅**　　從「中村站」步行約10分鐘
不需下車直通土佐黑潮鐵道，於「中村站」下　**觀光行程**
車，車程約2小時

18:30～19:30　　　　　　　　　　　　　　　　　　　　15:15～15:45

晚餐（き鰹たたき　　　土佐黑潮鐵道+JR土讚線　　　**四萬十川物產館**
明神丸ひろめ市場店）
　　　　　　　　到窪川站，再搭乘JR土讚線回高知站，
　　　　　　　　步行約15分鐘，全程約2～3小時

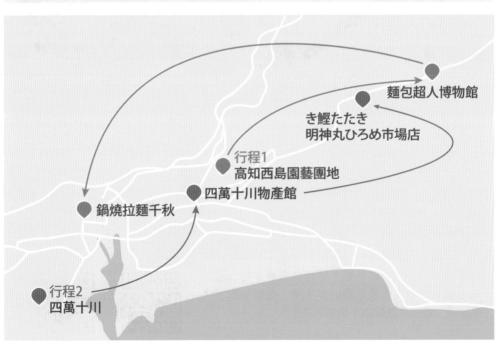

麵包超人博物館

き鰹たたき
明神丸ひろめ市場店

行程1
高知西島園藝團地

四萬十川物產館

鍋燒拉麵千秋

行程2
四萬十川

行程 1　麵包超人列車

在四國有多輛麵包超人列車行駛，包括予讚線（高松～松山）、土讚線（岡山～高知）、高德線（高松～德島）及瀨戶大橋線，除了在列車車身全是麵包超人和他的可愛伙伴們的繪畫外，連車廂裡都是麵包超人的裝飾，還有以麵包超人為主題的遊樂車廂等，無論大人或小孩，見到都會開心到飛起來！因為一天只有少數車班行駛，如想乘坐請到官網查詢。

🚆 行駛路線：土讚線（岡山、琴平、阿波池田及高知）、予讚線（來往岡山及松山，途經高松及今治）、高德線（高松及德島，途經栗林）🕐 時刻表請見官網（可使用四國JR PASS乘坐）

官網

1 在高松站可以買到麵包超人的可愛便當，每天限量供應　**2** 一看車身，就知道是麵包超人的主題火車了
3 幸運的話，還能坐上有兒童遊樂場專用車廂的麵包超人主題火車呢！

水果隨便摘、吃到飽：西島園藝團地　西島園芸団地

高知縣盛產水果，來到這裡當然要去果園體驗一下了！高知西島園藝團地是很受遊人歡迎的採果地方。在草莓採收時節，可以參加草莓任摘吃到飽的活動，而在其他季節，也能參加他們的果園見學，還有到餐廳享用水果大餐！這裡還有很多跟水果相關的伴手禮，例如果凍、果醬、果汁等，最適合喜歡吃水果的朋友了！

📍 南國市甘枝600　📞 088-863-3167　🕐 9:00～17:00　💴 1～3月1780日圓、4～6月1580日圓　🚌 從「後免站」開車，約5分鐘

官網

地圖

超級卡哇依！麵包超人巴士

除了擁有麵包超人電車外，只要搭JR到土佐山田站，出站就可搭乘麵包超人巴士前往麵包超人博物館。車廂裡裡外外都是麵包超人的可愛身影，因為巴士是JR營運，出示JR PASS可以免費搭乘。只要20～30分鐘左右，就能到達麵包超人博物館了！

📍 JR「土佐山田站」出口即達

行程
密技

關東

關西

沖繩

九州

四國

北海道

中部
北陸

山陰
山陽

東北

麵包超人之旅的重頭戲：麵包超人博物館 アンパンマンミュージアム

在日本有多間麵包超人主題樂園，而全日首間以麵包超人為主題的博物館則位於其作者柳瀨嵩的故鄉：高知。在這間博物館裡，不僅可以跟可愛的麵包超人和細菌人大玩偶合照，還能在多個著名場景拍照。另外，博物館展出了多款玩具周邊產品，還有珍貴的漫畫原稿呢！到最後還可以到商店搜購精美的紀念品，這裡真是麵包超人粉絲的天堂！

📍 高知縣香美市香北町美良布1224-2 📞 088-759-2300 💴 成人800日圓，國中生、高中生500日圓，3歲以上、小學生以下300日圓，2歲以下免費 🕐 9:30～17:00（7月及8月從9:00開始）🚌 在JR土讚線「土佐山田站」下車後，搭JR巴士大棚線到「麵包超人博物館前」巴士站約25分鐘，或在JR「土佐山田站」坐麵包超人巴士，車程約20分鐘

官網

地圖

鍋燒拉麵千秋 鍋燒きラーメン千秋

拉麵通常是放在碗裡吃，但高知的拉麵卻很特別，是放在鍋裡吃的，這也是高知的名物：鍋燒拉麵。拉麵放在鍋中，熱騰騰會更好吃，尤其在寒冬時嚐一口，更是全身溫暖！這種鍋燒拉麵就只有在高知才能吃到，來到高知，千萬不要錯過！

📍 高知縣高知市新本町2-15-11 🕐 11:00～15:00、18:00～21:00（星期一休息）🚌 從JR「高知站」步行約5分鐘

地圖

行程 **2** 四萬十川溪流
||||||||||||||

　　四萬十川是四國著名的景點，因為未受污染，景色就像天堂一樣純淨美麗。雖然交通不便，但仍吸引不少遊人特意前來，投進大自然的懷抱，欣賞清純潔淨的河川景色。交通方面以自駕較為方便，若不自駕的話，建議利用當地的觀光行程（見官網），可以輕鬆又寫意的方式，飽覽四萬十川的美景。

🚌 利用觀光巴士遊玩，行程約4小時

四萬十川之旅

四萬十川物產館

　　想搜羅四萬十川最齊全的物產？不妨來到中村站附近的四萬十川物產館，這裡齊集了各種四萬十川的名物，像蜜芋蛋糕、魚乾、海鮮仙貝等，保證大家滿載而歸！

📍 高知縣四万十市右山383-7 📞 088-034-5551 🕐 8:00～19:30 🚌 從「中村站」步行約10分鐘

官網　　　　　　地圖

き鰹たたき明神丸ひろめ市場店

　　來到這間以鰹魚料理的長龍名店，當然要試試兩大名物：鰹ハランボの藁焼及鰹ハランボの藁焼，尤其是鰹ハランボの藁焼，烤得很香，就只賣440日圓，很超值呢！供應數量有限，不要錯過！

📍 高知縣高知市帶屋町2丁目3-1ひろめ市場 📞 088-820-5101 🕐 星期一～六11:00～21:00，星期日10:00～20:00 🚌 從JR「高知站」步行約20分鐘

官網　　　　　　地圖

小豆島：希臘風情之旅

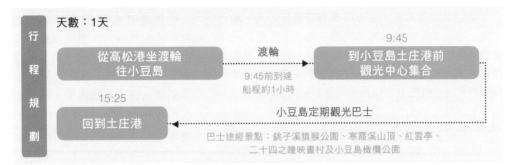

行程規劃

天數：1天

從高松港坐渡輪往小豆島 — 渡輪 9:45前到達 船程約1小時 → 9:45 到小豆島土庄港前觀光中心集合

15:25 回到土庄港 ← 小豆島定期觀光巴士

巴士途經景點：銚子溪猿猴公園、寒霞溪山頂、紅雲亭、二十四之瞳映畫村及小豆島橄欖公園

坐上觀光巴士，可以最方便的方法，遊玩小豆島著名的景點

小豆島
觀光巴士

高松港渡輪碼頭
地圖

銚子溪猿猴公園

寒霞溪山頂
及紅雲亭

小豆島橄欖公園

二十四之瞳映畫村

到處都是猴子！銚子溪猿猴公園 銚子渓おさるの国

　　來到這裡，你一定會以為自己來到了花果山！這裡沒有圍欄，也沒有籠子，猿猴都是野生的，到處爬來爬去，十分可愛！雖說是野生，園方會為猴子提供食物。這裡猿猴共有500多隻，每一隻都悠閒地生活著，十分寫意。雖然和猿猴是零距離，但牠們始終是野生動物，所以要避免接觸，以免受傷。

猿猴替同伴捉蚤子的情景，令人直呼：卡哇依！

📍 香川縣小豆郡土庄町肥土山字蛙子3387-10 ☎ 087-962-0768 ¥ 成人450日圓、兒童250日圓 🕐 8:20～17:00 🚌 小豆島定期觀光巴士

官網

地圖

賞紅葉的勝地：寒霞溪山頂及紅雲亭 寒霞溪

寒霞溪是著名的賞紅葉勝地，最適合來到的時節是秋天，但在其他季節來，這裡同樣有著獨特的美。風光明媚秀麗，處處都充滿著悠閒自在的氣息，呼吸一下新鮮空氣，欣賞山下的景色，在樹蔭下散步，實在是非常寫意。最佳的遊玩方式是坐纜車前往，坐巴士或自駕都可以，但巴士在12月中旬至3月中旬會停駛。

📍 小豆郡小豆島町 🕐 纜車營業時間3/21～10/20、12/1～12/20：8:30～17:00；10/21～11/30：8:00～17:00；12/21～3/20：8:30～16:30 💴 成人1970日圓(來回)、1100日圓(單程)；兒童990日圓(來回)、550(單程)；一日乘車券：成人2700日圓、兒童1400日圓 🚌 小豆島定期觀光巴士

官網

地圖

紅霞溪的紅葉景色十分著名，雖然來時沒看到，但能觀賞這同樣美麗的景色，身心也很舒暢！

美麗的電影世界：二十四之瞳映畫村 二十四の瞳映画村

這裡是日本電影《二十四之瞳》的拍攝地方，看過電影的朋友，來到這裡會倍感親切，而沒有看過電影的話，因為這裡的風光美麗，建築古色古香，再加上七彩的鮮花，值得來走走。

📍 香川縣小豆郡小豆島町田浦甲931 📞 087-982-2455 🕐 9:00～17:00 💴 成人890日圓、小學生450日圓 🚌 小豆島定期觀光巴士

官網　　　　地圖

這裡是希臘嗎？小豆島橄欖公園
小豆島オリーブ公園について

看到那美麗的風車，還有佔地4.8公頃，超過2000棵綠油油的橄欖樹，是不是以為自己到了希臘？當然，這裡並不是希臘，而是小豆島的橄欖公園呢！風車、橄欖樹、美麗大海，全都為這裡增添了濃濃的希臘風情，成為小豆島最具人氣和代表性的地方！就算不能前往希臘，在這裡也一樣可以感受到希臘的小島風情呢！

📍 香川縣小豆郡小豆島町西村甲1941-1 📞 087-982-2200 🕐 8:30～17:00

官網　　　　地圖

1 希臘的白屋和藍頂建築，竟然出現在日本的小豆島！ **2** 大家認得這風車嗎？這可是希臘愛琴海小島的標誌喔！

7

北海道
高CP值路線全規劃

到北海道旅行，應該以什麼交通工具為主？

　　相比其他地區，北海道的大眾交通並不算很方便，如果是較偏遠的地區，即使是JR的車班都較少，所以若是利用大眾交通工具遊玩北海道的話，一定要留意好火車的時刻表。北海道城市之間的來往，可以坐JR，而市內的交通，則以市電、地鐵、巴士為主，以下是各個地區的交通工具列表：

城市	市內交通工具	可延伸地區	
札幌	札幌市營地下鐵	定山溪（巴士） 登別（JR） 洞爺湖（JR）	
	札幌巴士		
旭川	旭川巴士	層雲峽（巴士） 富良野（JR） 美瑛（JR）	
函館	函館市電	大沼公園（JR）	
網走	網走巴士	道東三湖（巴士） 知床（巴士） 釧路（JR）	

常用的觀光巴士

定山溪定鐵巴士

道東三湖定期觀
光巴士

知床定期觀光巴
士

層雲峽巴士

MAP 北海道JR路線圖

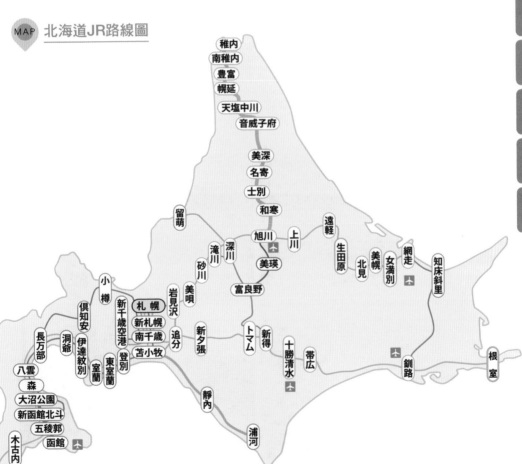

機場到市區的交通

　　北海道最大的機場新千歲空港位於千歲市，與札幌距離不遠，也有多種交通工具可連接機場及市中心：

目的地	交通工具	票價	所需時間	
札幌及其他大城市如函館、旭川等	JR	1150日圓（札幌）	40分鐘（札幌）	
札幌各大飯店及薄野	北海道中央巴士	1100日圓	約1小時	
札幌站前、大通、薄野	北都交通巴士	1100日圓	約1小時	

規劃北海道旅行，
有什麼事項需要特別注意？

行程
密技

關東

關西

沖繩

九州

四國

北海道

中部
北陸

山陰
山陽

東北

相比其他地區，北海道是個難度較高的自助遊區域，一來大眾交通不太方便，二來冬天的時候會下大雪，很容易會影響行程，而且因為幅員甚廣，要一次遊遍並不可能。在規劃北海道旅行時，要注意的事項也特別多：

注意各地交通的連接和車班時刻表

並不是每個地方之間都有大眾交通工具連接，例如美瑛和富良野區內的景點，在夏季會有巴士通行，但在冬季就沒有了。而很多地方雖然有大眾交通工具前往，但車班卻有限，就算是JR，若來往的是次熱門的城市，班次也不會很多，所以必須在出發前查詢好要搭乘的交通工具的時刻表，安排好出發和回程的時間，特別是要注意末班車的時間。

雪地不宜自駕

北海道的冬天大雪紛飛，滿地積雪，不幸運的話更可能碰上暴雪，所以並不是自駕的好時節，如果你缺乏雪駕經驗，又或是第一次到北海道自駕的話，實在是不適宜自駕，以免發生危險。

注意配合祭典時間與及早訂房

因為北海道有很多祭典都在冬季和夏季，在這兩個時節前往北海道的遊人不妨考慮把祭典排進行程裡。若想在行程中安排觀賞祭典，一是要先查好各個祭典的時間，通常在一年前的祭典官網就能查詢到，查好了時間後，便以行程遷就祭典時間，若安排得好，甚至可以一個旅程看3～4個祭典。另外，祭典進行期間，觀光客太多不好訂房，也適合提早安排預訂住宿。若是自駕的話，要留意所訂的住宿點會不會在祭典的封路範圍內，最好是選擇跟祭典場地較近但又不會封路的地方住宿。例如祭典是在JR站前進行，那麼可以選擇在JR站後住宿。

注意店舖及景點在不同季節的營業時間

因為北海道四季的景色及玩樂方法都截然不同，有些店舖或景點只會在夏季或冬季營業，亦有些是營業時間在夏季冬季都會有所不同，所以建議在出發前先按照時節查好營業時間，免得吃閉門羹掃興而回。

先查好電話號碼及MAPCODE

若到北海道自駕，需要預先查好所去的景點、餐廳、飯店等的電話號碼，在前往目的地前輸入，便可以開始導航。若是自然景點，如瀑布、溪流、濕原等等，可以利用MAPION網站尋找MAPCODE，在自駕時也以MAPCODE方式輸入。北海道的自然景點較多，未必有電話號碼，而且有些較荒郊的地方，網路接收不好，所以建議在出發前先把這些查好。

MAPION
官網

在冬季盡量避免前往道東及道北地區

冬季時常常會有暴雪，尤其是道東和道北，若遇上了暴雪，JR和大眾交通工具都會停駛，將會被困住，行程也會受阻。

去北海道旅行，應該買交通票券嗎？
買哪些交通票券較為划算？

　　北海道和其他地方一樣，都有其地區JR票券，可以乘坐整個北海道地區的火車。北海道JR票券還有一個比其他地區更好的地方，就是其他地區的JR票券都是連續使用的，但北海道卻有任選4日券的優點。

北海道5日鐵道周遊券

　　可以使用北海道5日券進行一次道東之旅，例如在第一天從札幌前往網走，第二天在網走市內遊玩，第三天從網走前往道東三湖，第四天從網走前往釧路並遊玩，第五天從釧路回到札幌。這個行程包括了兩次長途車程，以及一程從網走前往釧路的車程，如果每次購買車票，票價為：

札幌 ▶ 網走10010日圓
網走 ▶ 釧路4070日圓
釧路 ▶ 札幌9460日圓

　　那麼可節省的車費為：（**10010+4070+9460**）**-19000= 4540日圓**

票券種類	5日用		7日用		
	成人	兒童（6-11歲）	成人	兒童（6-11歲）	
赴日前購買	19,000日圓	9,500日圓	25,000日圓	12,500日圓	北海道周遊券
日本國內購買	20,000日圓	10,000日圓	26,000日圓	13,000日圓	

　　在回到札幌後，可以使用札幌的市內交通進行遊玩，不需要坐JR，在這個情況下，5天的道東行程加上2天的札幌行程，就是豐富的7天行程了。

一日券

　　至於市內的交通，如果會使用3次以上，通常買交通票券都是划算的，例如函館的市電一日券、札幌的地鐵一日券等，很適合配合市內遊玩使用。

<table>
<tr><td rowspan="4">札幌地鐵一日券</td><td>成人　　830日圓（星期六日及假日520日圓）</td><td rowspan="2"></td></tr>
<tr><td>兒童　　420日圓（星期六日及假日260日圓）</td></tr>
<tr><td colspan="2">官網</td></tr>
<tr><td colspan="2">購票地點 札幌市內所有地鐵線路（不可搭乘市區電車）
售票地點 札幌市營地下鐵各站</td></tr>
</table>

<table>
<tr><td rowspan="3">函館市電一日券</td><td>成人　　600日圓　　兒童　　300日圓</td><td rowspan="2"></td></tr>
<tr><td>購票地點 函館內所有電車線路
售票地點 函館市站前觀光案內所</td></tr>
<tr><td colspan="2">官網</td></tr>
</table>

景點及交通套裝優惠券

　　北海道一些景點會和交通工具營運公司合作，推出景點門票及交通工具套票的優惠。這種優惠的好處在於不但已安排好來回的交通，更可以近乎免費或極低的價錢暢遊景點，以下介紹很受遊人歡迎的票券：

來往札幌、旭川特急列車

自由席優惠來回票

包含來往札幌、旭川特急自由席來回車票，不包含動物園門票

優點　可節省3830日圓

成人　5550日圓	兒童　　2770日圓

購票地點　JR北海道服務中心
有效日期　6天

只限乘坐自由席，不包含動物園門票

官網

來往札幌及旭山動物園

定期觀光巴士套票

已包含交通工具及門票：札幌至旭山動物園高速巴士車票及旭山動物園門票

優點

雖然只可節省660日圓，但不用轉乘其他交通工具，可由札幌直達旭山動物園，增加遊玩時間！

成人　5700日圓	購票地點　札幌巴士總站
兒童　　2400日圓	

官網

定山溪溫泉一日遊套票

已包含交通工具及門票：札幌至定山溪巴士一天任意搭乘及任選一間指定溫泉泡湯券

優點

最少可節省1800日圓（搭乘巴士次數越多及選用的溫泉泡湯原價越貴，便能節省越多）

成人　2200日圓	兒童　1100日圓	購票地點　札幌巴士總站

官網

我該選擇在哪裡住宿？

在北海道旅遊住在火車站附近是最好的選擇，因為不單單是乘坐JR方便，也是巴士和市電的中心。札幌、旭川、函館等城市的巴士或市電總站都在火車站附近，而且附近也有不少餐廳和店舖。

札幌的住宿點

札幌的住宿區域有：札幌站附近、大通公園周邊、狸小路、薄野等，要選擇適合自己住宿的地方，得視乎你的需要而定。

札幌站：如果想交通方便，當然札幌站是首選，當中又以南口比北口好，因為大通公園、狸小路都在南口，如果住北口的話，前往這兩個地方會需要較多的步行時間。

狸小路、大通公園、薄野：如果喜歡血拚和逛街，很多旅人都會選擇狸小路、大通公園和薄野，這三個地區附近都有地鐵站，也是方便，只不過不是每個地鐵出口都有電梯，拖著行李的人要注意從哪個出口進出會較方便。

小樽的住宿點

若在小樽住宿，較適合選擇住在JR車站附近，因為那兒也鄰近巴士站，以及可以吃到新鮮海鮮的三角市場，而且步行至運河也不遠。在JR小樽站附近有很多飯店，距離火車站只有幾分鐘路程，適合不想拖著行李走太遠路的遊人。

MAP 札幌市地鐵路線圖

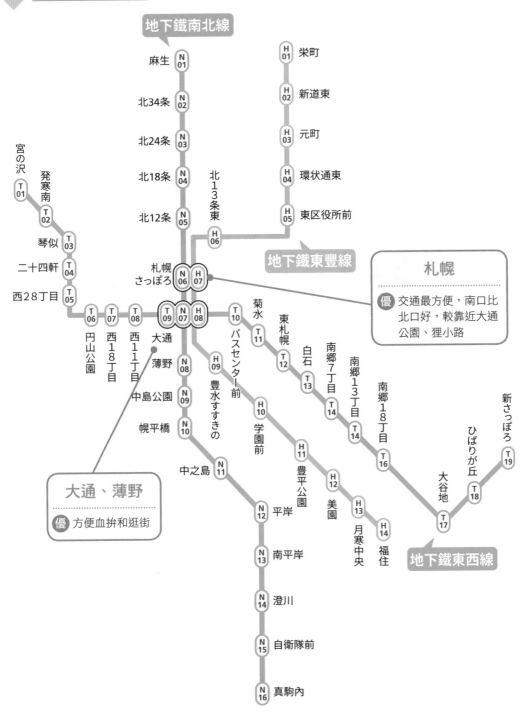

地下鐵南北線

麻生 N01
北34条 N02
北24条 N03
北18条 N04
北12条 N05

北13条東 H06

栄町 H01
新道東 H02
元町 H03
環状通東 H04
東区役所前 H05

地下鐵東豐線

宮の沢 T01
発寒南 T02
琴似 T03
二十四軒 T04
西28丁目 T05

札幌
さっぽろ N06 H07

札幌

優 交通最方便，南口比
北口好，較靠近大通
公園、狸小路

円山公園 T06
西18丁目 T07
西11丁目 T08
大通 T09 N07 H08

菊水 T10
東札幌 T11
白石 T12
南郷7丁目 T13
南郷13丁目 T14
南郷18丁目 T16

新さっぽろ T19
ひばりが丘 T18
大谷地 T17

薄野 N08
中島公園 N09
幌平橋 N10

バスセンター前 H09
豊水すすきの H10
学園前 H11

大通、薄野

優 方便血拚和逛街

中之島 N11
平岸 N12
南平岸 N13
澄川 N14
自衛隊前 N15
真駒內 N16

豊平公園 H11
美園 H12
月寒中央 H13
福住 H14

地下鐵東西線

　　旭川、網走、函館這些城市的交通樞紐都集中在火車站附近，住在火車站一帶會較好，例如旭川可以住在平和通附近，既近車站，又可以血拚購物；網走的市中心不在車站周邊，但住在車站附近可以方便乘坐JR。函館方面，住朝市前是不錯的選擇，距離函館車站只是一條街道，而且每天早上都可以去朝市吃早餐。

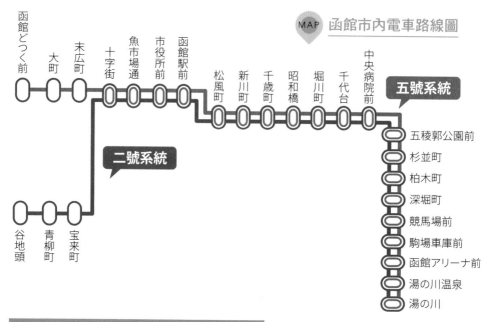

MAP 函館市內電車路線圖

登別、洞爺、阿寒的住宿點

　　在這些溫泉鄉，可以選擇兩種住宿方式：

選擇JR火車站附近的飯店

　　若預算不多，或是希望交通方便，不想拖著行李搭巴士及行走較遠地方的遊人，可以選擇住在JR站附近，這些飯店比溫泉區便宜，而且交通方便，只要坐巴士到溫泉區，享受溫泉，逛溫泉街，用完餐後，再坐巴士回飯店，就能以較低廉價錢享受泡湯的樂趣。但要注意的是，來往火車站和溫泉的巴士班次不多，請先查好時刻表及計畫好行程。

選擇溫泉街的溫泉飯店

　　預算較多，或是想感受日本溫泉鄉獨特風情的朋友，可以選擇溫泉街的飯店，通常房價較貴，而且交通不像火車站附近的飯店方便，但勝在風情十足，而且可以無限次享受泡湯的樂趣，有足夠時間在溫泉鄉閒逛。

我該如何規劃行程？

GUIDE HOKKAIDO TRAVEL

大眾交通行程

使用大眾交通，當然是換飯店的次數越少越好，所以在安排行程時，可以採用以下的方法，減少搬行李的辛苦

決定出遊的時節

北海道的風光和玩樂方式，四季都截然不同，可以按照自己的喜好選擇。想看櫻花的朋友適合在4月芝櫻盛開的時節出遊；想看花海的，若想看薰衣草，需要選在7月中旬至下旬出行；若想看雪祭、冰瀑祭、坐流冰船等，最適合在2月出遊。

決定要去的地方

這得視乎個人興趣與旅程長短而定，就如之前所說，北海道地方很大，一次是玩不完的，為避免走馬看花，可以集中在幾個區域遊玩。先選擇一些熱門城市，然後再決定市內要玩的景點，還有周邊要玩的地方：

札幌	市內景點	1. 大通公園 2. 狸小路 3. 二条市場 4. 薄野	5. 白之戀人公園 6. 鈴蘭公園 7. 北海道大學
	延伸景點	● 定山溪 1. 二見大橋及二見公園 2. 溫泉旅館 ● 洞爺湖 1. 洞爺湖 2. 溫泉旅館 ● 登別 1. 登別MARINE PARK	2. 伊達忍者時代村 3. 登別熊牧場 4. 地獄谷 5. 溫泉旅館 ● 小樽 1. 三角市場 2. 手宮線車站 3. 小樽運河

旭川

市內景點
1. 平和通
2. 旭山動物園

延伸景點

● 富良野
1. 富田農場
2. 起司工房
3. 日之出公園
4. 彩香之里

● 美瑛
1. 拼布之路

2. 超廣角之路
3. 青池
4. 四季彩之丘

● 層雲峽
1. 銀河、流星瀑布
2. 溫泉旅館

函館

市內景點
1. 金森倉庫
2. 元町教堂群
3. 百萬夜景
4. 函館熱帶植物園（猿猴泡溫泉）
5. 湯之川溫泉
6. 函館朝市

延伸景點
大沼公園

網走

市內景點
1. 網走監獄
2. 網走流冰館
3. 北方民族博物館

4. 感動朝市
5. 小清水原生花園

延伸景點

● 道東三湖
1. 美幌峠
2. 屈斜路湖
3. 砂湯及硫磺山
4. 古丹溫泉
5. 阿寒湖
6. 愛奴民族村
7. 綠球藻展示觀察中心

8. 摩周湖

● 知床
1. 知床五湖
2. 乙女之淚瀑布
3. 雙美瀑布
4. 湯之瀑布
5. 知床觀光船

釧路

市內景點
1. 幣舞橋
2. 和商市場
3. 釧路濕原
4. 丹頂鶴公園

- 把同一區域的景點集中安排

　　到北海道旅遊，若安排的景點過於分散，會浪費很多時間，因此需要研究地圖，把同一地區的景點安排在一起，下表為北海道的旅遊地區分布：

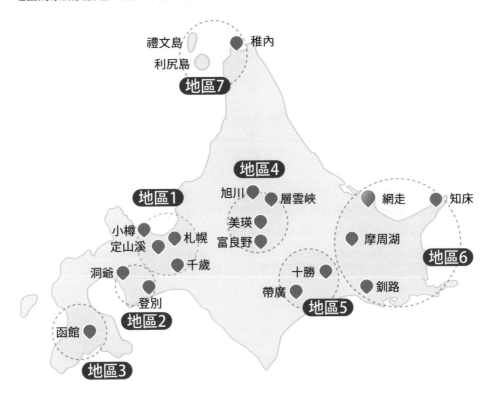

決定要走的路線

　　例如只以札幌、旭川和函館為中心，那麼可以採用由遠至近，放射性的玩法，先玩旭川及附近景點，然後往函館，玩函館市中心及周邊景點，最後回札幌，玩札幌市中心及周邊景點。如果是在札幌進出，適合以札幌為最後一站，如果是札幌入，函館出，當然最後一站會是在函館了。

- 查詢交通

　　需要查詢的交通資料分為四方面：

連接 各個城市	城市內 交通	連接 城市與周邊地區 的交通	周邊地區的 區內交通

以下提供幾個以不同地區為主的大眾交通行程，在規劃時可以參考：

札幌及周邊和函館

Day 1	到達函館，宿函館
Day 2	整天在函館遊玩，宿函館
Day 3	回到札幌，整天在札幌市內遊玩，宿札幌
Day 4	早上洞爺，下午登別，宿札幌
Day 5	整天在小樽遊玩
Day 6	回國

　　此行程以道南及道央為主，主要遊玩區域包括函館、登別、小樽、札幌。函館有著名湯之川溫泉、百萬夜景及函館朝市。在登別除了可以泡溫泉外，還可以參觀地獄谷、熊牧場、尼克斯水族館及伊達忍者村。最後兩天回到札幌及小樽。小樽以閒逛為主，而到了札幌可以最後衝刺，到狸小路搜羅伴手禮，也可以到舊道廳舍、時計台、大通公園、白之戀人公園等地方遊玩。交通採用JR來往函館及札幌，訂購航班時也可選擇函館入，札幌出，以節省交通時間。

札幌及旭川行程

Day 1	到達札幌，前往旭川，宿旭川
Day 2	整天在富良野，宿旭川
Day 3	整天在美瑛，宿旭川
Day 4	旭山動物園，黃昏回札幌
Day 5	回到札幌，整天在札幌市內遊玩，宿札幌
Day 6	整天在小樽遊玩
Day 7	回國

　　這個行程以旭川和札幌作為住宿點，分為兩大部份，首先是從遠玩起，在第1天就爭取時間前往旭川，第2天可以開始富良野的行程，第3天整天在美瑛，盡情享受漫遊拼布之路和超廣角之路的樂趣，第4天前往旭山動物園，遊畢後前往札幌，開始第二部份的行程。由於從旭川回札幌也需要不少交通時間，當日的遊玩時間只剩下午，因此可以先在札幌市中心遊玩，然後翌日再前往跟札幌只有半個多小時車程的小樽，即日來回，第7天回到溫暖的家。

札幌及道東行程

Day 1　到達札幌，前往網走，宿網走

Day 2　整天在網走市內遊玩，宿網走

Day 3　早上知床，下午前往道東三湖，宿網走

Day 4　整天在釧路市內遊玩，宿網走

Day 5　回到札幌，整天在札幌市內遊玩，宿札幌

Day 6　整天在小樽遊玩，宿札幌

Day 7　回國

（地圖標示：網走②　知床③　屈斜路湖　阿寒湖　摩周湖　⑥小樽　①⑤札幌　釧路④）

　　第1天到達札幌，若航班時間適合，可立即前往網走，節省交通時間，第2天即可開始道東部份的行程。第2天以網走市內景點為主，第3天延伸至跟網走約40分鐘車程的知床，第4天以釧路濕原為主，第5天回到札幌。從網走回札幌需要約一個早上，下午可以在札幌市內遊玩，翌日再前往小樽，第7天踏上歸途。

天數較短的行程

　　如果是天數較短的行程，可以選擇在札幌和旭川之間旅行，遊覽其周邊地區。

Day 1　到達札幌，前往旭川，宿旭川

Day 2　早上美瑛，下午富良野，宿旭川

Day 3　旭山動物園，黃昏回札幌，在札幌市內遊玩，宿札幌

Day 4　整天在小樽市內遊玩，宿札幌

Day 5　回國

（地圖標示：③旭川　②美瑛　富良野　小樽④　①札幌）

　　這個行程以札幌和旭川為住宿點，除了這兩個城市之外，還遊覽了美瑛、富良野和小樽，天數雖短，但已遊玩了北海道的精華景點，行程充實豐富。

天數較長的行程

　　如果是天數較長的行程，可以覆蓋札幌、函館、旭川及道東，遊遍整個北海道！道東以自然風光為主，道東三湖、知床、釧路濕原等都是親親大自然的好地方。道央以動物及賞花為主，有旭山動物園、四季彩之丘的羊駝，也有富田農場著名的薰衣草花海，最適合親子同遊。札幌及周邊以血拚、美食為主，小樽運河充滿歐陸情懷。道南以泡湯為主題，登別和洞爺不只景色優美，更是著名的溫泉鄉，航班採用函館入，札幌走，節省交通時間。

Day 1	到達函館，宿函館
Day 2	整天在函館遊玩，宿函館
Day 3	前往旭川，下午在旭山動物園遊玩，宿旭川
Day 4	早上美瑛，下午富良野，宿旭川
Day 5	前往網走，整天在網走市內遊玩，宿網走
Day 6	早上知床，下午前往道東三湖，宿網走
Day 7	整天在釧路市內遊玩，宿網走
Day 8	回到札幌，在札幌市內遊玩，宿札幌
Day 9	整天在小樽遊玩，宿札幌
Day 10	早上洞爺，下午登別，黃昏回到札幌，宿札幌
Day 11	回國

自駕行程

因為北海道的JR班次較少，有些地方也沒有公共交通可達，所以很適合以自駕方式遊覽。如在北海道自駕，可以採取繞圈的方式，在札幌取車，繞一個圈（可順時針或逆時針方向），然後回到札幌還車，再在札幌市中心及周邊遊玩。

租車網站

樂天租車

Day 1	到達札幌，在新千歲機場附近飯店住宿
Day 2	取車，前往富良野，整天在富良野遊玩，宿富良野
Day 3	前往美瑛，整天在美瑛遊玩，前往旭川，宿旭川
Day 4	旭山動物園，黃昏前往網走，宿網走
Day 5	整天在網走市內遊玩，宿網走
Day 6	早上知床，下午前往道東三湖，宿阿寒湖
Day 7	整天在釧路市內遊玩，宿釧路
Day 8	回到札幌，在札幌還車，在札幌市內遊玩，宿札幌
Day 9	整天在小樽遊玩，宿札幌
Day 10	回國

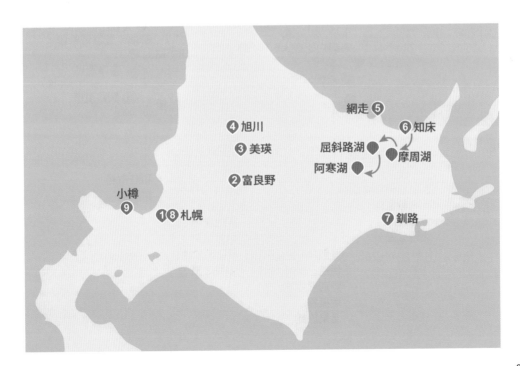

MAP 行程景點的位置圖

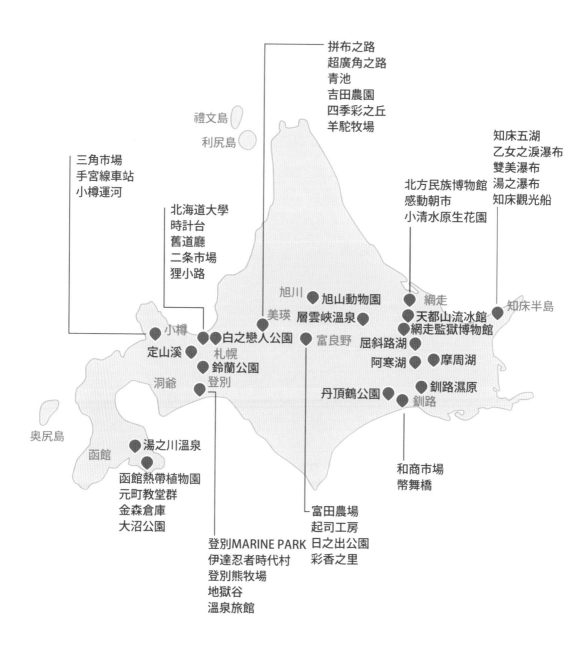

拼布之路
超廣角之路
青池
吉田農園
四季彩之丘
羊駝牧場

知床五湖
乙女之淚瀑布
雙美瀑布
湯之瀑布
知床觀光船

禮文島

利尻島

三角市場
手宮線車站
小樽運河

北方民族博物館
感動朝市
小清水原生花園

北海道大學
時計台
舊道廳
二條市場
狸小路

旭川　旭山動物園　網走
美瑛　　　　　天都山流冰館
層雲峽溫泉　　網走監獄博物館
富良野　　知床半島
小樽　　屈斜路湖
定山溪　白之戀人公園
　　　　　札幌　阿寒湖　摩周湖
洞爺　鈴蘭公園　　釧路濕原
　　　登別　丹頂鶴公園　釧路

奧尻島

函館　湯之川溫泉

函館熱帶植物園
元町教堂群
金森倉庫
大沼公園

和商市場
幣舞橋

登別MARINE PARK
伊達忍者時代村
登別熊牧場
地獄谷
溫泉旅館

富田農場
起司工房
日之出公園
彩香之里

📍 札幌、小樽：散步之旅

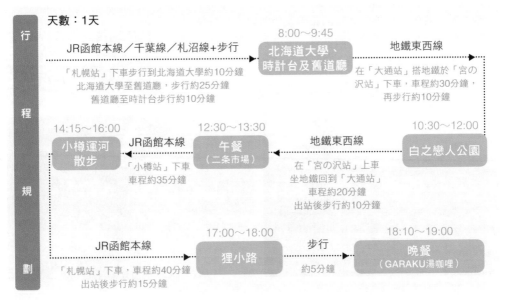

行程規劃

天數：1天

JR函館本線／千葉線／札沼線+步行

「札幌站」下車步行到北海道大學約10分鐘
北海道大學至舊道廳，步行約25分鐘
舊道廳至時計台步行約10分鐘

8:00～9:45
北海道大學、
時計台及舊道廳

地鐵東西線

在「大通站」搭地鐵於「宮の沢站」下車，車程約30分鐘，
再步行約10分鐘

14:15～16:00
小樽運河散步

JR函館本線
「小樽站」下車
車程約35分鐘

12:30～13:30
午餐
（二条市場）

地鐵東西線

在「宮の沢站」上車
坐地鐵回到「大通站」
車程約20分鐘
出站後步行約10分鐘

10:30～12:00
白之戀人公園

JR函館本線
「札幌站」下車，車程約40分鐘
出站後步行約15分鐘

17:00～18:00
狸小路

步行
約5分鐘

18:10～19:00
晚餐
（GARAKU湯咖哩）

小樽運河

Start
北海道大學、
時計台及舊道廳

白之戀人公園

二条
市場

狸小路

GARAKU
湯咖哩

學術氣息濃厚：北海道大學 北海道大学

北海道大學位於札幌站附近，校園開放給民眾參觀，除了多幢古色古香的校舍外，大學的花園景色秀麗，青草綠水，小河蜿蜒，給人非常清新的感覺！早上到大學遊玩，不僅可感受到濃厚的學術氣息，而且還可以呼吸新鮮的空氣，為美好的一天做準備！

📍北海道札幌市北區北8条西5丁目 🚌從JR「札幌站」步行約10分鐘

官網　　地圖

1 北海道大學每座校舍都有著獨特風格 2 在大學的花園漫步，悠然自得

充滿西方風情的地標建築：時計台及舊道廳
北海道舊本廳舍

設計典雅的時計台及採用紅磚建成的舊道廳都，是札幌市的標誌性建築，兩座建築物都充滿了西方建築的古雅風格。站在時計台及舊道廳的花園拍照，已成了不少旅人的指定動作。如果有興趣的話，還可以入內參觀。

時計台

📍札幌市中央區北1条西2-1-1 📞011-231-0838 🕐8:45～17:10，1/1～1/3休息 ¥成人200日圓，中學生以下免費 🚌從地鐵「大通站」7號出口步行約5分鐘

舊道廳

📍札幌市中央區北3条西6丁目 📞011-204-5019 🕐8:45～18:00，1/1～1/3休息 🚌從JR「札幌站」步行約10分鐘

官網　　地圖　　　　官網　　地圖

1 用紅磚建成的舊道廳，在花圍的襯托下格外迷人 2 舊道廳內可免費入內參觀

糖果屋真的存在！白之戀人公園 白い恋人パーク

大家都很嚮往童話世界中的糖果屋吧？要去糖果屋飽餐一頓，原來並不是遙不可及的夢！這座白之戀人公園，可說是一座名副其實的糖果樂園！它不但介紹巧克力餅乾：白之戀人的製作過程，還展示很多用巧克力做成的藝術品，像花束、結婚蛋糕等等，更可以到咖啡室享用一杯甜蜜蜜的巧克力聖代，或是到工房裡參加巧克力DIY課程，完全投入這個用巧克力做成的夢幻世界！

📍 北海道札幌市西區宮之澤2条2-11-36 📞 011-666-1481 🕐 10:00～17:00 💴 花園免費；工廠成人800日圓、4歲至中學生400日圓 🚇 從地鐵「宮之沢站」步行約10分鐘

官網　　　　地圖

1 充滿懷舊風情的花園，歡迎大家免費參觀　2 圍繞著糖果行駛的小火車

美味在這裡！二条市場

要吃新鮮的海鮮，不用遠走道東或道北，就在札幌的市中心，從大通公園走過去約15分鐘左右，就到達著名的二条市場。這是札幌著名的魚市場，除了可以買到很新鮮的食材外，還有多間為客人現做鮮美海鮮丼的餐廳。最大的賣點是集合幾個小碗的海鮮飯，例如海膽、三文魚、凡立貝等，上菜時會五個小碗一起端上來，讓客人每種海鮮丼都能試試，份量恰到好處。

📍 札幌市中央區南3条東1丁目‧東2丁目 📞 011-222-5308 🕐 商店7:00～18:00、食堂6:00～21:00 🚇 從地鐵「大通站」步行約15分鐘

官網　　　　地圖

1 二条市場地方不大，但擁有多間臥虎藏龍的優質餐廳
2 除了現場飽餐一頓海鮮大餐外，還可以把海鮮買回家吃

行程密技

關東

關西

沖繩

九州

四國

北海道

中部北陸

山陰山陽

東北

悠然自得漫步小鎮：小樽運河散步

　　來到小樽，又怎能不去小樽運河？這條充滿古樸色彩的運河，兩邊都是一些從前留下的倉庫，還有一排排充滿懷舊風情的煤油燈，在運河岸邊走著，真的有穿越時空的感覺。逛完運河後，還可以逛逛這裡的各式店舖，除了販售小樽名物玻璃的店舖外，更不能錯過北菓樓、LETAO、六花亭等名店的甜點。吃完甜點後，還可以到音樂盒工房，DIY製作屬於自己的音樂盒。小樽地方雖然不大，但已足夠開開心心的玩一個下午了！

從JR「小樽站」步行約10分鐘

官網　　　　　　地圖

1 來到小樽怎能不到美麗的運河留影？ 2 小樽的地標之一：古老典雅的大鐘 3 小樽的音樂盒美輪美奐

一次買盡各種伴手禮：狸小路

　　若要數全北海道最熱鬧的地方，那當然是札幌；若要數札幌最熱鬧的地方，當然是狸小路了。這條由多段商業街組成的步道，因為有一間供奉狸貓的神社而得名「狸小路」。無論什麼時候來，這條街道都是那麼熱鬧。兩旁林立的伴手禮店、藥妝店、生活雜貨店、時裝飾品店等，吸引著不少遊人專門為血拚而來。北海道各地的伴手禮都集中在這裡的店家，不少店舖還設有退稅服務，一次買5000日圓還能退稅，怪不得成為札幌著名的購物天堂！

札幌市中央區南2條及南3條之間的街道西1丁目～西7丁目
一般為10:00～20:00 從地鐵「大通站」步行約3分鐘

官網　　　　　　地圖

GARAKU湯咖哩

　　湯咖哩是札幌的名物，札幌有多間湯咖哩店都相當具水準，GARAKU是其中一間人氣很旺的店家，就位於狸小路附近，非常方便。湯咖哩通常分為不同辣度，可由客人任意挑選，所以即使不能吃辣的朋友也可以試試！GARAKU的湯咖哩中，推薦由雞腿和7種蔬菜烹調而成的「ラベンダーポークの豚しゃぶと7種きのこの森」，雞腿肉質幼嫩柔軟，蔬菜鮮甜美味，搭配起來口感清新可口。

北海道札幌市中央區南2條西2丁目6-1おくむらビルB1 011-233-5568 11:30～15:30、17:00～21:30 從地鐵「大通站」步行約5分鐘

官網　　　　　　地圖

富良野、美瑛、旭川、層雲峽：賞花海、享泡湯

行程規劃

天數：2天

行程 1

西達布線巴士 → 9:00～10:00 吉田農園 → 開車或計程車

在JR「富良野站」搭車，於「山部14線」下車
車程約15分鐘，再步行約10分鐘

約25分鐘

計程車 ← 13:00～15:00 四季彩之丘及羊駝牧場 ← 計程車 ← 10:30～12:30 富田農場

車程約15分鐘，到JR「美瑛站」附近店舖租車

約20分鐘

15:30～17:30 騎自行車遊覽拼布之路及超廣角之路（可在美瑛站租車） → 步行 約10分鐘 → 17:45～18:45 晚餐（洋食とcafeじゅんぺ）

行程 2

巴士 → 9:00～12:00 旭山動物園 → 步行 約5分鐘 → 12:00～13:00 午餐（旭山動物園內餐廳）

在「旭川站」坐41、42、47號巴士
車程約40分鐘

17:45～18:45 晚餐（Beer Grill Canyon） ← 步行 約15分鐘 ← 14:30～17:30 層雲峽溫泉街散步及泡湯 ← 巴士

從旭川動物園坐巴士回「旭川站」
再坐巴士前往層雲峽，車程約1小時30分鐘

備註：層雲峽往旭川的末班車為17:30，若不在層雲峽住宿，編排行程時請注意配合末班車時間。

拼布之路及超廣角之路
ASPERGES
四季彩之丘及羊駝牧場
富田農場
行程1
吉田農園

行程2
旭山動物園
層雲峽溫泉街
Beer Grill Canyon

行程 1
|||||||||||| 哈密瓜任摘任吃：吉田農園

哈密瓜是北海道的名物，富良野和夕張的哈密瓜都很著名。在富良野很多地方都能買到哈密瓜，如果想親手摘下哈密瓜好好品嚐，來到吉田農園就可以滿足願望了！農場主人會先挑選一些適合食用的哈密瓜，再安排客人採摘。能親手摘下自己喜歡的哈密瓜，然後好好飽餐一頓，那一份美味真的不能用文字形容呢！

📍 富良野市字山部東13線12 📞 016-742-3187 🕐 7:00～18:00（只限6～9月，10～5月休息）🚌 從JR「富良野站」搭西達布線巴士約15分鐘，在「14線」下車，步行約5分鐘。

官網

地圖

迷人的紫色夢幻：富田農場 ファーム富田

夏季來到富良野看花海，一定不可錯過富田農場，它是富良野內最富盛名的農場，除了有七彩的花田外，最著名的就是美輪美奐的薰衣草花田，在這裡還能吃到美味的哈密瓜，還有充滿特色的薰衣草味冰淇淋呢！更可購買很多和薰衣草有關的商品，喜歡薰衣草和鮮花的朋友，來到這裡必流連忘返。

📍 北海道空知郡中富良野町基線北15號 📞 016-739-3939 🕐 10:00～16:30 🚌 從JR中富良野站下車，步行約25分鐘；或從ラベンダー畑駅（薰衣草花田車站，只在6～10月開放）下車，步行約10分鐘。

官網

地圖

1 花海是農場的招牌美景 2 富田農場的薰衣草花田充滿了紫色浪漫

富田農場內餐廳

在富田農場參觀後，可以在附設的餐廳享用午餐，在此品嚐咖哩、可樂餅、薰衣草冰淇淋等，還能吃到新鮮的富良野哈密瓜，還有用哈密瓜做成的哈密瓜麵包呢！

📍 北海道空知郡中富良野町基線北15號 🕐 營業時間依店家及季節有所不同，詳見官網

地圖

地上出現了彩虹！四季彩之丘

展望花畑四季彩の丘

　　最能代表北海道的畫面，一定是那地上的彩虹：七彩繽紛的花田了。美麗的花海在富良野和美瑛的很多地方都能看到。其中以富良野的富田農場和美瑛的四季彩之丘最為精彩。四季彩之丘就如其名，由七彩繽紛，舖著花氈的山丘組成，一個連綿一個，非常漂亮，可以拍到十分夢幻的照片。論美麗的程度，絕對不會輸給著名的富田農場呢！

📍 美瑛町新星第三 🕐 4～5月＆10月9:00～17:00、6～9月8:30～18:00、11月9:00～16:30、12～2月9:00～16:00、3月9:00～16:30（只限6～9月，10～5月休息）🚌 四季彩之丘位於羊駝牧場旁，在JR「美瑛站」下車，坐計程車約12分鐘

官網　　　　　地圖

1 向日葵花田充滿陽光氣息 **2** 美麗的花海是地上的彩虹 **3** 四季彩之丘的代表吉祥物：ROLL君

萌度爆表的可愛動物：羊駝牧場

　　四季彩之丘除了花田之外，還有一處很吸引遊人的地方，就是位於花田旁的羊駝牧場了。雖然牧場地方不大，只有幾隻羊駝，而且還要額外付入場費，卻非常值得參觀。因為羊駝實在太可愛了，而且餵牠們吃草的過程太好玩，很多人都在小小的牧場裡逗留很久。如果喜歡這種天然呆萌的動物，來到四季彩之丘，記得要來探望牠們喔！

📍 美瑛町新星第三 📞 016-695-2758 🕐 1～4月9:10～16:30、5＆10月8:40～16:30、6～9月8:40～17:00、11～12月9:10～16:00 💴 高中生以上500日圓、中小學生300日圓、小學生免費 🚌 在JR「美瑛站」下車，坐計程車約12分鐘

官網　　　　　地圖

1 KEN AND MARY之木　**2** 小紅屋再加上綠油油的草地，隨手拍就像明信片　**3** 一片片的農田，就像拼貼起來的布匹

美得令人驚嘆的大道：拼布之路及超廣角之路
パッチワークの路、パノラマロード

地圖

　　位於美瑛的國道237，因為兩邊都是一片一片的草原或農田，看起來就像斑駁的布匹拼貼在一起，顏色多樣又自然美麗，因此被稱為「拼布之路」。另外一段視野廣闊，風光如畫的道路，則被稱為「超廣角之路」。因為面積不小，很多遊人都愛在JR美瑛站前的店舖租用自行車，一邊騎車，一邊漫遊這兩條美麗迷人的道路。路上還有多棵著名的樹木，例如KEN AND MARY之木、親子之木、MILD SEVEN之木等，每一棵樹木都大名鼎鼎，是美瑛指定必遊的景點，大家不妨也騎著自行車，悠然自得地展開一次尋找明星樹之旅吧！

洋食とcafeじゅんぺい

官網

地圖

　　這間是人氣很高的的著名咖啡廳，菜單非常豐富多樣，包括了招牌菜炸蝦蓋飯（海老丼）、炸蝦（エビフライ）、起司雞肉咖哩（チーズチキンカレー）、豬排三明治（カツサンド）、聖代（パフェ）等，而且鄰近美瑛站，非常方便。

📍 北海道上川郡美瑛町本町4丁目4-10　📞 016-692-1028　🕐 11:00～售完為止（星期一休）　🚌 從美瑛站步行約10分鐘

行程 2
三大動物明星等著你：旭山動物園

　　旭山動物園是一個充滿傳奇的動物園，因為採用獨特的經營方式，讓動物能在最天然，最接近牠們習性的地方居住，令本來已瀕臨倒閉的旭山動物園，搖身一變成為全日本最受歡迎的動物園。動物園有三大明星：企鵝、北極熊、海豹，動物居住的地方設計十分特別，以突顯動物的本性和適合動物的習性為主，在冬季還有精彩的企鵝巡遊，是不能錯過的重頭戲節目！

　　旭山動物園內有幾家餐廳，價錢合理。想吃日本麵食的可到中央食堂；喜歡洋食套餐的也可去GARDEN TERRACE LION試試！餐廳位於動物園內，地點方便，不妨挑選一家合適的用餐！

📍 旭川市東旭川町倉沼 📞 016-636-1104 🕐 依夏季、冬季開園時間不同，詳見官網 ¥ 成人1000日圓，中學生以下免費 🚌 在JR「旭川站」搭41、42、47號巴士

官網　　地圖

1 可在小吊橋下等待看小貓熊走「貓步」 2 北極熊悠閒地暢泳

著名的山上溫泉鄉：層雲峽 層雲峽

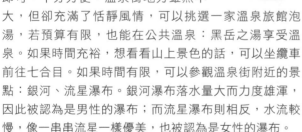

　　層雲峽位於大雪山國家公園內，除了著名的紅葉美景外，溫泉街也是其最大特色。從旭川前來只需要坐巴士即可，十分方便。溫泉街地方雖然不大，但卻充滿了恬靜風情，可以挑選一家溫泉旅館泡湯，若預算有限，也能在公共溫泉：黑岳之湯享受溫泉。如果時間充裕，想看看山上景色的話，可以坐纜車前往七合目。如果時間有限，可以參觀溫泉街附近的景點：銀河、流星瀑布。銀河瀑布落水量大而力度雄渾，因此被認為是男性的瀑布；而流星瀑布則相反，水流較慢，像一串串流星一樣優美，也被認為是女性的瀑布。

1 氣勢磅礴的銀河瀑布
2 溫泉街上，可以悠閒散步

🚌 在JR「旭川站」前巴士站坐巴士前往

地圖

Beer Grill Canyon

　　Beer Grill Canyon是間位於黑岳之湯旁邊的義大利餐廳，價位中等，提供多種義大利餐點如薄餅等，另外還有一款較特別的菜式：溪谷味豚，是用一種在溪谷養的豬製成的，肉質鮮美，是當地的名物，不妨試試！

📍 北海道上川郡上川町層雲峽キャニオンモール 📞 016-674-8577 🕐 11:30～15:30、17:30～20:30 🚌 從「層雲峽巴士站」步行約15分鐘

官網　　地圖

229

道東：投入自然懷抱之旅

天數：2天

行程1

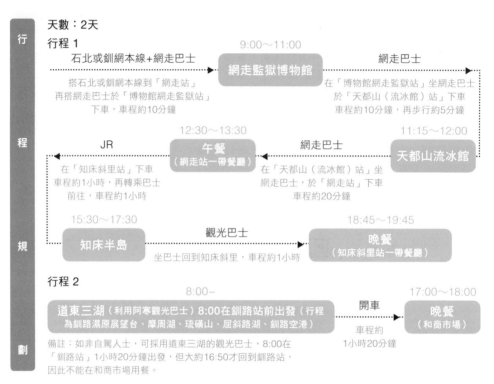

石北或釧網本線+網走巴士

9:00～11:00
網走監獄博物館

網走巴士

搭石北或釧網本線到「網走站」
再搭網走巴士於「博物館網走監獄站」
下車，車程約10分鐘

在「博物館網走監獄站」坐網走巴士
於「天都山（流冰館）站」下車
車程約10分鐘，再步行約5分鐘

JR

12:30～13:30
午餐
（網走站一帶餐廳）

網走巴士

11:15～12:00
天都山流冰館

在「知床斜里站」下車
車程約1小時，再轉乘巴士
前往，車程約1小時

在「天都山（流冰館）站」坐
網走巴士，於「網走站」下車
車程約20分鐘

15:30～17:30
知床半島

觀光巴士

18:45～19:45
晚餐
（知床斜里站一帶餐廳）

坐巴士回到知床斜里，車程約1小時

行程2

8:00～
道東三湖（利用阿寒觀光巴士）8:00在釧路站前出發（行程
為釧路濕原展望台、摩周湖、琉磺山、屈斜路湖、釧路空港）

開車

17:00～18:00
晚餐
（和商市場）

車程約
1小時20分鐘

備註：如非自駕人士，可採用道東三湖的觀光巴士，8:00在
「釧路站」1小時20分鐘出發，但大約16:50才回到釧路站，
因此不能在和商市場用餐。

行程1
網走監獄博物館　　天都山流冰館　　知床半島

琉磺山

屈斜路湖　　行程2　摩周湖

釧路空港　　釧路濕原展望台　　和商市場

行程 **1** 你被逮捕了！網走監獄博物館

因為網走地理位置偏僻，從前是犯人服刑的地方，不過現在這座監獄已成了旅遊景點！監獄裡仍保留著昔日的佈置，可參觀囚室、澡堂、飯堂等設施，更可到飯堂點一客模仿從前監獄膳食而製成的「監獄食」，嘗試當一回囚犯的特別感覺！

1 監獄內漆黑一片，令人不寒而慄 **2** 模型重現了囚犯在澡堂洗澡的情景

📍 北海道網走市呼人1-1 📞 015-245-2411 🕐 9:00～17:00（16:00最後入場，12/31～1/1休）💴 成人1500日圓、高校生1000日圓、中小學生750日圓 🚌 在JR「網走站」轉搭「市內觀光施設めぐり」巴士，在「博物館網走監獄站」下車；或在JR「網走站」坐計程車，車程約6分鐘。

官網　　　　地圖

夏天也能看到流冰：天都山流冰館 オホーツク流冰館

流冰是網走的名物，每年冬季的顎霍次克海域，都會有大量流冰漂流，那時候也是從破冰船遊覽的好時機。如果不是在冬季來到，又想看看流冰的真貌，又或是甚至想親自接觸，感受流冰的手感，可以到天都山流冰館。館內的氣溫為零下十幾度，展示著一塊塊大流冰。在進入參觀時，遊人會拿到一條毛巾，進到流冰館內後，布巾會變得僵硬，證明了室內的溫度之低。看完流冰後，千萬別忘記探訪一種海中的精靈：身體細小而又透明可愛的小天使魚。因為這種魚類體積很小，平時要看到並不容易，而流冰館內的多個水族箱養著多條天使魚，絕對不要錯過！

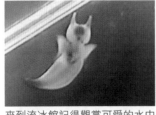

來到流冰館記得觀賞可愛的水中天使魚

📍 北海道網走市天都山244-3 📞 015-243-5951 🕐 5～10月8:30～18:00、11～4月9:00～16:30、12/29～1/5休息 💴 成人750日圓、高校生640日圓、中小學生540日圓 🚌 在JR「網走站」轉搭「市內觀光施設めぐり」巴士，在「天都山站」下車，步行約1分鐘；或在JR「網走站」坐計程車，車程約10分鐘。

官網　　　　地圖

熊出沒注意！知床半島

　　知床位於北海道的東部，自然資源豐富，成為了多種生物的搖籃，被稱為「日本最後的祕境」。知床半島的景點包括水平如鏡、如詩如畫的知床五湖、水流澎湃的雙美瀑布、是瀑布也是溫泉的湯之瀧、流水像少女的眼淚的乙女之淚瀑布等。知床半島人跡罕至，交通不便，最適合乘坐知床定向巴士或自駕遊玩。如果是自駕的話，需要小心一點，因為一些可愛動物，例如小鹿、狐狸、甚至黑熊會在路上出現橫過馬路喔！

🚌 坐知床定向巴士或自駕前往

知床　　　　　地圖
定向巴士

行程 2　如夢似幻的仙境：道東三湖

　　說到北海道最不能錯過的美景，除了第一時間都會想到的花田外，還有大力推薦道東三湖，即是阿寒湖、屈斜路湖和摩周湖，這三個湖都在道東地區內，各有各的特色和美態。阿寒湖的愛奴文化和綠球藻、屈斜路湖的硫磺山和砂湯、摩周湖清澈無瑕的湖面，都很精彩，置身其中，遠離塵囂，看著美麗的湖水發發呆，也是一種享受呢！

道東三湖觀光巴士　　摩周湖地圖　　阿寒湖地圖　　屈斜路地圖

1 在公路上遙望屈斜路湖 2 神祕面紗下的摩周湖 3 可以坐船遊玩阿寒湖

要看動物得看運氣：釧路濕原

釧路湿原

遼闊的釧路濕原是很多生物的搖籃，小鹿、狐狸等很多動物都會在這片肥沃的土地上活動，而為了讓人們可以觀察濕原的生態，甚至可偶遇可愛的動物，特別設有觀光列車和展望台。不過我曾試過在這裡守了幾十分鐘還是一無所獲，看來要觀察動物還得靠運氣呢！不過濕原本身景色很優美，即使與動物緣慳一面，還是很值得來這裡看看！

 在JR「釧路濕原站」下車

官網　　地圖

釧路濕原面積廣闊又土壤肥沃，孕育了不少動植物

保育瀕危物種：釧路丹頂鶴自然公園

丹頂鶴在日本被視為是帶來幸福的鳥兒，都會在冬季飛來釧路一帶過冬，為了要保育這些美麗迷人的鳥兒，當地政府特別設立釧路丹頂鶴公園，這裡的丹頂鶴都是從大自然飛來的，並非關著圈養。冬季的丹頂鶴數量較多，但在夏天也可以看到牠們的身影。公園裡還設計出很多別出心栽的看板，介紹很多有關丹頂鶴的有趣知識。

📍 北海道釧路市鶴丘112
📞 015-456-2219 🕐 4月10日～10月14日9:00～18:00；10月15日至4月9日9:00～16:00。休園日：12/31～1/3 💰 成人480日圓、中小學生110日圓 🚌 在「釧路站前巴士總站」坐巴士前往，車程約1小時

官網　　地圖

勝手丼體驗：和商市場

來釧路一定不可錯過到和商市場，自製一客勝手丼的難忘體驗。所謂勝手丼，即是先到一些販賣白飯的攤商買一客白飯，然後到賣海鮮的攤商，把一客客份量較小的海鮮加到飯裡，因為每份的份量都不大，可以吃到很多種類的海鮮，而且價錢也較便宜，又能按自己的喜好挑選海鮮，費用才1000日圓左右，就可製成一客獨一無二、豐盛誘人的勝手丼了！

📍 北海道釧路黑金町13-25
📞 015-422-3226 🕐 8:00～17:00，星期日休 🚌 從JR「釧路站」步行約10分鐘

官網　　地圖

1 只需要1000多日圓，就可以製作出自己的豐富勝手丼了！**2** 各攤商都販售一客客份量剛好、售價便宜的刺身小盒

玩家帶路：特色主題列車

在北海道地區，有不少富有特色的主題列車，可以試試把它們安排進行程裡，感受一下鐵道旅行的獨特樂趣！

最卡哇依的火車：特急Lilac旭山動物園號

旭山動物園號以全新面貌：特急Lilac旭山動物園號與大家見面，第一車廂設有紀念照拍攝區位，分為陸地和海洋兩大主題，設有9種動物椅套，遊人可跟穿載北極熊和小熊貓動物玩偶裝的工作人員合照（每天會有穿著一種動物玩偶裝的工作人員搭乘），車上也提供了可愛的動物帽子，可變身為各種可愛動物。紀念照的拍照服務，在岩見澤至深川之間的路段提供。

官網

進入花之王國：富良野美瑛慢車號

富良野和美瑛一帶的交通並不方便，但因為夏季是這裡的旅遊旺季，也是花海最美的日子，JR公司特別安排了富良野美瑛慢車號，帶大家前往美麗迷人的薰衣草花海遊玩。這部火車的車頭也畫著一幅美麗的花海，車身綠色，在富良野和美瑛的原野漫遊，感覺就像跟大自然和薰衣草花海融為一體。需要留意的是，這火車只在5月至10月之間營運喔！

官網

懷舊蒸氣火車：釧路濕原號

在九州可以找到很多懷舊列車，在北海道也一樣，坐著充滿懷舊色彩，還在噴著煙的蒸氣火車，於遼闊美麗的釧路濕原裡穿梭並不是夢境！為了讓遊人能更細緻地觀察釧路濕原的生態，JR公司特別在冬季和夏季安排了兩輛特色列車，帶遊人遊玩釧路濕原。其中夏季的是充滿森林氣息的釧路濕原號，而在冬季則採用懷舊蒸氣火車，喜歡緬懷古老火車的遊人，要欣賞自己喜歡的火車，需選擇在不同的季節到來。

冬季濕原號

1 摩周湖的湖水幽幽，清澈度排行世界第二　2 像童話小屋的JR釧路濕原車站

如何編排北海道祭典之旅？

　　北海道的重要祭典，多數在冬季進行，而且每個地方的祭典日期非常接近，只要巧妙安排，要一次看遍多個祭典並不困難。

　　可以札幌雪祭為首先要看的祭典，雪祭多數在2月上旬舉行，在雪祭前半年至大半年左右，便會在官網公佈下一年的雪祭日期，可以去看看小樽的雪燈之路的日期，把札幌和小樽的行程安排在連續兩天。接著查看旭川的冬祭和層雲峽冰瀑祭，因為旭川冬祭的日子較短，而冰瀑祭的期限較長，我們在制定行程時，可先遷就冬祭的日期，然後在翌日前往層雲峽。總括而言，就是採用「札幌雪祭為主+小樽雪燈之路，旭川冬祭為主+層雲峽冰瀑祭」。如有時間，還可查詢其他地方有沒有祭典，是否適合安插進去，這樣就能安排一次北海道祭典之旅了！

List1 北海道最大盛典：札幌雪祭

　　要數北海道最大的盛會，一定是每年2月上旬舉行的札幌雪祭了。在大通公園和薄野這兩個主要場地裡，會以大量的雪和冰，以不同主題製作出大型的雪雕和冰雕，過去的主題有七龍珠、平溪天燈、澳門大三巴牌坊等，題材年年不同，非常壯觀精彩，絕對值得一看！

📍 大通公園及薄野一帶 🕐 每年2月上旬 🚆 從「大通站」步行約2分鐘

札幌雪祭　　　　　地圖

1 雪祭中出現了平溪的冰燈！ **2** 以動畫七龍珠為主題的大型雪雕 **3** 2016年雪祭的代表作：澳門大三巴牌坊

冰雕唯肖唯妙：旭川冬祭

　對比以大型雪雕為主的札幌雪祭，旭川冬祭的雪雕規模較小，以小型的雪雕和冰雕為主，主要場地分為兩個：旭橋河畔會場和位於JR旭川站前的平和通一帶，每年都有不同的主題，也是很受歡迎的北海道冬季祭典。

📍旭川平和通買物公園及旭橋河畔 🕐2月中旬約6天，9:00～21:00 🚌從JR「旭川站」步行約5分鐘，兩個會場之間有免費接駁巴士

旭川冬祭

1 栩栩如生的旋轉木馬 **2** 冬祭的冰雕晶瑩剔透，每件都是藝術的結晶

可以看又能玩：層雲峽冰瀑祭

　層雲峽冰瀑祭與札幌雪祭和旭川冬祭的最大不同之處，在於它是利用冰瀑的冰來進行雕刻，仍保留著一條條冰柱形狀，而且也加入了冰屋、冰雪神社、冰屋酒吧、大型冰製滑梯等元素，不僅能看冰，更能親自玩冰，小朋友在冰屋的迷宮裡玩得很開心，大人在冰造的城堡拍照拍得不亦樂乎。到了晚上，七彩的燈光照射在冰柱之上，更是美得如夢似幻。

📍上川町層雲峽峽谷 📞016-582-1811 🕐每年1月下旬～3月下旬14:00～22:00 🚌從「旭川站」坐道北巴士，約1小時50分鐘

層雲峽冰瀑祭

地圖

1 在冰裡的居酒屋喝一杯吧 **2** 在大型冰城堡裡探索冒險

List4 牽著愛侶的手，漫步小樽雪燈之路

　　小樽的雪燈之路只在晚上舉行，地點在手宮線原址一帶及小樽運河沿岸。道路的兩旁都是一盞盞用雪堆成的小燈，有的更會堆成浪漫的心型。在入夜後，工作人員會替雪燈點燈，一點點黃色的燈光，在雪白的小燈裡搖曳，路的兩旁都是一點一點的燈光，充滿了有如童話世界一樣的美麗和浪漫。

📍 北海道小樽市　🕐 每年2月
🚌 從JR「小樽站」步行約5分鐘

小樽雪燈之路

1 燭光在雪中搖曳，充滿浪漫 **2** 小樽運河畔的雪燈

List5 可愛肚皮笑哈哈：富良野肚臍祭

　　北海道的著名祭典很多都在冬季，但卻有一個很重要，又十分有趣的祭典，在每年的7月28日及29日於JR富良野站附近舉行，它就是氣氛熱鬧又活潑的肚臍祭了。富良野被認為是位於北海道的中央，是北海道的肚臍，在每年夏天都有肚臍祭，在這祭典裡大家會露出畫了大花臉的肚皮，隨著充滿節拍感的傳統歌曲又唱又跳。即使是沒有準備的遊人，只要花500日圓左右，便能在工作人員的協助下，在自己的肚皮畫上種種可愛的大花臉，跟著當地人又唱又跳了！

📍 JR「富良野站」附近商店街一帶　🕐 每年7/28、7/29 🚌 從JR「富良野站」步行約5分鐘

富良野肚臍祭

1 無論是當地居民或遊客都玩得十分盡興 **2** 大家都在肚皮上畫上了可愛的大花臉

秘境絕景探訪

中部北陸、山陰山陽、東北

中部北陸、山陰山陽、東北最適合想探訪秘境絕景的遊人了！
中部北陸的白川鄉、金澤、高山、立山黑部；山陰山陽的岡
山、倉敷水鄉、鳥取砂丘、廣島、宮島、大久野島（兔子島）
等；東北包括青森、秋田、岩手、山形、宮城及福島，遊人遠
遠比東京、大阪少，環境相對寧靜舒適可以放慢腳步，好好享
受這些世外桃源的美，更可以品嚐岡山白桃、廣島燒、名古屋
鰻魚三吃、味噌豬排、高山飛驒牛等美食呢！

8

中部北陸

高CP值路線全規劃

到中部北陸旅行，
應該以什麼交通工具為主？

　　日本中部包含長野縣、岐阜縣、山梨縣；北陸包含福井縣、石川縣、高山縣。在中部北陸旅行，大眾交通工具很方便。大城市之間如名古屋、高山、富山、金澤等，可以JR連接。至於一些從大城市延伸的景點，可坐巴士前往。

景點	前往方法
白川鄉	1. 從高山前往：在濃飛巴士總站坐濃飛巴士（需提前預約）。 2. 從金澤前往：坐濃飛巴士（需提前預約）。 3. 從新高岡前往：坐加越能巴士。
下呂溫泉	從高山前往：坐濃飛巴士或JR。
奧飛驒溫泉	從高山前往：坐濃飛巴士。
五箇山	1. 從新高岡：坐加越能巴士。 2. 從白川鄉：坐加越能巴士。
立山黑部	從富山前往：從電鐵富山站坐電鐵前往立山站，再坐登山交通工具。

　　另外，從名古屋有高速巴士前往高山、金澤、富山等，可從高山搭巴士前往白川鄉。

濃飛巴士

加越能巴士

JR

機場到市區的交通

新特麗亞名古屋中部國際機場是中部最大的國際機場，也是通往中部及北陸各大城市的門戶，除了國際航班外，亦可乘坐國內航班去日本其他地方，可前往名古屋的國內航班：東京（羽田及成田）、福岡、札幌、那霸；可前往小松的國內航班：東京（成田及羽田）、札幌、福岡。

新特麗亞名古屋中部機場到市區的交通

目的地	交通方式	票價	所需時間	
名古屋站	μ-sky 特急列車	1250日圓	28分鐘	
名古屋市中心 （伏見、榮等地區）	利木津巴士	1670日圓	50～88分鐘	

小松空港到市區的交通

另一個北陸中部的主要入口是小松空港，從台灣直航小松空港的飛機比名古屋少，若使用小松空港入境的話，可以用以下的交通方式前往市區：

目的地	交通方式	票價	所需時間	
金澤站	巴士	1300日圓	30分鐘	小松空港至金澤
福井站	巴士	1400日圓	40分鐘	小松空港至福井

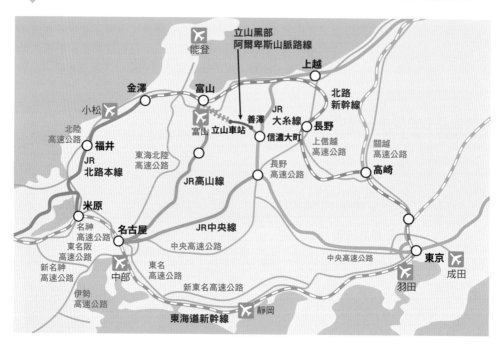

北陸新幹線

　　北陸新幹線是前往北陸的一種快捷、方便又舒適的交通工具，可以從東京或上野站前往長野、輕井澤、富山、新高岡、金澤及福井等地方，不用轉車及節省不少交通時間。例如從東京往金澤，利用新幹線的話不用轉車，而且車程只需要3小時，但若坐飛機的話，連同前往機場及飛機航行時間，需要約5小時。而從東京前往輕井澤只需要1小時，若使用高速巴士則需要3小時。

規劃中部北陸旅行，
有什麼事項需要特別注意？

提前預約好交通工具

因為中部北陸很多景點都是靠巴士連接，當中有些路線，如高山、白川鄉、金澤是需要提前預約的，所以在擬好行程表後，需要提前預約好巴士。而立山黑部的套票也可提前預約。

預約網址

濃飛巴士　　　　立山黑部

立山黑部將於冬季封山

為了避免發生危險，立山黑部會於11月至3月期間封山。如果想前往立山黑部遊覽，請避開這幾個月。另外，如想看到在旅遊照片中時常見到的立山黑部雪牆畫面，可以在4月上山。

盡量避免雪駕

因為中部北陸在冬季會下雪，雪量也不少，不適宜沒有雪駕經驗，或第一次在中部北陸進行自駕的朋友。如前往中部是下雪季節，可考慮乘坐大眾交通工具。

巧妙結合各種交通工具

來往名古屋和高山以JR最為方便快捷，但亦有較便宜的高速巴士；而來往高山及其他地區，如白川鄉、金澤、下呂溫泉等，多數會採用濃飛巴士；而在立山黑部一帶，則會使用立山黑部的專用交通工具。因此，如要順利進行行程，需要巧妙結合各種交通工具，有時坐巴士會比坐JR更快且便宜，轉車次數也較少。

去中部北陸旅行，應該買交通票券嗎？
買哪些交通票券較為划算？

在中部北陸旅行，可以購買高山、北陸地區周遊券，特色是除了JR以外，還能用來坐巴士，可乘坐高山及北陸區間內所有的JR，和北陸新幹線的普通車廂自由席，指定席則限坐有限次數。如果北陸行程將會來回名古屋及高山，以及會從高山前往白川鄉及金澤，這張套票可以節省不少金錢。

名古屋來往高山JR票價：5610日圓×2 = 11220日圓
高山來往金澤巴士：6400日圓
高山來往白川鄉巴士：4600日圓
購買周遊券後可節省：（11220+6400+4600）-14260 = 7960日圓

<table>
<tr><td rowspan="7">高山、北陸地區周遊券</td><td colspan="2">範圍</td></tr>
<tr><td colspan="2">・JR</td></tr>
<tr><td colspan="2">・巴士：高山濃飛巴士中心—白川鄉—金澤之間；加越能巴士的世界遺產巴士：白川鄉—新高岡站區間；北鐵巴士的白川鄉—金澤線</td></tr>
<tr><td colspan="2">・乘坐高山及北陸區間內所有的JR</td></tr>
<tr><td colspan="2">・北陸新幹線的普通車廂自由席，指定席則限坐有限次數。</td></tr>
<tr><td colspan="2">天數　連續5日內有效</td></tr>
<tr>
<td>

自日本國外的旅行代理店購買

成人	14260日圓
兒童	7130日圓

</td>
<td>

自日本國內的車站和線上購買

成人	15280日圓
兒童	7640日圓

</td>
</tr>
</table>

高山北陸地區
周遊券

只要在規劃行程時把高山、金澤、白川鄉安排在5天內，就可使用交通票券，例如：

Day 1 ▷ 到達名古屋，前往高山（JR）

Day 2 ▷ 全日在高山及下呂溫泉遊玩（濃飛巴士）

Day 3 ▷ 全日在金澤遊玩（濃飛巴士）

Day 4 ▷ 全日在白川鄉及五箇山遊玩（濃飛及加越能巴士）

Day 5 ▷ 回到名古屋（JR）

如果是從關西前往北陸一帶，可考慮購買關西&北陸地區周遊券，可以從關西空港入境，玩完關西一帶後再前往名古屋，進行中部及北陸的行程。

關西&北陸地區鐵路周遊券

範圍
- 山陽新幹線（新大阪 ↔ 岡山）上的非指定座席，也可搭乘「Hello Kitty Shinkansen」的非指定座席（自由席）。
- 北陸新幹線（金澤 ↔ 上越妙高）上的非指定座席
- 超特急列車（特急列車）「HARUKA、THUNDERBIRD、KUROSHIO、KOUNOTORI、SUPER HAKUTO（京都 ↔ 上郡）」等上的非指定座席
  *搭乘上郡 ↔ 鳥取區間SUPER HAKUTO及上郡 ↔ 鳥取區間SUPER INABA，需另外支付該區間的車資、費用。

適合對象　從關西空港進出
天數　　　7天

| 成人 | 17000日圓 | 兒童 | 8500日圓 |

關西&北陸地區
鐵路周遊券

雖然北陸的交通以巴士為主，但使用JR會較快捷舒適，如計畫使用JR來往多個主要地區，如來往名古屋及高山等，若使用JR的次數較多，可以考慮使用北陸地區鐵路周遊券。

北陸地區鐵路周遊券

範圍
- 北陸新幹線（金澤 ↔ 黑部宇奈月溫泉）上的非指定座席
- 超特急列車（特急列車）「THUNDERBIRD」等上的非指定座席
- JR西日本在來線的快車（快速）和當地列車（普通列車）

適合對象　從富山空港、小松空港進出
天數　　　4天

| 成人 | 5090日圓 | 兒童 | 2540日圓 |

北陸地區鐵路周
遊券

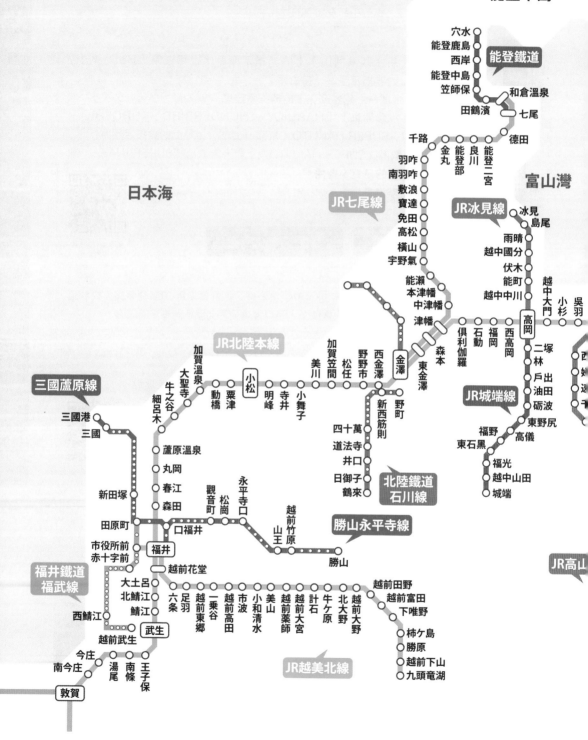

能登半島

能登鐵道

穴水
能登鹿島
西岸
能登中島
笠師保
田鶴濱
千路
羽咋
南羽咋
敷浪
寶達
免田
高松
橫山
宇野氣
能瀨
本津幡
中津幡
津幡

和倉溫泉
七尾
德田

金丸 能登部 良川 能登二宮

富山灣

JR七尾線

JR冰見線

冰見
島尾
雨晴
越中國分
伏木
能町
越中中川
越中大門
小杉
吳羽

JR北陸本線

加賀溫泉
大聖寺
牛之谷
細呂木

小松

加賀笠間
松任
野野市
美川
西金澤
金澤
東金澤

高岡

俱利伽羅
森本
石動
福岡
西高岡
二塚
林
戶出
油田
砺波

JR城端線

三國蘆原線

三國港
三國

粟津
動橋
明峰
寺井
小舞子

野町
新西筋則
四十萬
道法寺
井口
日御子
鶴來

東野尻
福野
高儀
福光
越中山田
城端

福井鐵道
福武線

新田塚

田原町
市役所前
赤十字前
福井

西鯖江

蘆原溫泉
丸岡
春江
森田

口福井
越前花堂

越前武生

松岡
觀音町
永平寺口

越前竹原
山王

勝山永平寺線

北陸鐵道
石川線

東石黑
福野

勝山

JR高

大土呂
北鯖江
鯖江

六条
足羽
一乘谷
越前東鄉
市波
越前高田
小和清水
美山
越前薬師
越前大宮
計石
牛ケ原
北大野
越前大野
越前田野
越前富田
下唯野

柿ケ島
勝原
越前下山
九頭竜湖

今庄
南今庄

敦賀

湯尾
南條
王子保

JR越美北線

日本海

246

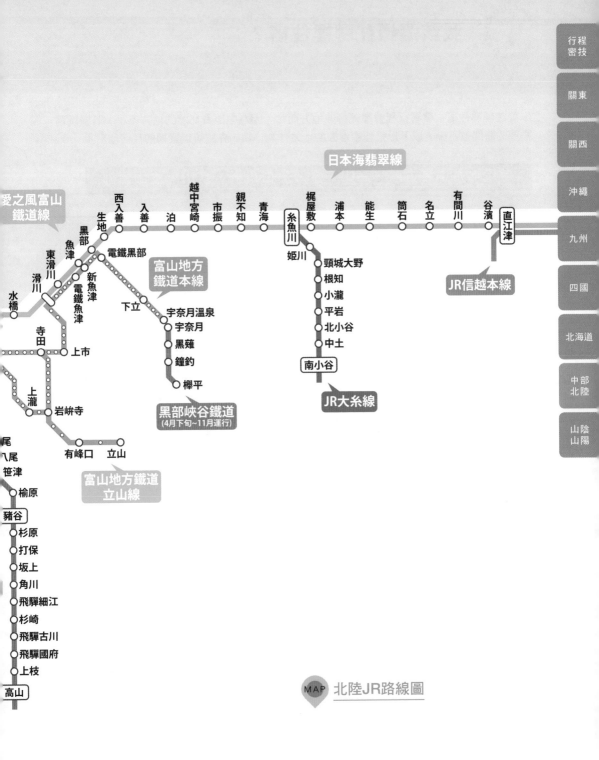

日本海翡翠線

愛之風富山
鐵道線

西入善　入善　泊　越中宮崎　市振　親不知　青海　糸魚川　梶屋敷　浦本　能生　筒石　名立　有間川　谷濱　直江津

生地

黑部

魚津　電鐵黑部

東滑川

滑川　新魚津

水橋　電鐵魚津

富山地方
鐵道本線

JR信越本線

姬川

頸城大野

根知

小瀧

平岩

北小谷

中土

南小谷

JR大糸線

下立

宇奈月溫泉

宇奈月

黑薙

鐘釣

欅平

黑部峽谷鐵道
(4月下旬~11月運行)

寺田

上市

上瀧

岩峅寺

有峰口　立山

富山地方鐵道
立山線

尾

八尾

笹津

榆原

豬谷

杉原

打保

坂上

角川

飛驒細江

杉崎

飛驒古川

飛驒國府

上枝

高山

MAP　北陸JR路線圖

247

我該選擇在哪裡住宿？

　　要在哪裡住宿，需看行程會覆蓋哪些地方而定，因為中部及北陸的地方不小，若要玩遍需要的時間並不少，以下以行程中會去的地方作為分類，介紹可以選擇的住宿地點：

遊玩地方：名古屋、高山、金澤、白川鄉、富山、立山黑部

　　因為名古屋、高山、富山三地相距較遠，不宜作即日來回旅行，所以可選擇以這三個點為中心點，然後延伸至其他景點：

| 名古屋 | 延伸景點：犬山、常滑、長久手市 |

| 高山 | 延伸景點：下呂溫泉、奧飛驒溫泉、白川鄉、五箇山、金澤 |

| 富山 | 延伸景點：立山黑部、宇奈月溫泉 |

遊玩地方：名古屋、高山、金澤、白川鄉

　　可以名古屋和高山為住宿點，然後延伸至其他景點：

| 名古屋 | 延伸景點：犬山、常滑、長久手市 |

| 高山 | 延伸景點：下呂溫泉、奧飛驒溫泉、白川鄉、五箇山、金澤 |

遊玩地方：名古屋及名古屋周邊

　　只以名古屋為住宿點，不用換飯店，利用即日來回方式延伸至名古屋市周邊景點：

| 名古屋 | 延伸景點：犬山、常滑、長久手市 |

名古屋、高山及金澤市最佳住宿地點

金澤

在金澤住宿，則推薦JR「金澤站」附近，這裡是非常熱鬧的地區，集合了JR站和巴士站，無論前往其他城市或是金澤市內其他地方都很方便，而且近江町市場也在附近，可以到市場品嚐美味新鮮的海鮮。

高山

在高山住宿，較建議選擇在JR高山站及高山濃飛巴士中心的住宿，因為來往高山和名古屋主要是靠JR，而來往高山及其他地方如白川鄉則需要使用濃飛巴士，而且冬天時高山積雪很深，若選擇鄰近交通樞紐的住宿點，會大大減少拉行李的時間和辛苦。

富山　宇奈月溫泉

金澤　立山黑部

五箇山

白川鄉　奧飛驒溫泉

高山

下呂溫泉

犬山

名古屋

常滑　長久手市

名古屋

在名古屋住宿，較理想的位置是位於名鐵「名古屋站」附近，因為那是交通樞紐，巴士站、JR站、近鐵站及名鐵站集中，而且百貨店林立，用餐和購物都有很多選擇，前往其他地方遊玩亦十分方便。

訂房網站

JALAN

樂天

我該如何規劃行程？

大眾交通行程

在名古屋、高山、富山旅行，可以結合JR和巴士，選定兩個或三個地方為住宿點，然後以即日來回的方式前往延伸的區域，下列用圖表方式說明中部北陸一帶主要景點的交通：

名古屋

市內景點

利用地鐵前往
1. 名古屋城
2. OASIS 21
3. TOYOTA產業技術記念館

延伸景點

利用名鐵電車
● 常滑（到達後徒步遊覽）
1. 招財貓步道
2. 陶瓷步道

利用磁浮列車
● 長久手市
1. 吉卜力樂園
2. 自動車博物館

利用名鐵電車
● 犬山市（到達後徒步遊覽）
1. 國寶犬山城
2. 針鋼神社
3. JAPAN MONKEY PARK

利用巴士
1. 高山
2. 白川鄉

高山

市內景點

徒步遊覽
1. 高山城下町
2. 宮川朝市
3. 高山陣屋
4. 高山祭屋台會館

延伸景點

利用巴士
● 下呂溫泉
● 奧飛驒溫泉
● 白川鄉（可在白川鄉坐巴士前往五箇山）

● 金澤（利用金澤周遊巴士）
1. 兼六園
2. 石川縣物產館和菓子體驗
3. 東茶屋街
4. 金銀箔製作體驗

金澤周遊巴士

富山

市內景點

徒步遊覽
1. 富山市民俗民藝村
2. 吳羽山展望台
3. 富山城

延伸景點

● 立山黑部（坐8種特定登山交通工具遊覽）

● 立山黑部小火車（可前往宇奈月溫泉）

以下是以大眾交通工具為主的中部北陸行程。這個行程以高山、富山和名古屋為主，採取由遠至近的玩法。若航班時間許可，可爭取在第一天前往高山，那麼就可以在第二天立即正式開始行程了。

Day 1	到達名古屋，前往高山，宿高山
Day 2	早上高山，下午下呂溫泉，宿高山或下呂溫泉
Day 3	早上白川鄉、五箇山，下午金澤，宿高山
Day 4	往富山，前往立山黑部，整日在立山黑部遊玩，宿富山
Day 5	回名古屋，下午常滑，宿名古屋
Day 6	名古屋LEGOLAND，宿名古屋
Day 7	回國

自駕行程

如果是採用自駕，可以用繞圈的方法在中部北陸遊玩，並能選擇較多的住宿點，比放射式玩法節省時間，也較方便舒適。首先前往高山及下呂溫泉，高山市內可徒步閒逛，不需開車；前往下呂溫泉的話，開車會比利用大眾交通工具更為方便。然後前往白川鄉、五箇山及金澤。在金澤市內可以選擇利用巴士，免卻找地方停車的麻煩。然後前往名古屋周邊的犬山、長久手市。回到名古屋還車後，再利用大眾交通工具前往LEGOLAND。

租車網站

樂天租車

Day 1	到達名古屋，名古屋市內，宿名古屋
Day 2	取車前往高山，在高山及下呂溫泉遊玩，宿高山或下呂溫泉
Day 3	開車前往白川鄉 、五箇山、金澤，宿金澤
Day 4	開車前往富山，在立山黑部遊玩，宿富山
Day 5	開車往犬山市、長久手市，黃昏回名古屋還車，宿名古屋
Day 6	利用大眾交通工具前往LEGOLAND，宿名古屋
Day 7	回國

如果天數較少，建議可以選擇先集中在高山或名古屋遊玩，其他的地方留待下次再來，以高山及名古屋為主的規劃可參考以下行程：

名古屋及周邊5日遊

Day 1 ▸ 到達名古屋，宿名古屋

Day 2 ▸ 早上犬山市，下午長久手市，
宿名古屋

Day 3 ▸ 早上常滑，下午在名古屋市內
遊玩，宿名古屋

Day 4 ▸ 整天在LEGOLAND遊玩，宿名
古屋

Day 5 ▸ 回國

高山及周邊5日遊

Day 1 ▸ 到達名古屋，前往高山，宿高山

Day 2 ▸ 早上高山市內，下午下呂溫泉，
宿高山

Day 3 ▸ 整天在白川鄉、五箇山遊玩，前
往富山，宿富山

Day 4 ▸ 整天在立山黑部遊玩，回名古
屋，宿名古屋

Day 5 ▸ 回國

以上兩個行程都適合天數較少，時間有限，但又想遊玩中部及北陸精華部份的人。

第一個行程以名古屋及其周邊為主，包含了長久手、犬山、常滑及LEGOLAND，這些景點跟名古屋市距離很近，交通時間在一至兩小時之內，要前往非常方便。剩下的時間也可以在名古屋市內閒逛，享用當地美食。

第二個行程以高山及其周邊為主，包括高山、白川鄉、五箇山、立山黑部、下呂溫泉等，以自然風光及古樸情懷為主，而名古屋只會作為進出的城市，所以住宿點以高山為主。而為了保證在第5天能準時到達機場，建議在第4天回到名古屋，一來可以購買伴手禮，也品嚐名古屋的美食，二來隔日前往機場也較方便。

天數較長的行程

如果天數較長，可以考慮旅程涵蓋名古屋及其周邊、高山及其周邊、富山及其周邊，以這三個地方為中心點遊玩：

Day 1 到達名古屋，前往高山，宿高山

Day 2 早上在高山，下午在下呂溫泉，宿高山

Day 3 整天在白川鄉、五箇山，宿高山

Day 4 前往金澤、高岡、冰見，宿高山

Day 5 前往富山，坐立山黑部小火車，遊宇奈月溫泉，宿富山

Day 6 整天在立山黑部遊玩，宿富山

Day 7 坐車回名古屋，下午到常滑參觀，宿名古屋

Day 8 上午到犬山市，下午到長久手市，宿名古屋

Day 9 整天在LEGOLAND，宿名古屋

Day 10 回國

如果時間較為充裕，就可以同時遊玩名古屋、高山及富山三大地區。這個行程的第一部分以高山及其周邊為主，以高山為中心點，前往白川鄉、五箇山、金澤，而且因為時間充裕，還可以到較次熱門的城市高岡（可在高岡站附近參觀藤子不二雄步道）和冰見（可吃美味鰤魚，參觀《忍者哈特利》的噴泉及以這部動畫為主題的商店街）遊玩，加入了動漫、美食及觀光小火車的元素，讓行程更豐富。

第二部分為富山，以立山黑部及宇奈月溫泉為主。第三部分則是回到名古屋，遊玩長久手、犬山、常滑、LEGOLAND，在名古屋市中心閒逛等。這行程採用由遠至近的方式，把名古屋放在最後一站，以方便在行程最後一天前往機場。

愛知縣

名古屋：名城、記念館、樂園、鐵道館之旅

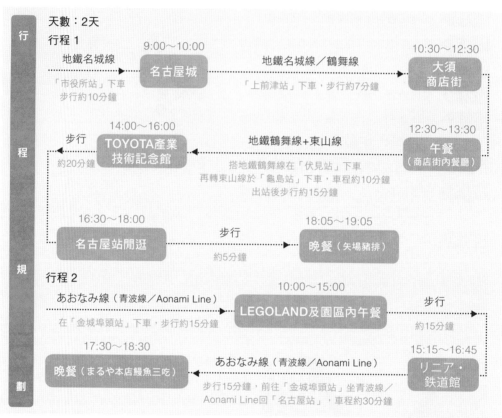

行程規劃

天數：2天

行程 1

9:00～10:00
地鐵名城線 **名古屋城**
「市役所站」下車
步行約10分鐘

地鐵名城線／鶴舞線
「上前津站」下車，步行約7分鐘

10:30～12:30
大須商店街

14:00～16:00
步行 **TOYOTA產業技術記念館**
約20分鐘

地鐵鶴舞線＋東山線
搭地鐵鶴舞線在「伏見站」下車
再轉東山線於「龜島站」下車，車程約10分鐘
出站後步行約15分鐘

12:30～13:30
午餐（商店街內餐廳）

16:30～18:00
名古屋站閒逛

步行
約5分鐘

18:05～19:05
晚餐（矢場豬排）

行程 2

あおなみ線（青波線／Aonami Line）
在「金城埠頭站」下車，步行約15分鐘

10:00～15:00
LEGOLAND及園區內午餐

步行
約15分鐘

17:30～18:30
晚餐（まるや本店鰻魚三吃）

あおなみ線（青波線／Aonami Line）
步行15分鐘，前往「金城埠頭站」坐青波線／
Aonami Line回「名古屋站」，車程約30分鐘

15:15～16:45
リニア・鉄道館

TOYOTA
産業技術記念館

行程1
名古屋城

名古屋站
矢場豬排

大須商店街

まるや本店
鰻魚三吃

行程2
LEGOLAND
LINEAR鐵道館

行程
密技

關東

關西

沖繩

九州

四國

北海道

中部
北陸

山陰
山陽

東北

東山動植物園

OASIS 21, 名古屋電視塔

名古屋城

熱田神宮, 白鳥庭園

1. 可坐名港線前往名
屋港水族館
2. 可坐名鐵名古屋本
線, 在榮生站下車
前往TOYOTA產業
技術記念館

大須商店街

LEGOLAND, LINEAR鐵道館

藤丘
本鄉
上社
一社
星丘
東山公園
本山
名古屋大學
八事日赤
花水木通
杁池公園
長久手古戰場
藝大通
公園西
愛·地球博
紀念公園
陶磁資料館南
八草
東部丘陵線

鹽釜口
植田
原
平針
赤池

自由丘
覺王山
池下
川名
御器所
八事
瑞穗運動場東
綜合復健中心
瑞穗運動場
新瑞橋

茶屋坂
砂田橋
名古屋市
立醫前矢田
大曾根
今池
千種
荒畑
妙音通
堀田
名城線

東山線

鶴舞線

志賀本通
平安通
黑川
名城公園
久屋大通
榮
新榮町
鶴舞
上前津
東別院
金山
西高藏
神宮西
傳馬町

市役所
丸之內
伏見
大須觀音
矢場町

庄內通
庄內綠地公園
上小田井
北名古屋
淨心
淺間町

中村日赤
本陣
中村公園
岩塚
八田
高畑

名古屋
笹島演奏廳
小本
荒子
南荒子
中島
名古屋競馬場前
荒子川公園
稻永
野跡
金城埠頭
青波線

鶴舞線

東山線

255

行程 **1**

日本三大名城：名古屋城

　　來到名古屋，當然要參觀日本三大名城之一：名古屋城。德川家康下令興建，在1612年完工。天守閣共分為七層，只要登上頂樓的瞭望台，就可以眺望到名古屋市內的美景。在其他樓層還能找到很多寶貴的展品，如模型、武器等，更展示了當地居民的生活。另外，參觀時記得留意城頂上的兩隻金鯱，它們是德川家族的權力象徵，可是名古屋城的最大特色！

1 名古屋城 **2** 名古屋城的標誌：金鯱

📍 名古屋市中區本丸1-1 📞 0522-31-1700
🕐 9:00～16:30（天守閣至16:00），12/29～1/1休 💰 成人500日圓、名古屋市民持敬老手冊者100日圓、中學生以下免費 🚌 在地鐵名城線「市役所站」下車，步行約5分鐘

官網　　　　　地圖

集吃喝玩樂於一身：大須商店街及午餐

　　雖然名古屋站一帶也很熱鬧，但都以大型百貨公司為主，若想找到較平民道地的購物街，不要錯過大須觀音一帶的購物街。這裡的物價較百貨公司低，貨品種類多樣，整個購物區由幾條街道組成，愛血拚的朋友一定能盡興而返。血拚完後，更可順道到著名的大須觀音寺參觀。商店街上有多間餐廳，如東京庵天婦羅、串カツ田中油炸肉川等，可按自己的口味選擇。

🚌 在地鐵鶴舞線「大須觀音站」下車 🕐 約10:00～20:00（各店舖時間有所不同）

地圖

1 商店街上有各種的商店 **2** 商店街盡頭是著名的大須觀音寺

科學探索之旅：TOYOTA產業技術記念館

トヨタ産業技術記念館

如果對機械科學深感興趣，來到這間TOYOTA產業技術記念館，一定會留連忘返。這裡展示了豐田產業的發展史，分為纖維機械館、汽車館和科學樂園，更可以對豐田的起家事業：織布業有更深認識。汽車迷來到汽車館保證大開眼界，對科學有興趣的人，來到TECHNOLAND可親自試玩和種種互動遊戲，從中學習機械的操作原理，寓學習於遊戲，是一個很適合親子同遊的知性景點。

📍 名古屋市西區則武新町4-1-35 🕐 9:30～17:00。星期一休 💴 成人500日圓、中高生300日圓、小學生200日圓
🚌 從名鐵名古屋本線「榮生站」步行約3分鐘

官網　　　　地圖

🚌 JR「名古屋站」
（名鐵「名古屋站」旁）

地圖

集車站與大型百貨中心於一身：名古屋站 名古屋駅

別以為車站只是坐車之用，日本許多有規模的車站，很多都是一座大型的複合百貨中心。如果想找伴手禮，想找好吃的，好玩的，來到車站就沒錯。名古屋站內本身有多間土特產店，不需要花時間四處搜羅，就能買到大多數的名物。而且在這裡還可以吃到非常新鮮美味的甜點，在百貨公司的地下樓層販賣很多特產和美食，想買或想吃的都不是問題。一個車站，也是樣樣俱全的吃喝玩樂集中地！

矢場豬排 矢場とん

味噌豬排是名古屋市的名物，這間餐廳是提供味噌豬排的名店，醬汁跟一般炸豬排飯不同，特別可口，豬排火候適中，肉質幼嫩，非常好吃！但因為位處遊客眾多的名鐵百貨，時常一位難求，要早點排隊等候。

📍 名古屋市中村區名站1-2-1名鐵百貨店本店9F 🕐 11:00～22:00
🚌 從近鐵「名古屋站」步行約5分鐘

官網　　　　地圖

用積木砌成的小小世界：LEGOLAND

萬眾期待的LEGOLAND終於登陸日本！這個樂園以樂高積木為主題，除了有與積木相關的機動遊戲外，更設有工廠、冒險樂園、海盜海岸、樂高城等主題玩樂區，園內還可見大大小小用樂高積木砌成的裝飾，還有最精彩的部份，用積木砌成的日本各大地區模型：東京、大阪、京都、名古屋、宮島等，熟悉的景點和建築，都以非常真實的方式呈現在遊客眼前！快點來一起走進這個充滿創意的積木世界吧！

1 LEGOLAND是名古屋的最新遊樂景點 2 賽車遊戲非常受孩子歡迎

2

📍 名古屋市港區金城埠頭2丁目2番地1 📞 050-5840-0505 🕐 10:00～16:00 💴 預先網上訂票：13歲以上4500日圓，3～12歲以上3300日圓（現場購票每天價格不同，請情請參閱官網）🚌 從「金城埠頭站」步行約15分鐘

官網　　地圖

鐵道迷不可錯過！ リニア・鉄道館

鐵道館很多地方都有，這一間有什麼特別？它可是全日本唯一的磁浮列車博物館，佔地14000平方公尺，展示著39輛磁浮式高速火車，還有多部火車模型，更有小朋友的體驗區，透過不少互動遊戲活動，來加深對火車的發展認識，模擬駕駛區可以讓大家試試當車長的滋味。這裡還有一間紀念品店，可以買到五花八門和火車有關的精品！

📍 名古屋市港區金城埠頭站3-2-2 📞 052-389-6100 🕐 10:00～17:30，星期二及12/28～1/1休 💴 成人1000日圓、小學生500日圓，3歲以上學齡前兒童200日圓 🚌 從青波線「金城埠頭站」步行約2分鐘

官網　　地圖

まるや本店鰻魚三吃

鰻魚的吃法多數是燒烤，而在名古屋可以試試著名的鰻魚三吃。第一吃是原味，品嚐燒鰻魚的香味；第二吃是加葱花、海苔及芥末，讓醬汁的風味更錦上添花；最後是加入高湯湯頭，讓鰻魚的香味滲進湯裡。這家店是鰻魚三吃的人氣店，同樣是大排長龍店，最好避開尖峰時間光顧！

📍 名古屋市中村區名站1-2-1名鐵百貨店本店9F 🕐 11:00～22:00 🚌 從名鐵「名古屋站」步行約5分鐘

官網　　地圖

愛知縣

犬山：犬山城、野外民族博物館、菓子城堡之旅

行程規劃

天數：1天

名鐵空港線ミュースカイ（μ-SKY）
「犬山站」下車，步行約20分鐘

9:00～10:00
國寶犬山城

巴士
「犬山站」東口1號乘車處上車
終點站「リトルワールド」下車
車程約20分鐘

15:00～17:00
菓子城堡及晚餐

巴士+名鐵小牧線
坐巴士回「犬山站」，車程約20分鐘，
再轉乘名鐵小牧線「樂田站」下車，
車程約10分鐘，出站後步行約20分鐘

10:30～14:00
野外民族博物館小小世界及園區內午餐

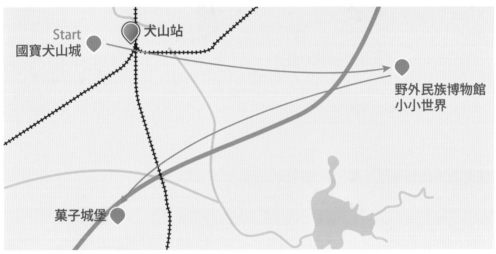

Start
國寶犬山城

犬山站

野外民族博物館
小小世界

菓子城堡

國寶級文物：國寶犬山城

　　犬山城是日本的四大國寶城之一，又名白帝城，在1537年興建。它有兩大特點，一是全日本唯一由個人擁有的城堡，二是它的天守閣為日本所有現存天守閣中歷史最悠久的一座。雖然因為地震而受到破壞，但後來得以修復。城內有多種和城堡相關的展品，如武士鎧甲、書畫、犬山城模型等。城堡周圍都是櫻花樹，在櫻花盛開的季節，景色更是美不勝收。

1 犬山城是日本的國寶級建築 **2** 犬山城附近的稻荷神社

📍 犬山市尤山北古券65-2 📞 0568-61-1711 💴 成人550日圓、兒童110日圓 🕐 9:00～17:00。12/29～12/31休 🚌 從「犬山站」步行約20分鐘

官網

地圖

一天內環遊世界：野外民族博物館小小世界 LITTLE WORLD

有別於很多的世界微縮景區，小小世界以同實物一樣比例的建築，向大家介紹各國民族的文化特色。每座建築都仿照其原型認真建造，在當中穿梭，只需要半天時間，就好像已經環遊世界！更讚的是，很多景區都設有民族服裝試穿，包括南美、歐洲、中東、亞洲，只需要500日圓就可以租用10分鐘。在很多景區都設有特色餐廳，提供各國的料理，如中東菜、西餐和各式簡餐，大家可以在園區裡享用午餐。

 可以在小小世界裡找到各個國家的建築 小小世界的最大特色，是可租用不同地方的民族服飾，在園區裡隨意拍照

📍 犬山市今井成澤90-48 📞 0568-62-5611 💴 成人1800日圓、65歲以上老人1400日圓、中高學生1100日圓、小學生700日圓、3歲以上300日圓 🕐 平日10:30～16:00、星期六日和假日10:00～16:00 🚌 在名鐵「犬山站」東口坐巴士前往，車程約20分鐘

官網　　地圖

親臨童話中的糖果屋：菓子城堡 お菓子之城

很多大人和小孩都有一個夢想，就是進入童話世界裡的糖果屋，開懷地把那些可口誘人的糖果飽餐一頓！來到犬山的菓子城堡，這個願望就可以實現了！這座外觀很有歐洲風格的城堡，裡面收藏著多種用糖果做成的展品，包括使用可愛動物、著名地標、藝術品複製本、童話場景重現等等，全都是經過工作人員的悉心努力，把一粒粒的糖果，一絲不苟地堆砌做成，實在令人驚嘆連連！更讚的是，可以參加這裡的各種體驗活動，如造型餅乾、試穿禮服、烘焙等，能玩又能吃！

📍 犬山市新川1-11 📞 0568-67-8181 💴 成人1300日圓、3歲以上1000日圓、3歲以下免費 🕐 10:00～17:00 🚌 從名鐵「名古屋站」（名古屋本線）搭至「犬山站」，再從「犬山站」（名鐵小牧線／平安通行）搭至「樂田站」，下車徒步約20分鐘

官網　　地圖

 菓子城堡充滿歐式風情 城堡裡有很多用糖果做成的可愛動物

愛知縣

長久手、常滑：名車、萌貓之旅

行程規劃

天數：1天

名古屋市營地下鐵東山線

在「藤之丘站」轉乘Linimo東部丘陵線
於「愛・地球博記念公園下車

8:30～10:00
吉卜力樂園

10:30～13:30
**豐田汽車博物館及
館內餐廳午餐**

Linimo東部丘陵線

東部丘稜線+地鐵東山線+名鐵名古屋本線

在「芸大通站」，坐東部丘稜線往藤之丘
轉搭東山線回「名古屋站」
再轉名鐵名古屋本線往常滑於「常滑站」下車
總共車程約1小時30分鐘
出站後步行約5分鐘

在「芸大通站」（豐田博物館
前）下車，車程約5分鐘
出站後步行約10分鐘

15:00～17:00
**常滑招財貓步道
及陶瓷步道**

名鐵名古屋本線

搭名鐵回到「名古屋站」，車程約40分鐘
出站後步行約10分鐘

18:00～19:00
晚餐
（山本屋總本家味噌烏龍麵）

豐田汽車博物館

山本屋總本家
味噌烏龍麵

Start
吉卜力樂園

常滑站

招財貓步道

陶瓷步道

土管坂

常滑招財貓步道
及陶瓷步道

登窯

吉卜力樂園

ジブリパーク

於2022年11月1日開幕，園區以經典的吉卜力動畫為主題，共分為5大園區：青春之丘、吉卜力大倉庫、魔法故鄉、魔女之谷及DONDOKO之森，把電影中的經典場景如《神隱少女》的街道、海水電車、湯婆婆的辦公室，《貓的報恩》中貓男爵的事務所，《天空之城》的拉普達庭園與巨型飛船，《龍貓》中大龍貓居住的巨樹，《霍爾的移動城堡》以及《心之谷》的地球屋場景完美還原，帶領大家走進吉卜力電影的奇幻世界。

照片來自官網

📍 愛知縣長久手市茨ケ廻間乙1533-1 📞 0570-089-154 💴 平日成人2000日圓、4歲至小學生1000日圓；星期六日及假期成人2500日圓、4歲至小學生1250日圓 🕙 平日10:00～17:00，週末假日9:00～17:00（星期二休）🚇 從「名古屋」站搭地下鐵東山線，抵達終點站「藤が丘」站，轉搭東部丘陵線「リニモ」（Linimo），在「愛・地球博紀念公園站」下車，約45～50分鐘

官網　　地圖

車迷必看！豐田汽車博物館 トヨタ博物館

來到長久手市，除了去愛・地球博公園走走外，若對汽車有興趣，也千萬不要錯過這間規模很大，保證讓車迷看得滿足的豐田汽車博物館。展館樓高3層，汽車都依不同年代排列，從最古老的車到最現代、最先進的車都有。此外，還展示一些跟汽車相關的小玩具。另外，值得一提的是，這裡附設的餐廳提供很好吃的咖哩飯，走累了不妨去試試！

📍 長久手市橫道41-100 📞 0561-63-5151 💴 成人1200日圓、65歲以上700日圓、中學生600日圓、小學生400日圓 🕙 9:30～17:00，星期一休 🚇 搭地鐵東山線到「藤が丘」，轉リニモ到「芸大通站」再走路5分鐘

官網

地圖

1 博物館按照不同時代劃分，從最古老到最新的車款都有 **2** 典雅美麗的古董車最引人注目

看！貓咪在向你招手！招財貓步道

在盛產陶瓷的常滑有一條很有趣的步道，就位於車站附近，非常好找。步道兩旁是各式各樣的可愛招財貓，每隻都有著獨特的姿態，當中最受歡迎的是比人還要大的大型招財貓頭，如果對藝術有興趣或喜歡貓咪，又或者想找尋一些有趣的事物，就一定要來看看喔！

1 一見到這隻大招財貓，就知道招財貓步道到了！**2** 步道在車站前，十分方便

🚌 名鐵「常滑站」，出站即達

地圖

藝術氣息濃厚：陶瓷步道　やきもの散歩道

常滑是陶瓷之鄉，除了可愛的招財貓步道外，還有一條以陶瓷器為主題的步道。雖然現在部份陶窯已經荒廢了，但經過當地政府的悉心打造後，這步道的兩旁都展示著各種陶器。當中最不能錯過的是地標陶管坂，兩邊的牆壁是用酒瓶和陶管砌成的，非常具有風情。若有興趣的話，更可到當地的陶窯參加DIY製作體驗，增加對這種傳統文化的認識。

1 陶瓷工場 **2** 來到陶瓷步道絕對要去著名的「陶管坂」

🚌 從名鐵「常滑站」出來後，向觀光中心方向走

地圖

山本屋總本家味噌烏龍麵

山本屋総本家

除了味噌豬排，名古屋還有另一名物：味噌烏龍麵，這是一間能吃到這種名物的名店，地理位置方便，位於名鐵百貨9樓。烏龍麵口感滑溜，再加上特製的味噌醬，份外有風味！而且價錢也不貴，來到名古屋必要試一試！

📍 愛知縣名古屋市中村區名駅1-2-1 名鐵百貨店本店9F · 🕐 11:00～21:00
🚌 從名鐵「名古屋站」步行約5分鐘

官網　　　　地圖

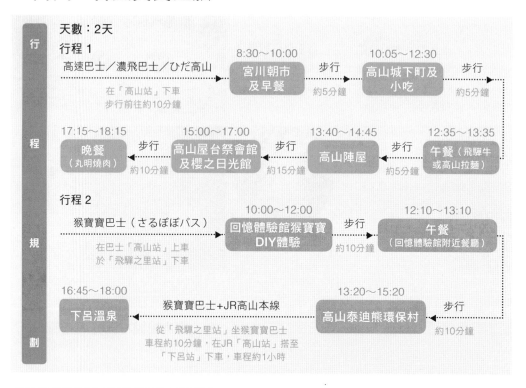

歧阜縣

高山：古風美食之旅

行程規劃

天數：2天

行程 1

高速巴士／濃飛巴士／ひだ高山 ┈┈> 宮川朝市及早餐（8:30～10:00）┈步行 約5分鐘┈> 高山城下町及小吃（10:05～12:30）┈步行 約5分鐘┈>

在「高山站」下車步行前往約10分鐘

晚餐（丸明燒肉）（17:15～18:15）<┈步行 約10分鐘┈ 高山屋台祭會館及櫻之日光館（15:00～17:00）<┈步行 約15分鐘┈ 高山陣屋（13:40～14:45）<┈步行 約5分鐘┈ 午餐（飛驒牛或高山拉麵）（12:35～13:35）

行程 2

猴寶寶巴士（さるぼぼバス）┈┈> 回憶體驗館猴寶寶DIY體驗（10:00～12:00）┈步行 約10分鐘┈> 午餐（回憶體驗館附近餐廳）（12:10～13:10）

在巴士「高山站」上車於「飛驒之里站」下車

下呂溫泉（16:45～18:00）<┈┈ 猴寶寶巴士+JR高山本線 ┈┈ 高山泰迪熊環保村（13:20～15:20）<┈步行 約10分鐘┈

從「飛驒之里站」坐猴寶寶巴士車程約10分鐘，在JR「高山站」搭至「下呂站」下車，車程約1小時

行程 1

熱鬧好逛的朝市：宮川朝市

現在遊客旅行越來越喜歡逛市場，因為這是了解當地人生活的最佳方式之一，而且市場的食材新鮮又便宜，再加上日本的市場乾淨、整齊，十分好逛。來到高山，建議早一點起床，預留點時間逛逛宮川朝市。這裡有60多個攤位，不單販售最受當地人歡迎的蔬菜、醬油、食材，還有不少小吃攤，也有販售猴寶寶、筷子等傳統日本小物的攤販。在這裡吃個早餐，悠閒散步，感受一下當地人生活的風情，實在是非常不錯的景點！

宮川朝市是高山最大的朝市

📍 高山下三之町沿宮川旁一帶 🕐 每天早上
🚌 從JR「高山站」步行約10分鐘

地圖

猶如回到古代：高山城下町

高山城下町位於JR高山站附近，是一個古意盎然的區域，也是在日本很受歡迎的城下町。這裡仍保留著古樸的建築，就連走在街上的行人也是那麼悠閒，漫步其中，真的有種到了古代的錯覺！還有多間紀念品店、餐廳、傳統日本小物商店等，當然也少不了高山的名物：飛驒牛！可吃、可逛、可買、又可感受古代的風情，來高山記得到這裡逛逛！

📍 高山市上一之町
🕐 各店舖營業時間
不同 🚌 從JR「高山站」步行約12分鐘

官網　　　　地圖

在城下町走著，感覺就像回到過去一樣

古樸雅致的建築：高山陣屋

在1615年興建，有著悠久的歷史，曾經作為縣政廳和郡政廳，裡面有如迷宮一樣，走著走著要小心迷路喔！陣屋裡有昔日官員的辦公室、會客室、糧倉、廚房和拘留所等，整間建築物都充滿著古雅樸實的風格，在這裡四處參觀，可以對日本古代的建築了解不少呢！

📍 高山市八軒町1-5 📞 0577-32-0643 🕐
3/1～10/31：8:45～17:00、11/1～2/28：
8:45～16:30 💴 成人440日圓，高中生以下
免費 🚌 從JR「高山站」步行約10分鐘

官網　　　　地圖

帶你走進高山祭：高山屋台會館

高山祭一年只有兩次，沒有看到的朋友或許會有點失望，可是也不要緊，只要來到高山屋台會館，就可以觀賞到高山祭裡所用的巨型屋台，每一個都氣勢磅礴，最高的甚至達到十多公尺呢！每部屋台的設計都十分精妙，裝飾非常漂亮，充滿濃厚的傳統色彩，即使不是親臨其景，只要來到會館，也不難感受到高山祭的熱鬧氣氛！

📍 高山市櫻町178 📞 0577-32-5100 ¥ 成人1000日圓、高校生600日圓、中小學生500日圓（與櫻山八幡宮聯票） 🕐 3～11月9:00～17:00、12～2月9:00～16:30 🚌 從JR「高山站」步行約20分鐘

官網　　　　地圖

在會館裡即使不是祭典時節，也能觀賞宏偉的屋台

在高山也能觀賞日光宮：櫻山八幡宮

櫻山八幡宮位於屋台會館附近，兩者採用聯票方式收費，所以可一起同遊。展館地方不大，主要是展示日光宮的模型，模型製作認真，栩栩如生，讓大家即使身在高山，也可以感受到日光宮的宏偉。

📍 高山市櫻町178 📞 0577-32-5100 ¥ 成人1000日圓、高校生600日圓、中小學生500日圓（與高山屋台會館聯票） 🕐 3～11月9:00～17:00、12～2月9:00～16:30 🚌 從JR「高山站」步行約20分鐘

官網　　　　地圖

1 日光館和屋台會館採用聯票方式收費，可一同參觀
2 即使不去日光，也可以欣賞到日光宮的宏偉

丸明燒肉

飛驒牛是日本有名的和牛，也是高山的名物，來到高山，可以找到多間以飛驒牛為主的燒肉店，而這間丸明是最具人氣的店家之一。丸明的飛驒牛牛肉優質，更重要的是價錢合理，可以嘗試不同部位的飛驒牛，除了燒肉外，還有牛肉丼類等料理，款式很多。

📍 高山市天滿町6-8-1 📞 0577-35-5858 🕐 11:00～15:00、17:00～21:00 🚌 從JR「高山站」步行約5分鐘

官網　　　　地圖

行程 2

製作高山名物：回憶體驗館猴寶寶DIY
思い出体験館

　　猴寶寶是高山的吉祥物，據説是母親做給孩子，祈求他們能得到幸福。在高山城下町的店舖，能看到各種不同造型的猴寶寶，如果想自己親手製作一個，可以到這間高山回憶體驗館。這裡的體驗不需要預約，就算不懂日文，在導師的耐心協作和指導下，也可以縫製出可愛的猴寶寶。除了DIY猴寶寶外，這裡還提供其他體驗，如相架、飾物製作，烘烤仙貝等，價錢不貴，過程簡單，值得試試！在體驗館附近餐廳不多，但也有兩間麵店，可以在此用餐。

 **1** 自己親手製成的猴寶寶 **2** 還可以參加其他體驗課程

📍 高山市上岡本町1-436 📞 0577-34-4711 🕐 10:00～16:00 🚌 在JR「高山站」搭猴寶寶巴士，10分鐘即到（飛驒之里站下車）。

官網　　　　　地圖

古屋裡的小熊王國：高山泰迪熊
環保村 TEDDY BEAR MUSEUM

　　泰迪熊可以在很多地方看到，但這間展館最特別之處，是它位於古屋內，展館雖然不大，但能觀賞到很多精彩的展品：各時代的泰迪熊，還有不同場景，如麵包店、婚禮、森林裡的泰迪熊等，還可以抱著比人還要大的泰迪熊拍照，是很暖心快樂的體驗！

1 館裡展示了不同年代的小熊 **2** 可以在大型的TEDDY BEAR懷裡拍照，真的很讚！

📍 高山市西之一色町3-829-4 📞 0577-37-2525 💴 成人600日圓、高中生500日圓、初中生／小學生400日圓、小學生以下免費 🕐 平日11:00～17:00、星期六日和假日10:00～17:00。星期三休 🚌 在高山乘坐猴寶寶巴士，於「飛驒之里站」下車

官網　　　　　地圖

日本三大名泉之一：下呂溫泉　下呂温泉

　　下呂溫泉是有名的美人湯，在10世紀開始已是溫泉勝地，在多個溫泉票選中都名列前茅，更被譽為是日本的三大名湯。泉水對風濕性疾病及神經痛特別有效，這裡有多個免費的足湯，也有多間溫泉旅館，在溫泉街散步，欣賞美景，買買伴手禮，感受悠閒的氣氛，晚上再入住溫泉旅館，享用一個令人滿足的美人湯，實在是賞心樂事。

🚃 從JR「下呂站」步行
約10分鐘

地圖

高山美食推薦

List1　飛驒牛

　　日本的著名和牛是既美味，又昂貴，但來到高山，可以很划算的價錢，品嚐到這裡的名物：飛驒牛！高山的飛驒牛以不同形式烹調，有的是燒烤串燒，有的是肉包，有的是炸肉球，有的是牛排套餐，有的是火鍋，有小吃也有套餐，從幾百日圓到幾千日圓都有，可以按照自己的預算選擇。

List2　五平餅

　　一種在醃漬過的飯上塗上芝麻，再用燒烤方式做成的小吃，每一口都香香脆脆，充滿飯香，口感和風味都很好，做成串燒的形狀，食用時很方便，可以當作小吃享用。

List3　高山拉麵

　　高山的拉麵在拉麵界中也十分著名，麵條和湯頭都是細心的製作，每個工序都一絲不苟，醬油湯頭帶著一種清爽的感覺，很容易入口，絕不比其他著名的拉麵遜色！

石川縣

金澤：金光閃閃之旅

行程規劃

天數：1天

JR北陸本線或北陸新幹線+金澤周遊巴士

在JR「金澤站」坐周遊巴士
於「兼六園下站」下車

10:00～11:30 **兼六園**

步行
約10分鐘

11:45～12:45 **石川物產館和菓子體驗**

步行
約20分鐘

15:15～17:45 **箔巧館金箔工藝體驗及東茶屋街**

金澤周遊巴士

步行15分鐘在「金澤站」坐金澤周遊巴士
於「橋場町站」下車，車程約10分鐘

13:15～14:45 **近江町市場午餐**

步行
約15分鐘

18:00～19:00 **晚餐（もりもり寿し金沢駅前店）**

*濃飛巴士末班車為16:00，如想坐巴士
回高山，請把行程適當縮短

兼六園

　兼六園和後樂園、偕樂園合稱為日本的三大名園，佔地11萬平方公尺，園內亭台樓閣，花香處處，時雨亭、夕顏亭、曲水和霞池都是不能錯過的美景！無論是哪個季節到來，都各有特色美態，其中初春的梅花和秋天的紅葉更是這裡最美的風景，在園內可以找到多個精緻的石燈籠，是兼六園的一大特色。

📍 石川縣金澤市丸之內1-1 📞 0762-34-3800 💰 成人320日圓、6～18歲100日圓 🕐 7:00～18:00（10月中旬至2月底8:00～17:00）🚌 JR「金澤站」坐巴士，於「兼六園站」下車，步行約1分鐘

官網

地圖

石川縣物產館（和菓子和金箔相框製作體驗）

　　想找到最齊全的石川縣特產，當然要來到石川縣觀光物產館了。除了可以找到不少伴手禮，例如和菓子、漬物、加賀茶、金澤清酒和各種傳統工藝品外，更讚的是，在這裡可以感受親自製作和菓子的過程，在導師的悉心指導下，很容易做出造型精美到令人不忍吃下的和菓子。除了和菓子體驗外，這裡還有金箔相框製作，同樣是非常受歡迎，可以一次體驗金澤著名的兩大文化，對日本文化有更多的認識。

除了DIY體驗，物產館還展出了近藝術品一樣精緻的和菓子

📍 金澤市兼六町2-20 📞 0762-22-7788 💴 和菓子製作體驗1500日圓 🕐 9:50~17:30，12月至2月的星期二及新年假期休 🚌 在JR「金澤站」乘坐巴士，於「兼六園站」下車，步行約1分鐘

官網　　　　　　地圖

近江町市場

　　要找好吃的食物，去市場一定沒錯！金澤最著名的是海鮮，而近江町市場就是海鮮的集中地。這裡有最新鮮的海鮮丼、壽司等，有多間餐廳可供選擇。吃完午餐後更可在市場逛逛，亦可了解當地人的生活文化。

📍 金澤市上近江町50 🕐 9:00~17:00 🚌 搭乘金澤周遊巴士，在「近江町市場站」下車

官網　　　　　　地圖

箔巧館金箔工藝體驗

　　金澤是盛產金箔的地方，日本產的99%金箔都是來自金澤！來到這裡，處處都是金光閃閃，紀念品、伴手禮，甚至是冰淇淋都舖上金箔！參觀箔巧館，可以在導師的指導下，把金箔貼上筷子、小盒、書籤等，別看技師們每個動作都輕而易舉，要把這塊薄薄的金箔夾起來並不容易呢！大家不妨來挑戰一下！

📍 金澤市森戶2-1-1 🕐 9:00～18:00，1/1休 💴 進館免費。手鏡製作體驗1600日圓、筷子製作體驗1200日圓 🚌 從JR「金澤站」搭車約15分鐘

官網　　　　　　地圖

金澤的金箔非常著名，可以買多以金箔製成的工藝品

東茶屋街

1 東茶屋街就像小京都一樣 **2** 牆壁上都貼滿了金箔的房間

金澤被稱為「小京都」，其中又以東茶屋街是最具京都風情，這裡兩旁是大大小小的茶屋，即是藝伎表演招呼客人的地方，感覺有點像祇園的花見小路，同樣是充滿了古色古香，文雅優美的韻味，還不時有穿著和服的少女漫步走過，為這條巷弄更添風情，令人彷彿回到江戶時代，被這濃厚的古代氣息深深吸引，不捨離開。

在東茶屋街一帶，有兩間店舖是不能錯過的，第一間是箔座ひかり藏，這是間金碧輝煌，到處金光閃閃的店舖，它販賣的紀念品全都是舖上金箔的！包包、碗碟、飾品等，即使因為價錢較貴，不想購買也絕對要來開開眼界！

另外一間是常常都排著人龍，還出動到保全把守的冰淇淋店：箔一，到底這間冰淇淋店有什麼特別之處？就是它販賣的冰淇淋，都是舖上金箔！而且是整片貼上！店員在貼金箔時都屏息凝神，小心翼翼，令人深深感受到這金箔冰淇淋的珍貴！

東茶屋街

📍金澤市東山1丁目 🕐10:00～18:00 🚌在JR「金澤站」的7號巴士站乘坐巴士，於「橋場町站」下車，車程約11分鐘

地圖

箔座ひかり藏

📍金澤市東山1丁目30-4 📞0762-53-0893 🕐9:30～17:30（冬季至17:30）🚌在JR「金澤站」的7號巴士站乘坐巴士，於「橋場町站」下車，車程約11分鐘

官網

地圖

箔一

📍金澤市東山1丁目15-4 📞0762-53-0891 🕐9:00～18:00，12～2月9:00～17:00 🚌在JR「金澤站」的7號巴士站乘坐巴士，於「橋場町站」下車，車程約11分鐘

官網

地圖

もりもり寿し金沢駅前店

來金澤一定要吃海鮮！想以CP值高的價錢享用新鮮的海鮮？可以來到這間很受本地人和遊客歡迎的壽司店，價錢不貴，尤其生魚片特別受歡迎，除了採用迴轉壽司的方式外，還能用I-PAD點餐，更貼心的提供中、英、日、韓四種語言，點餐絕無難度！

📍金澤市堀川新町3-1 金沢フォーラス6F 📞0762-65-3510 🕐11:00～22:00 🚌在JR「金澤站」步行約5分鐘

官網

地圖

List1 招財貓是怎麼來的？背後有什麼故事？

招財貓可招來財運和福氣，但是否知道在這背後有個感人的故事呢？話說有一個少爺生於富貴家庭，但在他父親去世後便遊手好閒，終日流連賭坊，欠下不少債。少爺養有一隻小貓，名叫小玉。這天，少爺又把錢輸光了，於是他祈求上天再給他一些錢，結果小玉竟然把金幣端來了！而且每次當他需要錢時，小玉都會帶來金幣，在這少爺心中，小玉就成了他的招財貓，為他帶來無盡的金錢。

可是少爺卻沒有察覺，小玉變得一天比一天瘦小、虛弱。少爺其實也感到奇怪，小玉的金幣是從何而來呢？於是又向小玉要了金幣後，就一路跟著牠。結果看到小玉來到一間寺廟，牠竟然開口說：「請再拿走一點體重吧！我還需要金幣。」少爺萬萬沒想到，原來小玉帶來的金幣，是用牠的體重換來的！小玉現在已很虛弱，若再以體重換金幣一定會死的，於是少爺跳了出來阻止，可惜小玉最後還是為了主人而犧牲自己。

為了紀念小玉對主人的不離不棄，於是就有了招財貓的傳說。當大家看到常滑那些可愛的招財貓時，不知會不會想起這隻忠心的小貓小玉呢？

List2 為什麼中部一帶又叫「昇龍道」？

其實這個威風凜凜的名字，是與當地的地形有關。中部和北陸一帶的地形，能登半島就像是龍頭，其他縣城就如同龍身，所以中部和北陸，就像一條正在風中飛舞的龍一樣，所以又稱為「昇龍道」。

List3 什麼叫「名古屋式早餐」？可以在哪裡享用？

名古屋是日本咖啡館的發源地，在這裡的街頭總能找到許多大大小小的咖啡館，當中很多都會提供一種叫「名古屋式早餐」的早餐，這可是種非常好康划算的早餐喔！

因為在名古屋咖啡館談生意的人多，有些生意人靈機一動，不如買飲料就附送餐點，讓客人也可以吃個飽吧！這個做法大獲好評，這些咖啡館生意如潮，其他咖啡館也爭相仿效，造成現在在名古屋很多咖啡館只要點一杯咖啡，就會送上餐點的優惠，這也是著名的「名古屋式早餐」了。要注意的是，不是每間咖啡館都設有此優惠，而且送上的餐點每間店都不同，很多店到中午之前就會停止優惠喔！

可享用名古屋式早餐的咖啡館

KOMEDA'S COFFEE

星乃咖啡店

⑨ 山陰山陽

高CP值路線全規劃

到山陰山陽旅行，
應該以什麼交通工具為主？

　　山陰山陽共有五個縣：廣島、岡山、鳥取、島根、山口，地方不算大，而且JR也很方便，可以利用JR連接各市，如從岡山到倉敷、從鳥取到島根、從廣島到岡山等，都能用JR連接，而山陰山陽五個縣內各個城市亦有不同的公共交通：

縣	城市	公共交通	
廣島	廣島市	市電：可前往宮島口、原爆圓頂屋、平和公園及本通	
	宮島市	渡輪前往，島上以徒步為主	松大汽船　　JR渡輪
岡山	岡山市	市電：可前往岡山城及後樂園	
鳥取	鳥取市	• 麒麟獅子循環巴士（可前往鳥取砂丘及鳥取港） • JR：可前往境港（鬼太郎水木茂之路）、倉吉（柯南作者：青山剛昌故鄉館）	
島根	松山市及出雲市	一畑電車（可前往松江花島園及出雲大社）	
山口	山口市	防長公車及JR公車：可前往秋芳洞、萩市	防長公車　　JR公車

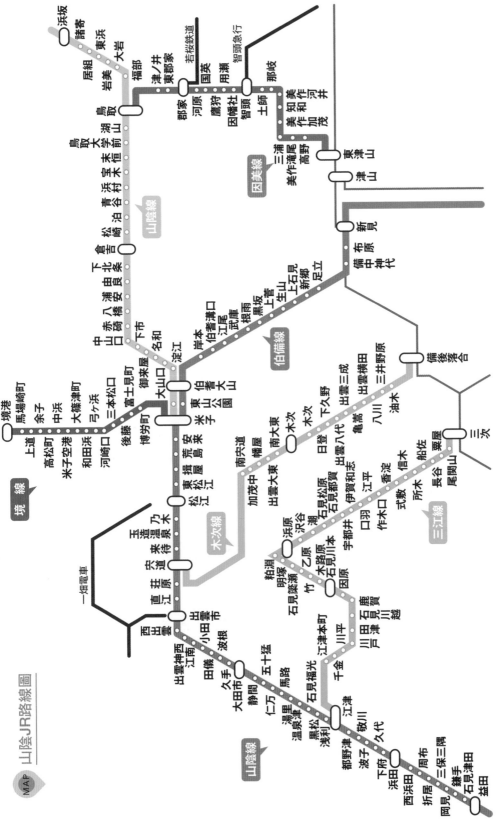

MAP 山陰JR路線圖

在多條JR線中，JR吳線和山陽線是較常使用的，它可以連接幾個重要大站：廣島、吳、三原，至於其他路線，因為到達的地方比較少有旅遊景點，通常少有機會用到。來往大城市例如岡山、廣島、鳥取等，可以利用JR，到達市內後再使用市內交通。

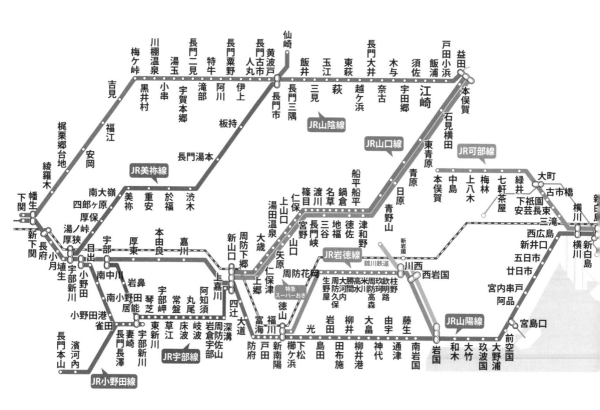

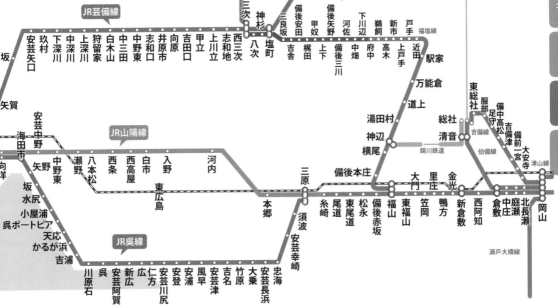

三江線

尾関山
作木口　長谷　所木　式敷　口羽
　　　信木　　　　香淀　江平　伊賀和志
　　　船佐　粟屋

木次線

伯備線

備後落合
比婆山　備後西城　平子　高　備後庄原　備後三日市　七塚　山ノ内　下和知

JR福塩線

福塩線

戸手　新市　鵜飼　下川辺　河佐　甲奴　備後矢野　備後安田　三良坂
　　上戸手　高木　中畑　府中　上下　梶田　吉舎
近田　府中
駅家

万能倉

道上

湯田村

神辺

横尾

JR芸備線

戸坂
安芸矢口　玖村　下深川　中深川　上深川　狩留家　白木山　中三田　中野東　志和口　向原　吉田口　甲立　上川立　志和地　西三次　八次　三次　神杉　塩町
矢賀

JR山陽線

安芸中野　海田市
中野　中野東　瀬野　八本松　西条　西高屋　白市　入野　河内　本郷
向洋　矢野
東広島

三原
須波
安芸幸崎

備後本庄
大門　東福山　備後赤坂　松永　尾道　糸崎
三原

里庄　笠岡　鴨方　金光　新倉敷　西阿知　倉敷　中庄
大門

総社　清音　服部　東総社
吉備線　伯備線
備中高松　足守
備前一宮　大安寺　北長瀬　庭瀬
吉備津　備中箕島

錦川鉄道

岡山
津山線

JR呉線

坂　水尻　小屋浦　呉ポートピア　天応　かるが浜　吉浦
川原石　安芸阿賀　呉　新広　仁方　広　安芸川尻　安登　安浦　風早　安芸津　竹原　吉名　大乗　安芸長浜　忠海

瀬戸大橋線

規劃山陰山陽旅行，
有什麼事項需要特別注意？

訂購適當的機票

　　如果能訂到直飛廣島或岡山的話，當然是最理想的，若訂不到的話，也可以考慮飛往大阪，然後從關西空港坐車前往岡山；又或是飛往福岡，然後坐新幹線前往廣島。

機場到市區的交通

　　在山陰山陽地區主要有三個機場：廣島、岡山及米子，因為廣島是山陰山陽的大城市，也是集中了新幹線、JR和市電的交通樞紐，要前往其他城市十分方便，三個機場當中，廣島機場是最多遊人使用的。

目的地	交通工具	票價	所需時間	
廣島空港前往廣島站新幹線口	巴士	成人1450日圓兒童690日圓	約45分鐘	廣島空港交通
岡山空港前往岡山站	巴士	成人780日圓兒童390日圓	約30分鐘	岡山空港交通
米子空港前往米子站	巴士及JR	巴士單程600日圓JR單程240日圓	巴士約25分鐘JR約30分鐘	米子空港JR　米子空港巴士

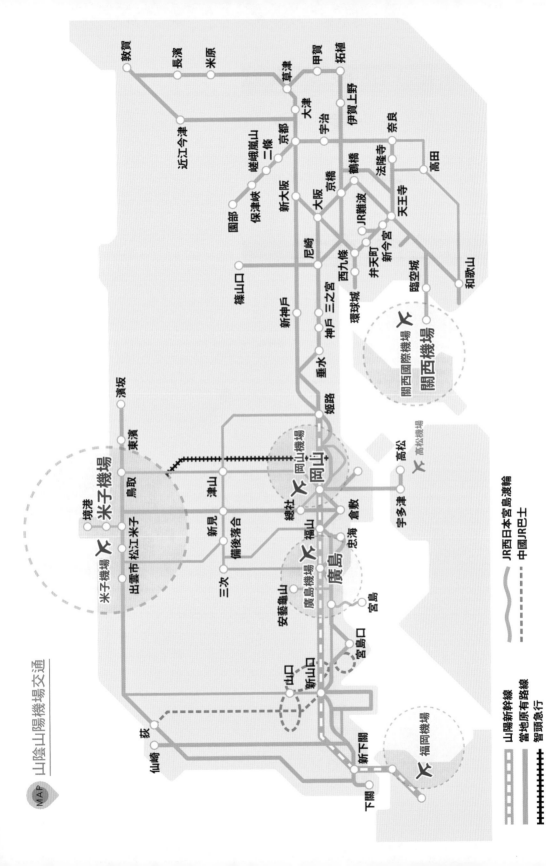

　　因為山陰山陽地方不大，排列成矩形形狀，而且通常遊人都會以廣島、岡山、鳥取、島根為主（山口景點不算多，去的遊客少），可以兩個大城：廣島及岡山為出發點，如果單單只玩山陰山陽的話，又或是跟九州結合一起玩，廣島會是最佳的第一站；如果是結合關西一帶，又或是四國地區遊玩，岡山會是較理想的第一站。

排列好遊玩各縣的順序

　　以大地區而言，若是以廣島為首站，其順序可以是：廣島、岡山、鳥取、島根，最後回到廣島。若以岡山為首站，其順序可以是岡山、鳥取、島根、廣島，最後回到岡山。

以廣島為首站 ——
以岡山為首站 ——

去山陰山陽旅行，應該買交通票券嗎？
買哪些交通票券較為划算？

　　山陰山陽的JR PASS價錢為7天20000日圓，因為這張票並不便宜，但山陰山陽之間的火車多數以較短途為主，最貴的一程新幹線：從廣島坐去岡山也只不過是5610日圓，如果買JR PASS的話，要在7天內坐3次才回本，所以基本上這JR PASS都用不著，我們可以購買以下優惠票券：

廣島市電一日券（廣島）

一日乘車乘船券		電車一日乘車券	
成人	900日圓	成人	700日圓
兒童	450日圓	兒童	350日圓

使用範圍　廣島市電全線及宮島松大汽船（注意，前往宮島的船公司有兩間，購買這種票券的遊人只能乘坐松大汽船，不能乘坐JR經營的汽船）
銷售地點　廣島站電車案內所

廣島市電一日券

　　因為來往宮島口及廣島站前一程電車為250日圓，來回為500日圓，松大汽船來回為360日圓，如果一天內坐三次或以上的電車，以及會前往宮島，那麼買廣島市電一日券就划算了。

一畑電車一日券（島根）

成人　1600日圓	兒童　800日圓

使用範圍　一畑電車全線
銷售地點　松江しんじ湖溫泉站、雲州平田站、川跡站、大津町站、電鐵出雲市站、出雲大社前站

一畑電車一日券

圖片來源:一畑電車官網

　　因為從JR松江しんじ湖溫泉站前往出雲大社為820日圓，從山雲大社前往松江花島園為700日圓，從松江花島園前往JR松江しんじ湖溫泉站為220日圓，合計共1740日圓，如果使用這張票券前往出雲大社，然後往花鳥園，最後回到JR松江しんじ湖溫泉站的話，可節省140日圓。

<table>
<tr><td rowspan="5">麒麟獅子巴士一日券（鳥取）</td><td colspan="2">600日圓</td><td rowspan="2"></td></tr>
<tr><td>使用範圍</td><td>麒麟巴士，可前往鳥取砂丘、砂丘中心展望台、砂之美術館、鳥取城跡及鳥取港等觀光景點。</td></tr>
<tr><td>銷售地點</td><td>巴士車內、鳥取站前巴士站、鳥取市觀光案內所等</td><td>麒麟獅子巴士
一日券</td></tr>
<tr><td colspan="2">因為單程車票為300日圓，只要會在一天內乘坐兩次巴士就已經回本。</td><td></td></tr>
<tr><td colspan="3" align="right">圖片來源:麒麟巴士官網</td></tr>
</table>

 MAP 麒麟獅子巴士一日券行駛範圍

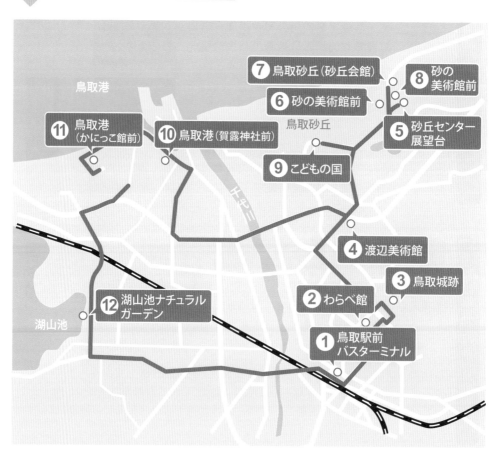

鳥取港

⑦ 鳥取砂丘(砂丘会館)　　⑧ 砂の美術館前

⑥ 砂の美術館前

鳥取砂丘

⑪ 鳥取港（かにっこ館前）　⑩ 鳥取港(賀露神社前)　　⑤ 砂丘センター展望台

⑨ こどもの国

④ 渡辺美術館

③ 鳥取城跡

⑫ 湖山池ナチュラルガーデン　② わらべ館

湖山池

① 鳥取駅前バスターミナル

我該選擇在哪裡住宿？

如果是使用大眾交通工具，選擇大城市作為住宿點都是比較理想的，以山陰山陽為例，最佳住宿點是廣島市和岡山市。

廣島市的住宿點

廣島市內好玩的地方很多，可以它作為住宿點的第一選擇。通常在廣島住宿的遊客，都會選擇在JR廣島站或平和公園附近為住宿地方。若以交通而言，JR廣島站可説是百分百優勝，這裡既有JR、新幹線，也是多條市電路線的起點站。若是自駕，又或是較愛住宿市中心的話，則可以選擇在平和公園一帶入住。

岡山市的住宿點

至於岡山則位於山陰山陽的東部，向北可達鳥取，也可前往島根，而且岡山本身也有岡山市、倉敷市、尾道市等景點可玩，所以很適合作為中心住宿點，很多遊客都因為交通方便、餐廳店舖較集中而選擇入住岡山站附近的飯店。

訂房網站

JALAN　　樂天

松江 ● ● 境港
出雲大社 ● 米子機場 鳥取機場 ✈ ● 鳥取砂丘
玉造溫泉 ● 松江城 ● 米子
島根縣 鳥取縣

岡山縣
✈ 岡山機場
廣島縣 倉敷美觀地區 ● ● 岡山後樂園
平和記念公園 ● 倉敷 ● ● 岡山
山口縣 ● 尾道
廣島 ✈ 廣島機場
● 山口 ● 廣島
● 嚴島神社

如果是自駕的話，除了廣島市、岡山市這兩個地方，還能多加一個住宿點，可選擇先玩鳥取砂丘及砂之美術館，然後前往米子住宿，翌日再前往境港及花迴廊、大山トム・ソーヤ牧場等。

我該如何規劃行程？

在安排大眾交通行程時，可以城市為中心，然後延伸至其他景點，以下列出山陰山陽各大城市市內景點及可延伸的景點：

廣島 — 市內景點
- 廣島市
  1. 平和記念公園
  2. 原爆圓頂屋
  3. 本通

延伸景點
- 宮島
  1. 嚴島神社表參道
  2. 嚴島神社及水中大鳥居
  3. 紅葉谷公園

岡山 — 市內景點
- 岡山市
  1. 岡山城
  2. 後樂園
  3. 招財貓美術館

延伸景點
- 倉敷
  1. 桃太郎機關博物館
  2. 大原美術館
  3. 貯金箱博物館
- 尾道
  1. 貓之細道
  2. 千光寺公園

鳥取 — 市內景點
- 鳥取市
  1. 鳥取砂丘
  2. 砂之美術館
  3. 鳥取港

延伸景點
- 境港
  1. 水木茂之路
  2. 水木茂美術館
- 倉吉
  1. 青田剛昌故鄉館
- 米子
  1. 花迴廊
  2. 大山牧場

島根 — 市內景點
- 松江市
  1. 松江花鳥園

延伸景點
- 出雲市
  1. 出雲大社

在山陰山陽旅行，使用大眾交通工具十分方便，可以廣島或岡山為起點，以JR延伸至周邊景點，城市內的交通則以巴士、市電等為主，以下為山陰山陽6天大眾交通行程：

Day 1	到達廣島，在廣島市內遊玩，宿廣島市
Day 2	前往宮島，在宮島遊玩，黃昏坐JR到達岡山，宿岡山市
Day 3	上午岡山，下午倉敷，宿岡山市
Day 4	前往鳥取，參觀鳥取砂丘、砂之美術館、境港水木茂之路等，宿岡山市
Day 5	前往島根，參觀花島園及出雲大社，回到廣島，宿廣島市
Day 6	回國

這個行程以廣島和岡山為住宿點，以兩地的市內景點為中心，搭配廣島、岡山可延伸的景點，在回程前一天回到廣島，可以保證在最後一天能順利上機。

自駕行程

如果是以自駕為主的話，可以在廣島租車，以順時針或逆時針方向，以廣島、岡山、米子為中心點，在廣島還車後，再利用廣島市內交通遊玩市內景點，一來可避免大城市內塞車或是停車困難，二來也可以節省一天的租車費用。以下為8天的山陰山陽自駕行程：

租車網站

樂天租車

Day 1	到達廣島，宿廣島市
Day 2	在廣島取車，前往岡山，下午在岡山市內遊玩，宿岡山市
Day 3	前往倉敷及尾道，黃昏回岡山，宿岡山市
Day 4	前往鳥取砂丘、砂丘美術館，然後前往米子，宿米子市
Day 5	早上前往境港，下午前往花迴廊及大山トム・ソーヤ牧場，宿米子市
Day 6	前往島根，遊松江花鳥園及出雲大社，開車回廣島，在廣島還車，宿廣島市
Day 7	早上宮島，下午廣島市內，宿廣島市
Day 8	回國

這個以廣島、岡山和米子作為三個住宿點，周邊的景點則以即日來回方式遊玩，路線以逆時針方向設計，在廣島取車、還車。

天數較短的行程

　　若是天數較短，較適合以岡山一帶為主，因為可以從岡山去的地方較多，而且岡山本身可玩的地方也不少。至於廣島，雖然名氣比岡山大，但從廣島前往其他縣都比較花時間，可以留待給天數較多的旅程，以下是以岡山為主的5天山陰山陽行程。

Day 1　到達岡山，宿岡山市（因較少飛機會從台灣飛往岡山，大多數遊人都會選擇從關西空港坐新幹線前往，故此第一天所剩時間有限，不安排任何行程）

Day 2　早上岡山市內，後樂園、岡山城，下午前往倉敷，宿岡山市

Day 3　前往招財貓美術館、鳥取砂丘及砂之美術館，黃昏回到岡山，宿岡山市

Day 4　任選其一：

　　1.早上境港水木茂之路或倉吉青田剛昌故鄉館，下午花迴廊及大山トム・ソーヤ牧場，宿岡山市。

　　2.早上松江花鳥園，下午出雲大社。黃昏回岡山，宿岡山市。

Day 5　回國

　　這個行程以岡山為主軸，不用換飯店，從岡山以即日來回的方式前往鳥取、島根等地遊玩，遊玩的景點豐富，是一次很多姿多彩的行程。

天數較長的行程

　　如果時間較為充裕，可以玩遍廣島、鳥取、島根、岡山四個縣，假如還有時間的話，更能向遊人較少的山口縣出發。以下為10天的山陰山陽行程：

| Day 1 | 到達廣島，宿廣島 |

| Day 2 | 早上宮島，下午廣島市內，宿廣島市 |

| Day 3 | 前往岡山，遊岡山城、後樂園，宿岡山市 |

| Day 4 | 早上前往摘桃子，下午前往倉敷，黃昏回到岡山，宿岡山市 |

| Day 5 | 早上前往尾道，下午前往鳥取，宿鳥取市 |

| Day 6 | 白兔神社、鳥取砂丘、砂之美術館、鳥取港，宿鳥取市 |

| Day 7 | 早上境港水木茂之路或倉吉青田剛昌故鄉館，下午花迴廊、大山トム·ソーヤ牧場，宿鳥取市 |

| Day 8 | 早上松江花鳥園，下午出雲大社，前往山口，宿山口市 |

| Day 9 | 玻璃光寺五重塔、秋吉台秋芳洞、湯田白狐狸溫泉，回廣島市 |

| Day 10 | 回國 |

　　這個行程玩遍5個縣，而且都是各個縣的精華，較熱門的縣如岡山會留兩天，玩市內景點和周邊景點，較冷門的縣如山口可待一天。因為是繞圈的玩法，住宿點較多，包括有：廣島、岡山、鳥取和山口市。

📍 廣島、宮島：雙「島」之旅

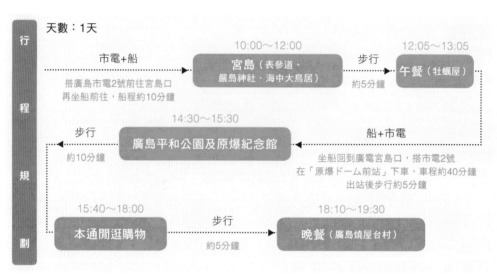

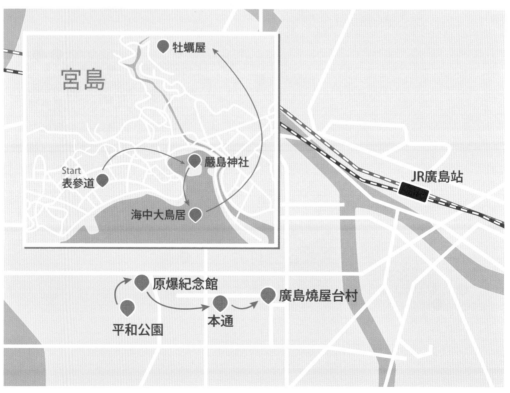

日本三大地標：嚴島神社及海中大鳥居 嚴島神社

　　嚴島神社的海上大鳥居是日本的三大名景，也是每個到廣島縣遊玩的人都會造訪的景點。嚴島神社位於宮島上，要前往並不困難，在宮島口有多班船隻前往。嚴島神社是一座朱紅色、香火鼎盛的神社，它最具代表性的標誌就是位於海中的大島居，漲潮時鳥居會佇立在海水之中，而退潮時可以沿著沙灘走到鳥居，甚至能觸摸鳥居，真的十分有趣！

官網

地圖

📍 廣島縣廿日市市宮島町1-1 🕐 依月份而不同，詳見官網 💴 成人300日圓、高中生200日圓、中小學生100日圓 🚌 從廣島市電「宮島口站」步行約10分鐘到碼頭，坐渡輪前往

1 海中大鳥居是日本最具代表性的三大風景之一 **2** 嚴島神社裡以紅色的建築為主

討吃招數最絕！宮島小鹿

可愛的小鹿，再加上典雅的海中鳥居，構成了宮島最具代表性的畫面

　　日本有兩個地方是以小鹿著名的，一個是關西的奈良，另一個則是廣島縣的宮島。因為鹿被認為是日之使者，不論在奈良和宮島，小鹿都可以無憂無慮，自由自在地生活，牠們都有專人餵飼，不愁沒東西吃。而奈良和宮島的小鹿最大不同之處在於，因為在奈良可以餵吃鹿仙貝，小鹿們都會用盡方法搶吃，用撞的、推的，大家要份外小心；相對宮島的鹿雖然也有暴力行為想討吃，但因為當地禁止遊客餵鹿，鹿攻擊遊人的情況比奈良少，但鹿始終是野生動物，和牠們玩時還是小心一點較好。

🚌 從廣島市電「宮島口站」步行約10分鐘到碼頭，坐渡輪前往

牡蠣屋 にある"かき

　　宮島的名物是牡蠣，在表參道上有很多可以吃到牡蠣的店，有烤的、有炸的、有用來製作成丼飯的，亦有牡蠣蕎麥麵。這家店是提供牡蠣料理的名店，他們的烤牡蠣又香又誘人，只是經過門口都不禁被吸引進去。價錢中等，牡蠣鮮味，所以客人眾多，記得早點來用餐喔！

1 香噴噴的烤牡蠣
2 清新可口的牡蠣麵

📍 廣島縣廿日市市宮島町539
📞 0829-44-2747 🕐 11:00～17:00 🚌 從宮島棧橋步行約10分鐘

官網

地圖

歷史的傷痕：原爆圓頂屋及平和公園 原爆ドーム

曾受到原子彈破壞的廣島，是個歷盡劫難的城市，因此這裡的人們對和平份外渴求，在車站的牆上，甚至是水溝蓋上，都可找到代表和平的紙鶴，而來到平和公園和廣島原爆圓頂屋，將更能體會到戰火對廣島的摧殘。這圓頂屋是世界文化遺產，原身是縣產業獎勵館，經過戰火破壞後，就只剩下一個破爛的圓頂。從這座建築的傷痕，可以感受到戰爭的可怕，更加祈求以後世界能享有和平，人類和文化不用再經歷如此殘酷的戰火摧殘。

📍廣島縣廣島市中區大手町1丁目10 📞082-242-7831 🚃從JR「廣島站」搭乘電車20分鐘或巴士15分鐘，在「原爆圓頂館前站」下車

官網

地圖

1 原爆圓頂屋遺址提醒大家戰爭的可怕 2 敲響平和公園裡的和平鐘，祈求世界和平

血拚天堂：本通

本通位於廣島市市中心，在平和公園附近，是非常熱鬧的商店街，就如同日本很多受歡迎的商店街一樣。這裡店舖林立，各式各樣的貨品，從服裝、飾物、精品、伴手禮都可以在這裡買到，最適合在參觀完原爆圓頂屋及平和公園後前來閒逛。

🚃在廣島市電「本通站」下車

地圖

各式廣島燒任選！廣島燒屋台村 お好み村

廣島燒是廣島的名物，來到廣島不試試實在太可惜了！位於本通附近的廣島燒屋台村，這裡集合了多間廣島燒的餐廳，各間都有不同特色，其中還包括例如八昌等的名店，可以依照自己的喜好選擇。因為競爭激烈，這裡的廣島燒都有一定品質，而且價錢也很便宜，通常在1000日圓以內就能吃得飽飽，很推薦想嘗試廣島燒的朋友到訪！

📍廣島市中區新天地5-13 📞082-241-2210 🕐各店舖不同，多數從11:30開始營業 🚃從廣電「八丁堀站」下車徒步約10分鐘

來到廣島，怎能不試試這裡的名物：廣島燒

官網

地圖

鳥取、岡山：採果之旅

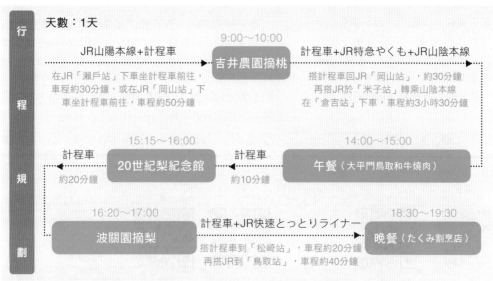

天數：1天

JR山陽本線+計程車 → **吉井農園摘桃** 9:00～10:00 → 計程車+JR特急やくも+JR山陰本線

在JR「瀬戶站」下車坐計程車前往，車程約30分鐘，或在JR「岡山站」下車坐計程車前往，車程約50分鐘

搭計程車回JR「岡山站」，約30分鐘再搭JR於「米子站」轉乘山陰本線在「倉吉站」下車，車程約3小時30分鐘

計程車 ← **20世紀梨紀念館** 15:15～16:00 ← 計程車 約10分鐘 ← **午餐**（大平門鳥取和牛燒肉）14:00～15:00

約20分鐘

波關園摘梨 16:20～17:00 → 計程車+JR快速とっとりライナー → **晚餐**（たくみ割烹店）18:30～19:30

搭計程車到「松崎站」，車程約20分鐘再搭JR到「鳥取站」，車程約40分鐘

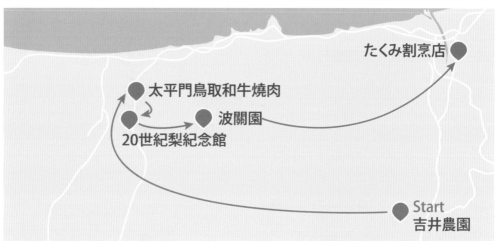

岡山白桃吃到飽：吉井農園

　　岡山是白桃的盛產地，這兒生產的白桃又大顆又多汁，舉國聞名，來到岡山，若不品嚐這人間美味，真的有如入寶山空手而回了。除了到水果店買水果，很多人都會想試試親自摘取白桃的滋味，吉井農園是其中一個選擇，大家可以在6月下旬至9月上旬採摘白桃，1月上旬至5月上旬期間則提供草莓。

岡山縣赤磐市仁堀東1077　086-958-2553　9:00～16:00　在JR「瀬戶站」下車坐計程車前往，車程約30分鐘，或在JR「岡山站」下車坐計程車前往，車程約50分鐘

官網

地圖

行程密技 / 關東 / 關西 / 沖繩 / 九州 / 四國 / 北海道 / 中部北陸 / 山陰山陽 / 東北

291

大平門鳥取和牛燒肉

　　雖然鳥取的和牛並不如其他地方的和牛著名，但既然來到，當然也不能錯過這個名物。這間店中午提供很便宜的和牛燒肉午餐，不用1000日圓就能吃到美味的燒肉，十分划算，最適合喜歡吃日本燒肉的人了！

📍 鳥取縣蒼吉市上井町1-10-15 📞 0858-26-4082 🕐 星期二～四&日11:00～15:00、17:00～21:30（星期五六至22:00），星期一休 🚌 從JR「倉吉站」步行約2分鐘

官網

地圖

一起來認識20世紀梨：20世紀梨紀念館
なしっこ館

　　在前往摘梨前，先來這間紀念館了解20世紀梨的相關資訊吧！這裡是全日本唯一一間以梨為主題的博物館，就連外觀都是梨子的造型呢！館內中心是一棵結果最多的百年梨樹，這裡不但詳細展示了栽種20世紀梨的方法，更介紹了全世界各種種類的梨，而且還設有試吃！參觀完後再前往摘梨，會別有一番樂趣！

📍 鳥取縣倉吉市駄経寺町198-4 📞 0858-23-1174 🕐 9:00～17:00，每月的第1、3、5個星期一休 💴 成人300日圓、小學生150日圓 🚌 坐JR到「倉吉站」，再坐計程車，車程約10分鐘

官網

地圖

把20世紀梨帶回家！波關園摘梨　波関園

　　20世紀梨是鳥取的名物，很多遊人來到這裡，都要一試這多汁鮮美的水果，如果想即摘即吃，可以到波關園感受摘梨的體驗。這兒是20世紀梨的栽培農場，培育的梨子有20世紀梨（採摘期為8月初至10月中）及新興梨（採摘期為10月初至11月中旬），能吃到自己採摘的新鮮梨子，那美味真的不能用文字形容呢！

📍 東伯郡湯梨浜町別所818-7 📞 0858-32-1821 🕐 8～11月8:00～17:00（12～7月休） 💴 成人1100日圓、小學生990日圓、3歲以上幼兒770日圓 🚌 從JR「倉吉站」坐計程車，車程約20分鐘

官網

地圖

たくみ割烹店

　　這間店以提供涮涮鍋和鄉土料理為主，也有一些優惠套餐和自助餐，採用的是新鮮的牛肉和海鮮，做成各種充滿鄉土風情的菜式。餐廳位於鳥取站附近，前往非常方便，中等價位，亦有清酒、燒酒等酒類供應。

📍 鳥取縣鳥取市榮町653 📞 0857-26-6355 🕐 星期一～六11:30～14:00、17:00～21:00（星期日至22:00），每月第三個星期一休 🚌 從JR「鳥取站」步行約5分鐘

地圖

境港、倉吉：妖怪、偵探之旅

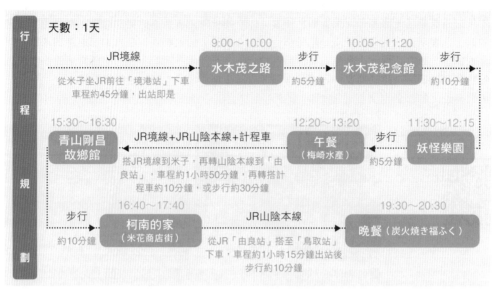

行
程
規
劃

天數：1天

JR境線　　　　　　　9:00～10:00　　　步行　　　10:05～11:20　　　步行

水木茂之路　　　　　　　**水木茂紀念館**

從米子坐JR前往「境港站」下車　　　　　約5分鐘　　　　　　　　約10分鐘
車程約45分鐘，出站即是

15:30～16:30　　　　JR境線+JR山陰本線+計程車　　　12:20～13:20　　　　　11:30～12:15

青山剛昌　　　　　　　　　　　　　　**午餐**　　　步行　　**妖怪樂園**
故鄉館　　　　　　　　　　　　　（梅崎水產）

搭JR境線到米子，再轉山陰本線到「由　　約5分鐘
良站」，車程約1小時50分鐘，再轉搭計
程車約10分鐘，或步行約30分鐘

步行　　　16:40～17:40　　　　　　　JR山陰本線　　　　　　　19:30～20:30

柯南的家　　　　　　　　　　　　　　**晚餐（炭火燒き福ふく）**
（米花商店街）

約10分鐘　　　　　　　　從JR「由良站」搭至「鳥取站」
下車，車程約1小時15分鐘出站後
步行約10分鐘

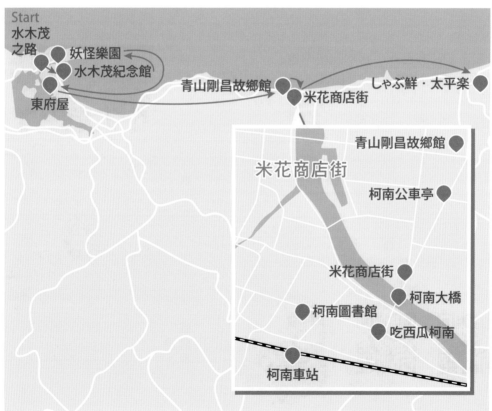

Start
水木茂
之路
妖怪樂園
水木茂紀念館
青山剛昌故鄉館
米花商店街
しゃぶ鮮・太平楽
東府屋

青山剛昌故鄉館
米花商店街
柯南公車亭
米花商店街
柯南大橋
柯南圖書館
吃西瓜柯南
柯南車站

妖怪夾道歡迎你！水木茂之路 水木しげるロード

　　要數日本最多妖怪的步道，一定非境港的水木茂之路莫屬了。因為是《鬼太郎》作者的故鄉，「境港站」門口的步道，兩旁都是妖怪的銅像，一共超過一百多座，妖怪們各具特色，喜歡妖怪文化的朋友一定會玩得盡興！還有路上的佈置也很有《鬼太郎》的特色，例如街燈是眼珠老爹，水溝蓋是主角人物，就連洗手間的男女標誌，都是用了《鬼太郎》的人物呢！在水木茂之路的末端，還有一間水木茂紀念館，可以增加對水木茂先生創作《鬼太郎》過程的了解。

🚌 從JR「境港站」
步行約5分鐘

地圖

1 走出車站，就能看到水木茂先生和鬼太郎的身影了！ **2** 連路燈都是鬼太郎的爸爸：眼珠老爹的造型呢！

進入漫畫家的世界！水木茂紀念館
水木しげる記念館

　　水木茂紀念館位於水木茂之路的末端，是間很有趣的博物館，這裡除了展示多種和《鬼太郎》有關的資料外，更好玩的是介紹了各種日本的民間妖怪，還設有一間妖怪屋，一點也不恐怖，反而十分有趣可愛。各位《鬼太郎》的粉絲，絕對不能錯過！

注意事項：外國遊客出示護照，可獲票價優惠

📍 鳥取縣境港市本町5（本町長廊大道）📞 0859-42-2171 🕘 9:30～17:00 💴 成人700日圓、中學生500日圓、小學生300日圓 🚌 從JR「境港站」步行約10分鐘

1 3 館內有日本各種著名妖怪的介紹
2 來到這間紀念館，記得要與鬼太郎一起合照喔！

官網

地圖

來到妖怪樂園，立即感受到妖氣沖天！

妖氣沖天：妖怪樂園 ゲゲゲの妖怪楽園

　　境港絕對是鬼太郎的地盤，不僅有主題列車、人物雕像、主題商店，還有一個鬼太郎妖怪樂園呢！樂園是免費入場，場內有一些和《鬼太郎》相關的小遊戲，還有鬼太郎的角色和場景，例如把鬼太郎的家重現大家眼前。樂園位於水木茂之路上，位置有點隱蔽，但是都有清楚的路標指引，想探望鬼太郎家的朋友記得要來喔！

官網　　　　地圖

📍 鳥取縣境港市榮町138
📞 0859-44-2889 🕐 9:30～17:00 🚌 從JR「境港站」步行約15分鐘

梅崎水產

　　來到境港又怎能不試試這裡最著名的松葉蟹？每年11月中至3月下旬是盛產松葉蟹的季節，在這裡大家可以享受一頓豐富的松葉蟹大餐，蟹肉非常鮮美，喜歡吃蟹的朋友絕對不容錯過！

官網　　　　地圖

📍 鳥取縣境港市湊町209 📞 0859-421-520 🕐 11:00～18:00 🚌 從JR境港站步行約15分鐘

真相只有一個！青山剛昌故鄉館

青山剛昌ふるさと館

　　青山剛昌先生是《名偵探柯南》的作者，這間紀念館也是一間有關柯南的博物館，館內展示了很多珍貴的漫畫手稿，名場面模型，以及有關柯南的周邊精品等，一幕幕經典的畫面重現眼前，讓《柯南》的粉絲看得津津有味，更重現了青山剛昌先生家中的陳設，還有一個有關柯南的問題測試等，既可增加對這部漫畫的了解，也充滿了趣味和互動，柯南的粉絲記得把這兒排進行程裡！

官網　　　　地圖

📍 鳥取縣東伯郡北榮町由良宿1414 📞 0858-37-5389 🕐 9:30～17:30 💴 成人700日圓、中學生/高中生500日圓、小學生300日圓、小學生以下免費 🚌 從JR「由良站」步行約20分鐘

一起探訪柯南的家：米花商店街 コナンの家米花商店街

　　米花商店街可說是名副其實的柯南世界，在這裡的每一個角落：商店、咖啡店、麵包店等，都可以找到和柯南有關的事物，還有很多在青山剛昌故鄉館買不到的周邊精品呢！最不能錯過的是，莫過於親自探訪柯南的家了，這間房子不但是仿照動漫中的工藤家建造，最有趣的是，進入時還有柯南、新一和小蘭的聲優應門聲呢！喜歡柯南的朋友不要錯過！

🚌 從青山剛昌紀念館步行約10分鐘

官網　　　　地圖

炭火焼き福ふく

除了松葉蟹外，鳥取的和牛也是招牌美食，在炭火焼き福ふく可以吃到和牛燒內、和牛壽司、和牛泡飯等。另外也可試試另一種美食：鹿野本地雞。

鳥取市彌生町334-2 2F 085-750-0029 18:00～23:00（星期日休）從JR鳥取站步行10分鐘

官網

地圖

被妖怪佔據了！鬼太郎列車

鳥取的境港是動漫《鬼太郎》作者水木茂先生的家鄉，在境港除了可以找到一條充滿《鬼太郎》特色的水木茂之路外，來往米子及境港之間的火車，也是令《鬼太郎》粉絲為之興奮雀躍的鬼太郎列車。列車設有6個車廂，以鬼太郎的主要角色如鬼太郎、眼珠老爹、貓妖、鼠男、砂婆婆、子泣爺爺。車廂內外都畫滿了卡通人物，還有每個車站都以卡通人物命名，無論你是否喜歡《鬼太郎》，都會覺得這輛火車很有趣！

官網

柯南粉絲不容錯過！柯南列車

除了《鬼太郎》列車外，鳥取還推出了柯南的電車，列車擁有非常鮮艷的外表，車身上是醒目的柯南和他的同伴的彩繪，就連車站裡也滿滿是和柯南有關的裝飾。除了參觀青山剛昌故鄉館和柯南之家外，乘坐柯南主題列車也是柯南迷的必玩行程！

官網

鳥取、岡山、倉敷：古樸風情之旅

行程
密技

關東

關西

沖繩

九州

四國

北海道

中部
北陸

山陰
山陽

東北

行程 規劃

天數：2天

行程 1

JR山陽本線／山陽新幹線＋電車

搭JR前往岡山，在JR「岡山站」搭往東山方面的電車
車程約10分鐘，在「城下站」下車，步行約10分鐘

9:00～10:30
岡山城及岡山後樂園

計程車
從JR「岡山站」
乘坐，約20分鐘

12:30～13:30
午餐（吾妻壽司）

JR山陽本線
從JR「岡山站」搭至「倉敷站」
車程約25分鐘，出站後步行約15分鐘

計程車
回JR「岡山站」
約20分鐘

11:00～12:00
招財貓美術館

14:30～17:00
倉敷水鄉及特色博物館（桃太郎機關博物館、貯金箱博物館、日本鄉土玩具博物館）

JR山陽本線
回JR「岡山站」，車程約20分鐘，出站後步行約10分鐘

18:00～19:00
晚餐
（味司野村豬排丼）

行程 2

JR山陽本線＋計程車

在JR「瀨戶站」下車坐計程車前往，車程約30分鐘，或在JR「岡山站」下車坐計程車前往，車程約50分鐘

9:00～10:00
吉井農園
摘桃

計程車＋JR特急スーパーいなば＋麒麟獅子循環巴士

坐計程車回「岡山站」搭JR前往鳥取車程約1小時45分鐘，再轉乘麒麟獅子循環巴士於「鳥取砂丘站」下車，車程約20分鐘

18:00～19:00
晚餐
（炭火燒のジュジュアン）

巴士
坐巴士回「鳥取站」
車程約20分鐘
下車後步行約5分鐘

14:20～17:30
砂之美術館
及鳥取砂丘

步行
約20分鐘

12:30～14:00
午餐
（海鮮料理鯛喜）

招財貓美術館

岡山後樂園

吾妻壽司
味司野村豬排丼

行程1
岡山城

日本鄉土玩具博物館
桃太郎機關博物館
貯金箱博物館

鳥取砂丘　海鮮料理鯛喜
砂之美術館

炭火燒のジュジュアン

行程2
吉井農園

行程 1

日本三大名園：岡山後樂園 岡山後樂園

後樂園是遊人到岡山旅遊必到之地，這裡和兼六園、偕六園合稱為「日本三大名園」，總共花了13年才建成，園內小橋流水、亭台樓閣、青山綠水、風光明媚迷人，典雅高貴。在庭園中漫步，雖然太陽大一點，但卻如置身在世外桃源中，感覺美妙。在樂園附近是岡山城，兩地可以一起遊玩。

📍 岡山縣岡山市北區後樂園1-5 📞 0862-72-1148 🕐 7:30～18:00（10/1～3/19：8:00～17:00）💴 成人410日圓、65歲以上老人140日圓、國中及小學生免費 🚌 在「岡山站」坐往東山方面的電車，於「城下站」下車，步行約10分鐘，或可從岡山站步行前往，約25分鐘

官網　　　　地圖

1 後樂園亭台樓閣相當美麗 **2** 青山綠水、小河繚繞是後樂園最美景致

全日本最有錢的地方：招財貓美術館 招き猫美術館

問一題IQ問題：全日本最有錢的地方在哪裡？不是超級富豪的家，也不是什麼企業銀行，而是這座擁有數以千隻的招財貓美術館。成千上萬的招財貓一起招財，這裡不有錢才怪了！愛貓人士要來這裡，看看那各式各樣的招財貓，有的是小孩子的畫，有的是工藝品，有的是陶瓷品，形態和樣貌各有不同，每隻都非常可愛逗趣！

📍 岡山縣岡山市北區金山寺865-1 📞 0862-28-3301 🕐 10:00～17:00（星期三及年底休）💴 成人600日圓、中／小學生300日圓 🚌 在JR「備前原站」下車，搭計程車約9分鐘

官網　　　　地圖

吾妻壽司 吾妻寿司

岡山有一種特別的壽司，叫岡山散壽司，跟我們平常吃的壽司不同，主要是把一大堆食材都放在一碗壽司飯上，看起來非常豐盛且吸引人。這間壽司店就提供了這款名物，價錢合理，而且位於岡山站內，十分容易找。

官網　　　　地圖

📍 岡山縣岡山市北區驛元町1-1 📞 0862-27-7337 🕐 11:00～22:00 🚌 JR「岡山站」內

古樸典雅的風情：倉敷美觀地區

在JR倉敷站附近是倉敷著名的觀光點：美觀地區，這裡小橋流水，兩岸垂柳，小船在橋下駛過，人們悠然地欣賞兩岸的景色，是個恬靜舒服，令人嚮往的水鄉。乘坐小船沿著河流遊覽，那清新的空氣，如詩如畫的美景，洗滌了因旅行而勞累的身心。不妨放慢腳步，在這美麗的水鄉散步漫遊，累了就到咖啡店裡享用一杯鮮甜多汁的白桃聖代，實在是賞心樂事！

從JR「倉敷站」步行約15分鐘

地圖

1 小橋流水人家，是倉敷最迷人的畫面 **2** 船兒在垂柳旁邊駛過，就如同詩畫中的景色

從前的小孩玩什麼？鄉土玩具博物館

倉敷擁有很多特色博物館，這間鄉土玩具館是其中一間，它展示了多件從前日本小孩子玩的鄉土玩具，例如達摩不倒翁、人偶等，都充滿了傳統日本色彩。大人們可以在其中尋覓，看看有沒有自己玩過的玩具，還可以和小孩分享兒時趣事，讓現在的小朋友認識到從前的孩子是玩什麼玩具。到這博物館參觀，將會是一次很有意義的親子和文化之旅！

岡山縣倉敷市中央1-4-16 0864-22-8058 10:00～17:00 成人500日圓、高中/初中生300日圓、小學生200日圓、嬰兒免費 從JR「倉敷站」步行約20分鐘

官網　　地圖

不只有小豬撲滿！貯金箱博物館

這是在倉敷的另一間特色博物館，博物館地方很小，通道較狹窄，不算好逛，但收藏品卻相當有趣！這裡收藏了數以千計的有趣貯金箱，除了最常見的小豬撲滿外，還有其他動物或卡通人物造型，都非常可愛，令人愛不釋手！

岡山縣倉敷市船倉町1224 0864-25-9598 10:30～17:00。星期四、12/31～1/3休 成人300日圓、學生200日圓 從JR「倉敷站」步行約15分鐘

官網

地圖

找看看哪個錢箱是自己也擁有的！

好有趣的機關！桃太郎機關博物館

桃太郎のからくり博物館

　　盛產白桃的岡山是日本著名神話人物桃太郎的故鄉，在倉敷可以找到這間以桃太郎為主題的博物館，不但介紹了桃太郎的故事，還重現故事中的重要場景，更利用有趣的科學原理，設計不少特別機關玩具，還有幾可假以亂真，好玩又有趣的鬼屋等，不妨跟著桃太郎一起踏上打妖怪的旅程吧！

📍 岡山縣倉敷市本町5-11 📞 0864-23-2008 🕐 10:00～17:00 💴 成人650日圓、高中／國中／國小生450日圓，兒童（5歲以上）100日圓 🚉 從JR「倉敷站」步行約10分鐘

官網　　　　　地圖

1 桃太郎博物館的主角桃太郎 2 模型重現了桃太郎出生的場景

味司野村豬排丼

おかやま

　　豬排丼在日本很普遍，聽起來沒什麼特別，但這間豬排丼卻是人氣特別高，原因是他們用一種自家特製的醬汁，而且豬排炸得又香又脆，吃起來份外美味，跟其他豬排丼截然不同。很多遊人來岡山必朝聖的名店，千萬不要錯過喔！

地圖

📍 岡山縣岡山市北區平和町1-10 📞 0862-22-2234 🕐 11:00～14:30、17:30～20:30（星期一休）🚉 從JR「岡山站」步行約10分鐘

用特製醬汁製成的豬排丼

行程 2　海鮮料理鯛喜　Taiki

　　來一頓豐富的海鮮丼料理吧！這間店的海鮮丼又鮮美又誘人，餐廳位於鳥取砂丘附近，享用完午餐後可以直接到砂丘遊玩，方便又省時。

📍 鳥取縣鳥取市福部町湯山2164-449 📞 0857-26-3157 🕐 10:00～14:00（星期四休）🚉 從「鳥取砂丘站」步行約20分鐘

地圖

日本也有沙漠？鳥取砂丘

　　日本不是位於沙漠地帶，通常我們都甚少在日本境內看到沙丘，但這奇景卻能在鳥取找到，那就是最著名的景觀：鳥取砂丘。這兒屬於國立公園的特別保護區，也是日本最大的觀光砂丘。山陰地區的花岡岩石風化以後，從千代川流入日本的沙石就在這一帶積聚，因此成了這片浩瀚的砂丘。在這裡可以玩滑沙，甚至騎駱駝，真的會以為自己置身在沙漠呢！

📍 鳥取縣鳥取市福部町湯山
🚌 在JR「鳥取站」坐砂丘線巴士於「鳥取砂丘站」下車

官網　　　　地圖

1 鳥取砂丘浩瀚而一望無際 2 還可以在砂丘騎駱駝呢！

用沙砌成的大型雕塑：砂之美術館 砂の美術館

　　去鳥取砂丘欣賞完自然奇景後，不妨到砂丘附近的砂之美術館參觀，在這裡可以觀賞到多座大型沙雕，美術館每年都會訂立一個主題，例如俄羅斯、南美洲、美國等，以大量的沙製成各個著名地標的沙雕，栩栩如生，立體傳神！砂之美術館雖然不算大，但若每座沙雕細心欣賞，也要花不少時間。

1 每座建築物都栩栩如生 2 以南美森巴女郎為主題的砂雕

📍 鳥取縣鳥取市福部町湯山 📞
0857-20-2231 🕐 平日、星期日
9:00~17:00；星期六9:00~18:00
💴 成人800日圓、高中以下學生
400日圓 🚌 在JR「鳥取站」坐砂丘線巴士，於「砂之美術館站」下車

官網　　　　地圖

炭火焼のジュジュアン

　　因為鳥取站附近有較多餐廳選擇，建議坐JR回鳥取站用餐，如果喜歡燒肉，可以到這間位於鳥取站附近的炭火のジュジュアン，選擇烤魚或燒肉，也有鳥取的名物：鳥取和牛燒肉便當。

📍 鳥取縣鳥取市末廣溫泉町
751 📞 0857-21-1919 🕐
17:00～23:00 🚌 從JR「鳥取站」步行約5分鐘

官網　　　　地圖

📍 鳥取、島根：神話之旅

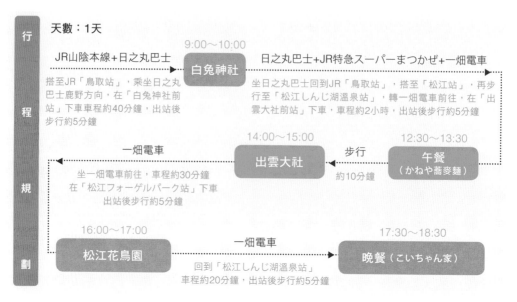

天數：1天

JR山陰本線+日之丸巴士

9:00～10:00 白兔神社

搭至JR「鳥取站」，乘坐日之丸巴士鹿野方向，在「白兔神社前站」下車車程約40分鐘，出站後步行約5分鐘

日之丸巴士+JR特急スーパーまつかぜ+一畑電車

坐日之丸巴士回到JR「鳥取站」，搭至「松江站」，再步行至「松江しんじ湖溫泉站」，轉一畑電車前往，在「出雲大社前站」下車，車程約2小時，出站後步行約5分鐘

一畑電車

坐一畑電車前往，車程約30分鐘在「松江フォーゲルパーク站」下車出站後步行約5分鐘

14:00～15:00 出雲大社

步行 約10分鐘

12:30～13:30 午餐（かねや蕎麥麵）

16:00～17:00 松江花鳥園

一畑電車

回到「松江しんじ湖溫泉站」車程約20分鐘，出站後步行約5分鐘

17:30～18:30 晚餐（こいちゃん家）

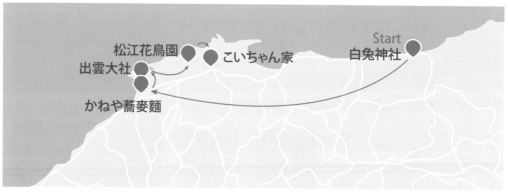

松江花鳥園　こいちゃん家　**Start** 白兔神社
出雲大社
かねや蕎麥麵

真的有白兔嗎？白兔神社

現在的白兔神社並沒有真正的白兔，但在這座神社的每一個角落，都不難發現兔子的身影，有大量的兔子石像，還有可愛的白兔御守呢！那是因為這座神社和日本神話中的「因幡的白兔」很有淵源（請見P305），在神社裡仍能找到大國神為白兔療傷的水池。也因為「因幡的白兔」的故事，不少想祈求良緣的信徒都會特地前來神社參拜。

📍 鳥取縣鳥取市白兔宮腰603　📞 0857-59-0047
🕐 9:00～16:00　🚌 從JR「鳥取站」乘日之丸巴士往鹿野方向約40分鐘，在「白兔神社前站」下車，徒步約5分鐘

地圖

全日本最大的神社：出雲大社

　　出雲大社祭祀的是日本的眾神之首：大國神，因為大國神尊崇的地位，出雲大社也是全日本最大的神社，這裡擁有所有神社中最大的注連繩、最大的鳥居等，非常宏偉壯觀。在這神社參拜的方式也與其他神社不同，以突顯出大國神的崇高地位（請見P305）。來到島根縣，不到出雲大社參觀的話，真的如同沒去過島根一樣了。

官網

地圖

1 出雲大社擁有全國神社中最大的鳥居，地位超然 2 出雲大社的標誌：全國神社中最大的注連繩 3 出雲大社供奉著眾神之首：大國神

📍 島根縣出雲市大社町杵築東195 📞 0853-53-3100 🕐 8:30～17:00 💴 寶物殿：成人300日圓、高校生200日圓、中小學生100日圓 🚌 從「出雲大社前站」步行約10分鐘

かねや蕎麥麵

　　雖然在日本很多地方都能吃到美味的蕎麥麵，但來到出雲，還是不能錯過這裡的蕎麥麵料理，因為出雲的蕎麥麵很有名，不單單麵的口感好，配合清湯，感覺又清新又充滿蕎麥的香味，真的很讚！在表參道上有很多間蕎麥麵店，而かねや蕎麥麵是其中一間名店，光顧的客人很多，蕎麥麵的品質也很好，值得一試！

📍 島根縣齣雲市大社町杵築東四ツ角659 📞 0853-53-2366 🕐 星期一、三10:30～14:00，星期六日10:30～14:30（星期二、四、五休） 🚌 從「出雲大社前站」步行約10分鐘

官網　　　地圖

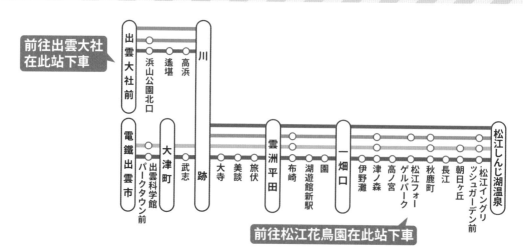

前往出雲大社在此站下車

前往松江花鳥園在此站下車

和大嘴鳥一起玩！
松江花鳥園 松江フォーゲルパーク

　　因為日本很注重保護動物，花鳥園和動物王國在很多地方都能找到，這些公園都有一個共通點：就是可以近距離接觸動物，就像位於島根縣松江市的花島園，則是一個讓人與動物同樂的地方。在這裡可以100日圓的價錢餵食各種動物，能與大嘴鳥拍照，也可和其他可愛的小動物玩，觀看貓頭鷹表演等。動物都不是關在籠子裡，而是在你的身邊飛來飛去，走來走去，想跟可愛動物比鄰而坐的人，一定要來參觀！

📍 島根縣松江市大垣町690-0263 📞 0852-88-9800 🕐 4～9月9:00～17:30、10～3月9:00～17:00 💴 成人1500日圓、中小學生750日圓 🚌 在一畑電鐵「松江フォーゲルパーク站」下車

1 看！活潑的小企鵝在散步 2 花鳥園內花香處處，鮮花爭妍鬥麗

官網

地圖

こいちゃん家

　　午餐試了口味較清淡的蕎麥麵，晚上可以享用味道較濃的串燒！這間店主要提供雞肉串燒，雞肉串烤得又香又可口，而且位於松江しんじ湖溫泉站附近，交通很方便。

📍 島根縣松江市東本町2-26 📞 0852-27-7822 🕐 17:30～24:00。星期日休 🚶 從「松江しんじ湖溫泉站」步行約15分鐘

地圖

岡山、鳥取、出雲與日本神話有什麼淵源？

 岡山：桃太郎的故鄉

　　大家都聽過桃太郎打鬼怪的日本神話故事吧！傳說島上鬧妖怪，令很多民眾都不敢踏足，某天一對老夫婦發現了一個大桃，打開大桃一看，裡面竟有個男孩！這個男孩就是被認定為打妖怪的小英雄：桃太郎！桃太郎到底是在哪裡出生的呢？答案就在盛產白桃的岡山！所以一踏足岡山，就可以看到各種和桃太郎有關的元素，像車站前的銅像，還有連水溝蓋都有他的身影呢！在倉敷還有一間以桃太郎為題材的博物館，對桃太郎的故事有興趣的朋友，一定要來這裡看看！

 鳥取：白兔神社和白兔海岸

　　神話「因幡的白兔」就是發生在鳥取的白兔海岸，在神話中，八十眾神因為仰慕因幡國的美人八上比賣，一同前往現在白兔海岸的所在地，在那兒碰到一隻因為得罪海鱷而被剝了皮的兔子，眾神於心不忍想施救，以為把兔子放進水裡就會痊癒，怎料兔子越加痛楚。當時經過的大國神見到兄弟們好心卻誤事，心有不忍，於是想到一計，先帶兔子到池裡清洗傷口，然後再塗上蒲黃花粉，結果兔子康復了！這個水池仍可在神社內找到呢！而白兔為了報恩，撮合大國神和八上姬的美好姻緣，到了現在，不少人都會來向這「因幡的白兔」求姻緣，據說還十分靈驗！

List3 出雲：日本神話的故鄉

　　出雲是日本神話的故鄉，在這裡有全日本地位最崇高、供奉大國主的出雲大社。大國主是「出雲國」的建國之神，也就是前文所提及的「因幡的白兔」神話故事內救了白兔的神明，所以在出雲大社內可以見到很多兔子的雕像。大國神是眾神之首，地位崇高，據說每年農曆10月，日本各地的神明都會來到出雲大社聚集，討論國家事宜或是結緣之事，這個月被稱為是「神在月」，出雲大社成了眾神雲集之地，難怪地位比日本所有神社都要高！

出雲大社的參拜方式

　　在日本參拜神社的方法，最容易記的口訣，就是二拜二拍手一拜（即是鞠躬兩次，拍手兩次，再作一次鞠躬），但在出雲大社卻是不同！因為這裡供奉的是大國神，是眾神之首，所以這間神社有著多個「最」！它是全日本最古老的神社，是農曆10月時最多神會聚集的地方，擁有最大的鳥居，還有日本最大的注連繩，擁有這麼多個「最」，參拜的方式當然有所不同了，就是二拜四拍手一拜（先二鞠躬，再四拍手，最後一鞠躬），拜和拍的次數都是雙倍呢！突顯了大國神身份的高崇和大家對祂的尊敬。

10

東北

高CP值路線全規劃

到東北旅行，
應該以什麼交通工具為主？

　　東北共有6個縣：青森、秋田、山形、岩手、福島及宮城。來往各縣和縣內的各大景點，可以選擇乘坐JR、新幹線或東北高速巴士，前往縣內一些景點如溫泉鄉等需要使用巴士，如想去一些小島（如田代島）的話，則需要乘坐渡輪。另外有一些景點需要配合纜車（如藏王樹冰），也有一些景點是沒有任何大眾交通可達，是需要參加一日遊的（如藏王狐狸村）。總括而言，東北雖然不是熱門的旅遊地區，但公共交通也很發達，只是有些巴士和渡輪的班次較少，乘坐時需要注意時刻表，好好安排時間。當然，也可以採取自駕方式，以南至北或北至南遊玩，或是把東北的行程結合北海道，擴展為一個較長的行程。

城市或地區	市內交通	可延伸地區	
青森	JR巴士	十和田湖、奧入瀨溪流	
	JR	弘前、八戶	
秋田	JR	角館、大館、男鹿半島	
岩手	JR	花卷、宮古、釜石	
山形	巴士	藏王溫泉、銀山溫泉	銀山溫泉巴士　藏王溫泉巴士

福島	會津鐵道	會津若松、蘆之牧溫泉、湯野上溫泉
宮城	JR	松島、石卷

MAP 東北JR路線圖

新青森
七戶十和田
八戶
二戶
岩手沼宮內

秋田新幹線
角館
秋田
田澤湖
雫石
盛岡
大曲
新花卷
北上
水澤江刺
一之關
栗駒高原

山形新幹線
新庄
古川
東北新幹線
大石田
村山
櫻桃東根
天童
山形
仙台
上山溫泉
赤湯
白石藏王
高畠
米澤
福島
新潟
郡山
上越新幹線
燕三條
長岡
新白河
浦佐
那須鹽原
越後湯澤
宇都宮
上毛高原
高崎
小山
本庄早稻田
熊谷
大宮
東京

規劃東北地區旅行，
有什麼事項需要特別注意？

　　東北包括了6縣，但在短時間內玩遍6個縣是不可能的，所以在安排行程時需要挑選出自己最感興趣的地方，例如青森、秋田、山形、宮城的旅遊景點較多，可以重點遊玩。在行程安排上，可以採取從北至南，或是從南至北的方式。由於仙台有較多國際航班，可以選擇仙台市為起點。交通上，縣與縣之間最方便的連接方式是JR，若是選擇坐高速巴士也可以，市內的景點很多都是徒步可達，前往一些溫泉鄉時需要配合巴士。

選擇在最適合的季節出遊

　　如果想看雪景及樹冰，最適合的季節當然是冬季。如果想看祭典，則選擇8月上旬，在出發前先把各地的祭典時間查好，然後依順序安排行程，因為青森的睡魔祭最早舉行，仙台的七夕祭最後，所以可依此方式排序：青森（8月2日至7日）、秋田（8月3日至6日）、山形（8月5日至7日）、仙台（8月6日至8日）。如果想看紅葉的話，則選擇10～11月。

配合一日遊行程

　　因為有些景點較少大眾交通到達，又或是交通安排較為複雜，可以配合一些一日遊行程，如藏王狐狸村、柴田町大河原千棵櫻、船岡城址公園的一日遊；銀山溫泉、藏王樹冰、纜車一日遊等等。

銀山溫泉‧藏王樹冰‧
纜車一日遊

藏王狐狸村、柴田町大河
原千棵櫻、船岡城址公園
一日遊

決定以什麼方式前往東北

　　如果只想單純玩東北地區，可以選擇直接坐國際航班前往仙台，如想配合北海道遊玩，可以從北海道的札幌坐國內飛機前往青森，或是從函館乘坐新幹線前往青森。若想配合東京遊玩，可以選擇在東京坐新幹線前往仙台。

仙台機場到市區的交通

目的地	交通工具	票價	所需時間	
仙台站	電車仙台空港アクセス線	660日圓	約35分鐘	
山形站、福島站、會津若松等	巴士	各個站點不同，請參閱官網	各個站點不同，請參閱官網	

去東北遊玩，需要購買JR PASS嗎？

去東北遊玩，是否要買JRPASS？這關係到行程使用新幹線的次數，例如以下的行程：

Day 1 到達

Day 2 在青森市內遊玩（不需要用JR）

Day 3 從青森前往秋田（5170日圓，開始使用JR PASS）

Day 4 從秋田前往角館（2470日圓），從角館前往大館（坐新幹線4210日圓），從大館回到秋田（1980日圓）

Day 5 從秋田前往山形（3740日圓）

Day 6 銀山溫泉（從山形前往大石田，來回共1360日圓）

Day 7 從山形前往仙台（1166日圓）

Day 8 從仙台前往松島（來回836日圓，最後一天使用JR PASS）

Day 9 回程

這個行程因為坐新幹線的次數不多，需要的車費為20932日圓，而一張東北南北海道鐵路周遊券的價錢為24000日圓，在這情況下，即使行程覆蓋了4個縣，但每程購票還是比使用JR PASS划算。

但若坐新幹線的次數增多了，又或是行程會連結北海道的話，情況就會有所不同：

Day 1 到達札幌

Day 2 從札幌前往富良野，從富良野前往美瑛

Day 3 從美瑛返回札幌，整天在札幌市內遊玩

Day 4 從札幌前往函館（8910日圓，開始使用JR PASS）

Day 5 從函館前往青森（坐新幹線7630日圓）

Day 6 在青森市內遊玩（不需要乘坐JR）

Day 7 從青森前往秋田（5170日圓）

Day 8 從秋田前往角館（2470日圓），從角館前往大館（坐新幹線4210日圓），從大館回到秋田（1980日圓）

Day 9 從秋田前往仙台（坐新幹線10260日圓，最後一天使用JR PASS）

Day 9 松島

Day 9 回程

因為坐了3次新幹線，而且還包含了札幌至函館的特急費用，這個行程的車費為40630日圓，那麼當然是購買JR PASS較划算了。

所以，如果你的行程坐新幹線的機會較少，基本上不需要購買JR PASS；但若你使用新幹線的機會較多，那麼購買JR PASS就能節省不少錢了。

我該選擇在哪裡住宿？

因為東北每個縣之間的距離較遠，不論採取從北至南還是從南至北的方式，都難以避免時常換飯店，例如進行一次包括4個縣的旅行，就起碼需要轉換4次飯店。在挑選飯店時，交通方便是最重要考量，最好選擇在6縣裡最大，或是旅遊景點最多城市的最主要JR站附近，即青森站、秋田站、山形站、盛岡站（岩手縣）、仙台站（宮城縣）及會津若松站（福島縣），在JR站附近住宿，不管是坐JR或是巴士都很方便。

我該如何規劃行程？

大眾交通行程

在6個縣之間移動，可以選擇坐JR或高速巴士。一般而言，JR的所需時間較短，而高速巴士則比較便宜。大家可以參考各個縣的景點進行行程規劃：

青森

市內景點

● 青森市
1. 睡魔之家
2. A-FACTORY
3. 三內丸山遺跡
4. 青森縣立美術館

延伸景點

1. 十和田湖
2. 奧入瀨溪流
3. 弘前（弘前城及蘋果公園）

秋田

市內景點

● 秋田市
1. 秋田市民民俗藝能傳承館
2. 久保田遺跡
3. 八幡秋田神社
4. 與次郎稻荷神社
5. 秋田市立紅磚鄉土館

延伸景點

1. 角館(角館街道及武家屋敷)
2. 大館（秋田犬會館及秋田犬之里）
3. 男鹿半島（生剝鬼館及真山傳承館）
4. 乳頭溫泉鄉

山形

市內景點

● 山形市
1. S-PAL購物中心
2. 男山酒造
3. 文翔館
4. 霞城公園及山形市鄉土館

延伸景點

1. 銀山溫泉
2. 藏王溫泉及藏王樹冰

岩手

市內景點

● 盛岡市
1. 盛岡城跡公園
2. 開運橋
3. 岩手銀行紅磚館
4. 盛岡啄木 賢治青春館
5. 盛岡縣立美術館

延伸景點

1. 小岩井農場
2. 宮澤賢治童話村
3. 花卷溫泉鄉

	● 會津若松市			1. 裏磐梯
福島	市內景點	1. 鶴城 2. 會津藩校-日新館 3. 十文字屋 4. 飯盛山／白虎隊記念館 5. 七日町通	延伸景點	1. 裏磐梯 2. 大內宿 3. 豬苗代湖 4. 湯野上溫泉
宮城	市內景點	● 仙台市 1. 仙台城跡展望台＆伊達 　政宗騎馬像 2. 瑞鳳殿 3. 仙台商店街	延伸景點	1. 松島 2. 石卷市石之森萬畫館及田代島 3. 藏王狐狸村 4. 鳴子溫泉鄉

可以選擇有興趣的縣市規劃行程，例如挑選旅遊元素較多的4縣（宮城、山形、秋田及青森）展開行程。

4縣大眾交通行程

這個行程挑選了6縣中的4縣，可以因應假期的長度調節行程長短，縮減不感興趣的部份，或是增加福島及岩手的行程。

Day 1	到達仙台市
Day 2	前往松島及在仙台市內遊玩
Day 3	前往山形（銀山溫泉或藏王溫泉）
Day 4	前往角館及在秋田市內遊玩
Day 5	早上前往大館，下午前往青森，在青森市內遊玩
Day 6	奧入瀨溪流及十和田湖，晚上回到青森市
Day 7	回程

這是一個較標準的東北行程，行程裡包括了多個到東北旅遊的必去景點，例如松島、仙台市、銀山溫泉、角館、奧入瀨溪流、十和田湖及青森市內等，也包括了一天的享受溫泉，可以在7天內遊遍東北最著名的景點，嘗試仙台、秋田、山形及青森的美食。

自駕行程

如果是自駕的話，可以前往大眾交通較難到達的地方，例如藏王狐狸村及男鹿半島。另外，自駕前往銀山溫泉及藏王溫泉，奧入瀨溪流及十和田湖，也會比坐巴士方便。

Day 1 到達仙台市

Day 2 前往松島及藏王狐狸村

Day 3 前往石卷市石之森萬畫館及田代島（貓島）

Day 4 前往山形銀山溫泉或藏王溫泉

Day 5 前往秋田（角館及大館）

Day 6 前往男鹿半島生剝鬼館及在秋田市內遊玩

Day 7 前往青森奧入瀨溪流及十和田湖

Day 8 回程

這個行程除了包含東北最著名的景點外，也包括了一些較另類的，大眾交通較難到達的景點，例如可以到藏王狐狸村親親可愛的狐狸；到男鹿半島的生剝鬼館，觀看充滿傳統文化風情的生剝鬼表演，還包括了滿足動漫迷的石之森萬畫館，以及貓奴絕對不能錯過的貓島田代島，是一個結合經典景點和另類景點的特色行程。

紅葉及溫泉主題行程　　10～11月出發

　　東北有不少欣賞紅葉的地方，這個行程結合了三大觀賞紅葉的熱點：奧入瀨溪流、角館及鳴子峽，再加上兩個溫泉行程：銀山溫泉及鳴子溫泉。由於行程以欣賞紅葉為主，會在觀賞紅葉的地點停留較長時間及拍照，在有限的時間內未必能覆蓋所有東北必去的景點。

Day 1	到達青森市，在青森市內遊玩
Day 2	前往奧入瀨溪流觀賞紅葉及十和田湖，晚上回到青森市。
Day 3	早上前往秋田角館觀賞紅葉，下午回秋田在市內遊玩。
Day 4	離開秋田，前往山形銀山溫泉
Day 5	前往鳴子峽觀賞紅葉及鳴子溫泉
Day 6	早上前往松島，下午到達仙台市
Day 7	回程

賞雪及溫泉主題行程出發　　12～2月出發，2月為藏王樹冰最佳觀賞時間

　　除了北海道以外，東北也擁有非常美麗的雪景，這個行程以賞雪為主，再配合享受溫泉，包括幾個在白雪下份外迷人的地方：奧入瀨溪流、角館、銀山溫泉、藏王樹冰、松島，再加上福島縣內，與白川鄉合掌村、京都美山町齊名的大內宿合掌村，既有自然奇觀，也有充滿童話色彩的雪景，也包括兩個溫泉行程：銀山溫泉及藏王溫泉，大家可以試試一邊泡著露天溫泉，一邊欣賞美麗雪景的樂趣。

Day 1	到達青森，在青森市內遊玩
Day 2	前往奧入瀨溪流，觀賞溪流雪景及十和田湖
Day 3	前往秋田角館，欣賞白雪中的「小京都」風情
Day 4	前往銀山溫泉，欣賞如同童話世界的冬日銀山溫泉
Day 5	前往藏王溫泉，欣賞藏王樹冰
Day 6	前往松島，欣賞白雪中的「日本三景」，晚上田口到仙台市
Day 7	前往大內宿，欣賞雪中的合掌村，晚上回到仙台市
Day 8	回程

　　這個行程以觀賞東北四大祭典為主，並按照祭典的舉行日期先後排出行程，白天會在市內或城市周邊遊玩，黃昏前回到市內觀賞祭典。因為祭典有固定的日期和時間，為了把四大祭典都排在行程裡，在每個縣市都只能停留較短時間，如想在某些縣市進行較深度的遊覽，可以另挑時間再展開一次深度旅遊。

Day 1　到達青森市及在青森市內遊玩（8月2日觀賞青森睡魔祭）

Day 2　早上到奧入瀨溪流及十和田湖遊玩，下午前往秋田。

Day 3　前往角館及大館遊玩，黃昏前回到秋田市（8月4日觀賞秋田竿燈祭）

Day 4　前往山形銀山溫泉，黃昏前回到山形市（8月5日觀賞山形花笠祭）

Day 5　前往仙台，早上先去松島遊玩，下午回到仙台市內遊玩

Day 6　前往石卷及田代島，或是去鳴子峽及鳴子溫泉，黃昏前回到仙台市（8月7日觀賞仙台七夕祭）

Day 7　回程

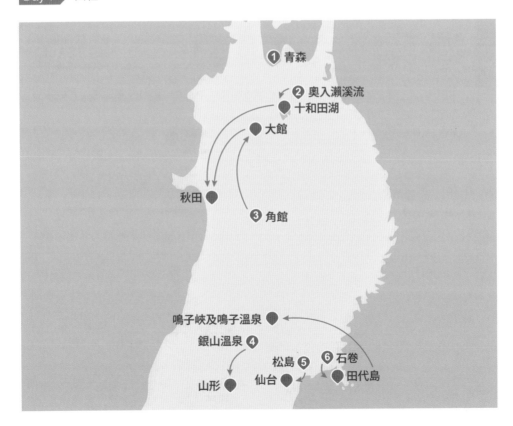

山形冬季樹冰之旅或夏季祭典之旅

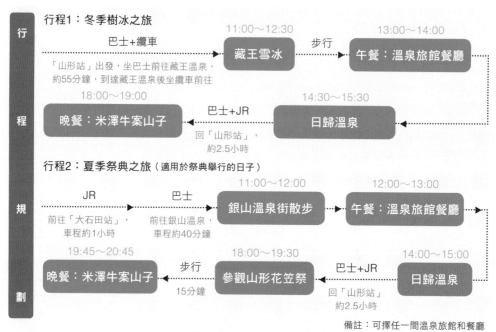

行程1:冬季樹冰之旅

巴士+纜車 → 藏王雪冰 (11:00～12:30) → 步行 → 午餐:溫泉旅館餐廳 (13:00～14:00)

「山形站」出發,坐巴士前往藏王溫泉,約55分鐘,到達藏王溫泉後坐纜車前往

晚餐:米澤牛案山子 (18:00～19:00) ← 巴士+JR 回「山形站」,約2.5小時 ← 日歸溫泉 (14:30～15:30)

行程2:夏季祭典之旅(適用於祭典舉行的日子)

JR 前往「大石田站」,車程約1小時 巴士 前往銀山溫泉,車程約40分鐘 → 銀山溫泉街散步 (11:00～12:00) → 午餐:溫泉旅館餐廳 (12:00～13:00)

晚餐:米澤牛案山子 (19:45～20:45) ← 步行 15分鐘 ← 參觀山形花笠祭 (18:00～19:30) ← 巴士+JR 回「山形站」約2.5小時 ← 日歸溫泉 (14:00～15:00)

備註:可擇任一間溫泉旅館和餐廳

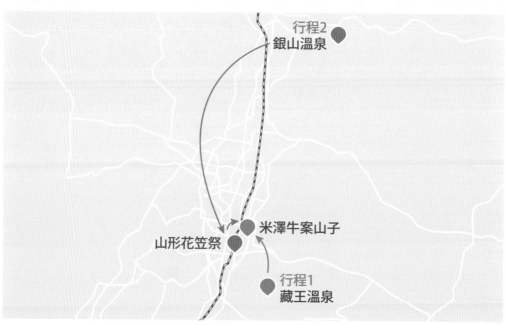

藏王溫泉及藏王樹冰　藏王温泉及藏王樹氷

　　如果在冬季來到山形，一定不能錯過這個壯觀的自然奇景。樹冰在12月開始形成，2月是觀賞藏王樹冰的最佳時節。在雪花紛飛的日子，藏王山頂的松樹就會被冰雪覆蓋，形成樹冰的奇景，看上去就像是成千上萬隻張牙舞爪的雪怪，場面壯觀又有趣。如果在晚上來，於燈光的照射下，樹冰還會透出各種夢幻色彩，就如置身在幻境內一樣。

　　除了觀賞樹冰以外，既然來到了藏王溫泉，當然不能錯過好好享受溫泉了。藏王溫泉擁有1900年的歷史，是東北地區其中一個溫泉勝地，在冬季時一邊賞雪一邊享受溫泉，絕對是超棒的體驗，而且藏王溫泉還設有滑雪場，可以同時滿足泡溫泉、玩滑雪、看樹冰三個願望！

照片來源：日本觀光局網站

藏王纜車營運時間

🕐 山麓線：8:30～17:00、山頂線：8:45～16:45

🕐 12月至2月（樹冰於12月開始形成，2月為最佳觀賞時間）🚌 從「山形站」坐巴士到藏王溫泉，由「藏王山麓站」搭乘藏王纜車山麓線至「樹冰高原站」（車程7分鐘），再換乘山頂線至「地藏山頂站」（車程10分鐘）

官網

地圖

....

米澤牛案山子　米沢牛の案山子

　　米澤牛是山形的名物，去山形遊玩又喜歡牛肉的朋友一定要試一試！牛肉的油花分布適中，肉質鮮美。在這間距離山形站很近，交通方便的餐廳，大家除了可以吃到燒肉外，還有非常美味的米澤牛壽喜燒，店裡的米澤牛都有證書，保證優質。

📍 山形縣山形市香澄町1丁目16–34 2階山形駅東口交通センタ　📞 023-687-0291

🕐 11:00～15:30、17:00～20:00 🚌 從「山形站」步行約10分鐘

官網

地圖

照片來源：米澤牛案山子官網

銀山溫泉　ぎんざんおんせん

　銀山溫泉是山形最著名的溫泉鄉，地方雖小，但置身其中，就如同回到昭和時代一樣，如夢似幻。溫泉鄉以一條小河劃分成兩岸，兩岸以多座橋樑連接，岸上座落著多座古色古香的溫泉旅館，像能登屋、起勢古屋別館、銀山莊、古山閣等，日劇《阿信的故事》也曾在這裡取景。冬季的銀山溫泉份外迷人，古樸的溫泉旅館舖上了一層層白雪，溫泉街點上了煤氣燈的燈光，晚上在這夢幻的街道中穿梭，感覺就像進入了童話世界一般。

📍 山形縣尾花澤市銀山新畑　🚌 搭乘JR到「大石田站」，轉乘巴士40分鐘後就能到達

官網　　　　　地圖

山形花笠祭

　每年8月上旬都是東北各地舉行祭典的時節，於8月5～7日，山形會上演熱鬧精彩的花笠祭，在一片充滿歡樂的歌聲之中，參與表演者都穿著繽紛的和服，搭配點綴著紅花的花笠，一邊巡遊，一邊載歌載舞。這個充滿傳統藝術的節慶是東北受歡迎的祭典之一，每年都吸引不少遊客參觀。

📍 「山形站」附近街道
🕐 8月5～7日18:00～21:45

官網

青森找尋蘋果、睡魔、美景之旅

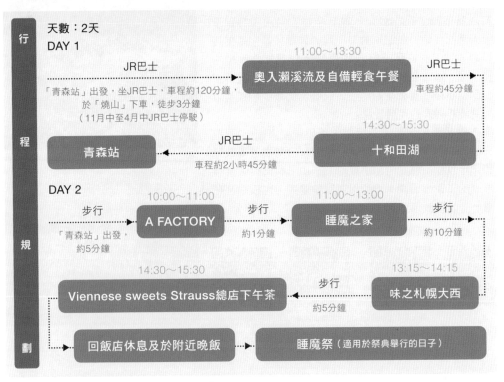

行

程

規

劃

天數：2天

DAY 1

JR巴士

「青森站」出發，坐JR巴士，車程約120分鐘，
於「燒山」下車，徒步3分鐘
（11月中至4月中JR巴士停駛）

11:00～13:30
奧入瀨溪流及自備輕食午餐

JR巴士
車程約45分鐘

青森站

JR巴士
車程約2小時45分鐘

14:30～15:30
十和田湖

DAY 2

「青森站」出發，
約5分鐘

步行

10:00～11:00
A FACTORY

步行
約1分鐘

11:00～13:00
睡魔之家

步行
約10分鐘

14:30～15:30
Viennese sweets Strauss總店下午茶

步行
約5分鐘

13:15～14:15
味之札幌大西

回飯店休息及於附近晚飯

睡魔祭（適用於祭典舉行的日子）

DAY 1
青森站

奧入瀨溪流

十和田湖

A-FACTORY

睡魔之家

睡魔祭

DAY 2
青森站

Viennese sweets
Strauss總店

味之札幌大西

奧入瀨溪流及十和田湖 奧入瀨溪流、十和田湖

奧入瀨溪流全長14公里，被日本指定為國家特別景觀、天然紀念物，在四季會有不同的景觀，其中最美麗的莫過於秋天的紅葉時節，10月底至11月初為最佳的賞楓季節，溪流旁的樹木一片火紅，色彩斑斕，美不勝收。即使不是在賞楓季節前往，沿著溪流散步一樣可以觀賞到清新迷人的美麗景色。

奧入瀨溪流與十和田湖相鄰，可以乘坐JR巴士同遊（巴士於11月中至4月中停駛）。十和田湖橫跨青森縣十和田市及秋田縣鹿角郡小坂町，是由十和田火山噴發而形成的二重火山湖。十和田湖風景優美，也很適合在湖邊一帶悠閑散策。

🚌 從「青森站」坐JR巴士

奧入瀨溪流官網　　奧入瀨溪流地圖　　十和田湖官網　　十和田湖地圖

....

睡魔之家 ねぶた

即使不是在祭典進行的時間前往青森市，遊人也可以透過這間資料詳盡的展覽館認識著名的睡魔祭。展覽館內展出了睡魔祭的詳細資料，還有多部巨大而手工精細的山車，因為山車不像在祭典時呈現移動狀態，遊人更好拍下清晰的照片。展覽館還提供3個場次的祭典體驗，可以和祭典隊伍一起跳舞，盡情擊鼓，也能參與有趣的燈籠黏貼體驗。

📍 青森市安方一丁目1番1號 📞 017-752-1311 🕐 5～8月9:00～19:00、9～4月9:00～18:00。12/31、1/1全館休館；8/9、10展覽館休館，餐廳及商店正常營業 💴 成人620日圓、高中生460日圓、小學及初中生260日圓 🚌 從青森站步行約1分鐘

官網　　　　　　　地圖

味之札幌大西 味の札幌大西

除了蘋果甜品，在青森也能吃到一款很特別的美食：咖哩牛奶拉麵，這是在日本其他地方較少能吃到的，是青森的三大拉麵之一。牛奶配上咖哩，不單口感滑溜，而且風味非常獨特。這間味之札幌大西是青森牛奶拉麵的始祖店，創始店位於札幌的拉麵橫町。店外時常大排長龍，一位難求，光顧的客人大多數都是為了咖哩牛奶拉麵而來。

📍 青森縣青森市古川 1 丁目 15–6 大西クリエイトビル1F 📞 017-723-1036 🕐 11:00～18:00（星期二、三及 12/31～1/1 休息） 🚌 從「青森站」步行約10分鐘

官網　　　地圖

A-FACTORY

來到青森，當然不能錯過香甜多汁的蘋果和美味的蘋果製品了，這間在青森站附近的購物中心集合了多種蘋果產品，像蘋果派、蘋果汁、蘋果乾等，貨品選擇多，只要在這裡逛一逛就能網羅各種青森蘋果特產了。

📍 青森縣青森市柳川 1-4-2 📞 017-752-1890 🕐 9:00～20:00

官網　　　地圖

Viennese sweets Strauss總店

ウィーン菓子シュトラウス 本店

來到青森一定要嚐嚐著名的青森蘋果派！這間餐廳提供正宗的維也納傳統甜點，可以在這裡品嚐到以青森蘋果製作的美味蘋果派、蘋果捲等，享受一頓悠閒美味的下午茶。

📍 青森縣青森市新町 1-13-21 📞 017-722-1661 🕐 10:30～18:30 🚌 從JR「青森站」步行約10分鐘

官網　　　地圖

睡魔祭

在每年的8月2日至7日舉行，是東北四大祭典之一，於青森站附近一帶的街道進行。除了祭典隊伍一邊擊鼓，一邊載歌載舞之外，祭典中最引人注目的當然是巨大的山車了。這些山車由燈籠組成，大型的山車高度約有5公尺，寬度約有9公尺，五光十色，製作精美！祭典期間會進行壯觀的山車巡遊，每年都吸引成千上萬的遊人參觀。

📍 JR「青森站」附近街道 🕐 8月2日至7日約19:00開始 🚌 從JR「青森站」步行約5至10分鐘

官網

秋田角館小京都，親親秋田犬及傳統祭典之旅

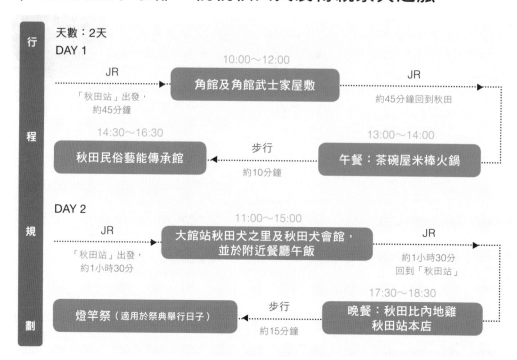

行程規劃

天數：2天

DAY 1

JR
「秋田站」出發，
約45分鐘

→

10:00～12:00
角館及角館武士家屋敷

JR
約45分鐘回到秋田

14:30～16:30
秋田民俗藝能傳承館

←

步行
約10分鐘

13:00～14:00
午餐：茶碗屋米棒火鍋

DAY 2

JR
「秋田站」出發，
約1小時30分

→

11:00～15:00
大館站秋田犬之里及秋田犬會館，
並於附近餐廳午飯

JR
約1小時30分
回到「秋田站」

燈竿祭（適用於祭典舉行日子）

←

步行
約15分鐘

17:30～18:30
晚餐：秋田比內地雞
秋田站本店

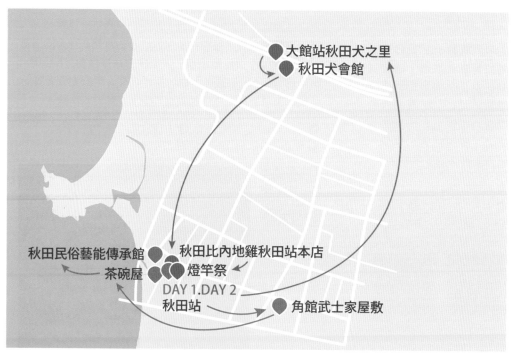

大館站秋田犬之里
秋田犬會館

秋田民俗藝能傳承館
茶碗屋

秋田比內地雞秋田站本店
燈竿祭
DAY 1.DAY 2
秋田站

角館武士家屋敷

角館及角館武士屋敷

角館有「小京都」之稱，擁有充滿古樸風情的街道，還有古色古香的房屋，可以在這裡閒逛散步，或是坐人力車遊覽，或去武士屋敷參觀，深入了解從前武士的居所和起居生活。

📍 秋田縣角館町表町下丁3 📞 018-754-3257 🕐 9:00～17:00（12～3月至16:30）💴 成人500日圓、中高學生300日圓 🚌 從JR「角館站」徒步約20分鐘

官網　　地圖

茶碗屋　ちゃわん屋

秋田的稻米十分著名，其中一款鄉土料理就是用稻米做成的米棒鍋，在這間餐廳可以品嚐有名的秋田料理，如米棒鍋、肉丸鍋等。

📍 秋田縣秋田市大町4丁目2-7 📞 050-548-49042 🕐 17:00～23:00（星期一及12/31～1/1休）🚌 從「秋田站」步行約15分鐘

官網　　地圖

秋田民俗藝能傳承館

若不能在祭典期間來到秋田，也可以到這間藝能傳承館了解燈竿祭的歷史及相關資料。燈竿祭是一種歷史悠久的鄉土技藝傳統，除了大型的竿燈和竿燈祭的影片外，傳承館也展出了一些戲曲人偶，其他祭典如土崎港祭的置山車等，很適合對傳統藝術和祭典文化有興趣的朋友。

照片來源：秋田市官網

官網

地圖

📍 秋田縣秋田市大町1丁目3-30 📞 018-866-7091 🕐 9:30～16:30（12/29～1/3休）🚌 從「秋田站」步行約20分鐘

秋田犬之里 秋田犬の里

　想親親可愛的秋田犬，還有購買精美的秋田犬主題精品嗎？只要來到秋田犬之里，就可以滿足這兩個願望了。大家可以在這裡跟秋田犬站長近距離接觸及拍照留念，也能選購琳瑯滿目的秋田犬相關精品，喜歡秋田犬的朋友絕對不能錯過！

📍 秋田縣大館市御成町1丁目13-1 📞 018-659-4649 🕐 9:00～17：00（12/31～1/1休）。秋田犬展示室9:30～16:45（星期一，12月31日及1月1日休）💴 免費 🚌 從「大館站」步行約5分鐘

官網　　　　　地圖

秋田犬會館 秋田犬会館

　秋田犬會館是一間以秋田犬為主題的展覽館，這裡展示了許多和秋田犬相關的資訊，如秋田犬的介紹和照片等，讓大家對秋田犬有更深入的認識。

官網　　　　　地圖

📍 秋田縣大館市三ノ丸13-1 📞 018-642-2502 🕐 9:00～16:00（12/28～1/3休）🚌 從「大館站」坐計程車，約10分鐘；或從「大館站」步行約30分鐘

秋田比內地雞秋田站本店

　　除了米棒鍋，秋田另一種著名美食就是比內地雞，這是秋田原產的一種雞，肉質鮮美，不管是做成親子丼或串燒都十分美味。這間專門販售比內地雞料理的餐廳，除了提供親子丼外，還有田澤湖的美食：田澤湖冷麵，只要叫一客套餐，就能吃到這兩種美食。

● 秋田縣秋田市中通7丁目2-1JR秋田站ビル・トピコ3樓 ● 018-874-7282 ● 11:00～20:00 🚌 秋田站內

官網

地圖

秋田竿燈祭

　　秋田竿燈祭是東北四大祭典之一，每年都吸引大批遊客前來欣賞。大型的燈竿由9根竹竿，46個燈籠組成，重達50公斤，要用單手把這麼大型的燈竿舉起，並能保持平衡絕不簡單。在燈竿祭裡，可以欣賞到表演者不凡的身手和平衡力，還有燈火璀璨的美麗畫面。在祭典裡會有超過230個燈竿參與巡遊，非常精彩壯觀。

● 秋田站附近街道 ● 8月3日至6日

官網

松島美景、動漫貓咪之旅

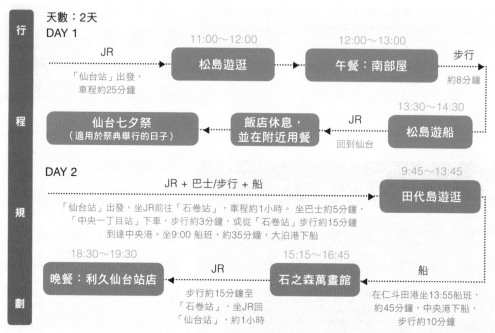

行
程
規
劃

天數：2天

DAY 1

JR

「仙台站」出發，
車程約25分鐘

11:00～12:00
松島遊逛

12:00～13:00
午餐：南部屋

步行
約8分鐘

仙台七夕祭
（適用於祭典舉行的日子）

飯店休息，
並在附近用餐

JR

回到仙台

13:30～14:30
松島遊船

DAY 2

JR + 巴士/步行 + 船

「仙台站」出發，坐JR前往「石卷站」，車程約1小時。坐巴士約5分鐘，
「中央一丁目站」下車，步行約3分鐘，或從「石卷站」步行約15分鐘
到達中央港。坐9:00 船班，約35分鐘，大泊港下船。

9:45～13:45
田代島遊逛

18:30～19:30
晚餐：利久仙台站店

JR

步行約15分鐘至
「石卷站」，坐JR回
「仙台站」，約1小時

15:15～16:45
石之森萬畫館

船

在仁斗田港坐13:55船班，
約45分鐘，中央港下船，
步行約10分鐘

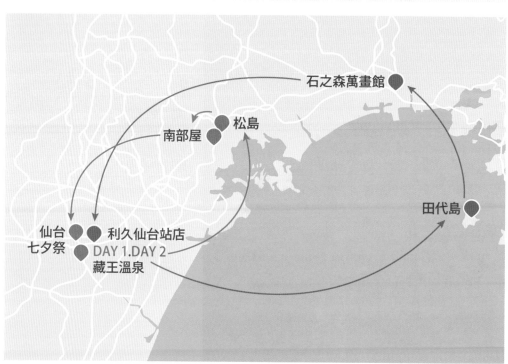

328

松島

松島灣一帶被稱為「日本三景」之一，一共由260多個大大小小的島嶼組成，島嶼上長滿了黑松和紅松，因而得名。來到這裡可以坐船遊覽，除了把風光如畫的小島美景盡收眼底，還能欣賞到沿岸一帶著名的歷史建築，如瑞嚴寺、五大堂、圓通院、天麟院和觀瀾亭等。

🚌 在「仙台站」坐車，於「松島站」下車

官網

地圖

南部屋

除了牛舌以外，仙台的另一名物就是牡蠣。這間餐廳提供味道非常鮮美的牡蠣丼，還有海鮮丼、鰻魚丼等，也可以單點牡蠣，價錢約1500～2000日圓，喜歡海鮮的朋友一定要試試！

📍 宮城縣宮城郡松島町松島町內103 📞 022-354-2624 🕐 10:00～16:00 （星期三休息） 🚌 從「松島站」步行約10分鐘

官網

地圖

田代島

日本有不少著名的貓島，其中田代島是最具代表性的其中一座，這個貓咪數目遠遠多於居民的小島，是名副其實的「貓島」，一下船就能看到貓咪懶洋洋的在碼頭休息。大家可以在小島上漫步，找尋隱沒在不同角落的貓咪，還能到獨一無二的貓神社參拜，喜愛貓咪的朋友一定不要錯過！因為從石卷站前往碼頭和網地島的渡輪班次不多，記得要留意時刻表安排行程。

🚌 從「石卷站」坐巴士去碼頭，乘坐前往網地島的船，在田代島大泊港下船

官網

地圖

石之森萬畫館 石ノ森萬画館

如果你是一個動畫迷，一定要去這間萬畫館看看。石之森章太郎是日本著名的漫畫家，其作品共有超過7百部，在日本的地位僅次於手塚治虫。館內設有《假面騎士》的主題展覽室，展示著各個時代的假面騎士頭盔，還能以500日圓購買儲值卡，挑戰「變身假面騎士！」、「乘坐新颶風號！」這兩種的體驗設施。最後當然不能錯過販售各種限量動畫相關產品的商店了，動畫迷一定滿載而歸！另外值得一提的是，除了萬畫館，在石卷站附近的街道都放置著石之森章太郎筆下多個角色的大型模型，記得去打卡喔！

📍 宮城縣石卷市中瀬2-7 📞 022-596-5055 🕐 9:00～17:00（星期二休息）💴 成人900日圓，中、高校生600日圓，小學生250日圓 🚌 從「石卷站」步行約15分鐘

官網

地圖

仙台七夕祭

於每年的8月6日至8日舉行，祭典期間仙台站一帶的商店街會懸掛著色彩繽紛、非常有日本傳統文化色彩的彩幡，還會在祭典廣場（勾當台公園市民廣場）舉行親手製作七夕裝飾的活動。

📍「仙台站」附近商店街及勾當台公園市民廣場 🕐 8月6日至8日

官網

牛たん炭焼 利久

來到仙台，當然要試試這裡最著名的美食：牛舌。這間烤牛舌店非常有名，提供各種厚切或薄切的牛舌套餐，價格約2000至3000日圓，份量豐富，而且還有賣相非常吸引人的兒童套餐。這間店在很多地方都設有分店，其中交通最方便的當然是這間仙台站的分店了。

📍 宮城縣仙台市青葉區中央1丁目1-1 JR仙台駅3階牛たん通り 📞 022-214-3255 🕐 11:00～21:30 🚌「仙台站」內

官網　　地圖

東北溫泉巡禮

除了北海道以外，東北是日本另一個擁有眾多溫泉鄉的地方，除了溫泉水的特質不同，溫泉鄉各有風情和特色，去東北旅行，不妨策劃一次溫泉之旅吧！

銀山溫泉（山形）

除了舒適愜意的溫泉外，銀山溫泉的最大特色當然是古色古香的建築，還有小橋流水的美景了。冬季的銀山溫泉，鋪上了一層層白雪，更增添一份童話世界般的夢幻。

官網

藏王溫泉（山形）

擁有1900年歷史的溫泉鄉，除了泡溫泉外，最著名的還有滑雪場和樹冰奇景，可以同時滿足泡溫泉、滑雪和賞樹冰三個願望！強酸性的藏王溫泉自古就是著名的美人湯，對肌膚保養特別有效。

官網

乳頭溫泉（秋田）

秋田著名的溫泉鄉，美麗的自然景色，濃厚的懷舊風情都是乳頭溫泉的最大特色。茅葺屋頂的溫泉旅館，擁有充滿原始自然風味的露天浴池，在這裡泡湯就如置身於大自然的懷抱裡一樣。

官網

花卷溫泉（岩手）

擁有多間具有規模的渡假飯店及隱世私密的溫泉旅館，最大的特色之一是色彩繽紛的玫瑰園和芬香撲鼻的玫瑰湯池，花卷在日本的溫泉旅館比賽中經常名列前茅呢。

官網

鳴子溫泉（宮城）

宮城縣最著名的溫泉之一，溫泉鄉被群山懷抱，景色怡人，秋季時滿目紅葉，冬季時白雪紛飛時，風光份外迷人。

官網

對於很多遊客來說，因為較少接觸東北的美食，比較有新鮮感，而且東北6縣的美食文化各有特色，都是在台灣的日本餐廳較少能吃到的呢！

蘋果派及蘋果汁（青森）

説起青森，大家一定會想到著名的青森蘋果，而用青森蘋果製成的蘋果派和蘋果捲，比一般的蘋果更鮮甜，用青森蘋果製成的果汁也特別好喝，非常值得一試。

味噌咖哩牛奶拉麵（青森）

青森的三大拉麵之一，以味噌、咖哩加上牛奶，口感順滑，風味獨特，而且也是在日本其他地方較少找到的，拉麵迷一定要試試！

米棒鍋（秋田）

秋田盛產優質的稻米，而且因為冬季寒冷，人們都喜歡吃這種以米棒為主要食材，再配上其他蔬菜的米棒鍋。

比內地雞（秋田）

秋田引以為傲的雞肉，肉質和口感比一般雞肉都要好，無論是做成親子丼或串燒都相當不錯。

米澤牛（山形）

日本不同地區有不同的和牛，來到山形當然要試試著名的米澤牛，可以燒烤來吃，或是製成美味的壽喜燒。

碗子蕎麥麵（岩手）

以一個小碗裝著，每個碗的份量都很少，所以一口氣可以吃下很多碗，這種充滿話題性的蕎麥麵是岩手縣盛岡的名物，在其他地方很少能吃到呢。

牛舌（仙台）

提起仙台會想起什麼美食？當然是香噴噴的烤牛舌了，很多牛舌餐廳都會推出較優惠的牛舌套餐，牛舌分為厚切和薄切，風味各有不同。

牡蠣丼及牡蠣（仙台）

仙台最引以為傲的，除了牛舌以外，還有味道鮮美的牡蠣，除了單點，還可以叫一客很有風味的牡蠣丼試試。

國家圖書館出版品預行編目 (CIP) 資料

去日本這樣排行程！交通＆票券制霸全圖解，半日、一日自由規劃組合，零經驗也能即查即用一路玩到底！暢銷增訂版／超級旅行貓（梁詠怡）／文、超級旅行狗（梁匡民）／攝影 . -- 二版 . -- 臺北市：創意市集出版：城邦文化發行，2023.3
　面；　公分

ISBN 978-626-7149-63-8（平裝）

1. 自助旅行 2. 日本

731.9　　　　　　　　　　　　　　112000491

作者	超級旅行貓（梁詠怡）/ 文	
	超級旅行狗（梁匡民）/ 攝影	
責任編輯	李素卿	
主編	溫淑閔	
版面構成	江麗姿	
封面設計	走路花工作室	
行銷企劃	辛政遠、楊惠潔	
總編輯	姚蜀芸	
副社長	黃錫鉉	
總經理	吳濱伶	
發行人	何飛鵬	
出版	創意市集	
發行	城邦文化事業股份有限公司	
	歡迎光臨城邦讀書花園	
	網址：www.cite.com.tw	

香港發行所　城邦（香港）出版集團有限公司
香港灣仔駱克道 193 號東超商業中心 1 樓
電話：(852) 25086231
傳真：(852) 25789337
E-mail：hkcite@biznetvigator.com

馬新發行所　城邦（馬新）出版集團
Cite (M) SdnBhd 41, JalanRadinAnum,
Bandar Baru Sri Petaling, 57000 Kuala
Lumpur,Malaysia.
電話：(603) 90563833
傳真：(603) 90576622
E-mail：services@cite.com.my

印刷　　凱林彩印股份有限公司
2024 年 4 月
Printed in Taiwan
定價　　450 元

客戶服務中心
地址：10483 台北市中山區民生東路二段 141 號 B1
服務電話：（02）2500-7718、（02）2500-7719
服務時間：週一至週五 9：30 ～ 18：00
24 小時傳真專線：（02）2500-1990 ～ 3
E-mail：service@readingclub.com.tw

※ 詢問書籍問題前，請註明您所購買的書名及書號，以及在哪一頁有問題，以便我們能加快處理速度為您服務。
※ 我們的回答範圍，恕僅限書籍本身問題及內容撰寫不清楚的地方，關於軟體、硬體本身的問題及衍生的操作狀況，請向原廠商洽詢處理。

※ 廠商合作、作者投稿、讀者意見回饋，請至：
FB 粉絲團・http://www.facebook.com/InnoFair
Email 信箱・ifbook@hmg.com.tw